정치
+
철학
07

자유에 관하여

자유에 관하여

1판 1쇄 | 2024년 5월 7일

지은이 | 존 스튜어트 밀
옮긴이 | 김은미

펴낸이 | 안중철, 정민용
편집 | 윤상훈, 이진실, 최미정

펴낸곳 | 후마니타스(주)
등록 | 2002년 2월 19일 제2002-000481호
주소 | 서울특별시 마포구 신촌로14안길 17, 2층 (04057)
전화 | 편집_02.739.9929/9930 영업_02.722.9960 팩스_0505.333.9960

블로그 | blog.naver.com/humabook
엑스, 인스타그램, 페이스북 | @humanitasbook
이메일 | humanitasbooks@gmail.com

인쇄 | 천일문화사_031.955.8083 제본 | 일진제책사_031.908.1407

값 16,000원

ISBN 978-89-6437-448-1 94300
    978-89-6437-303-3 (세트)

정치
+
철학
07

자유에 관하여

존 스튜어트 밀 지음
김은미 옮김

John Stuart Mill

On
Liberty

후마니타스

차례

일러두기

1. 이 책에서 기준으로 삼은 판본은 다음과 같다. John Stuart Mill, *On Liberty*, Alan Ryan ed., Penguin Books, 2006. 이와 함께 다음 두 판본을 참고했다. *On Liberty*, David Bromwich and George Kateb eds., Yale University Press, 2003; *Essays on Politics and Society*, J. M. Robson ed., University of Toronto Press, 1977, pp. 213–310. 이 가운데, 밀이 『자유에 관하여』에서 직접 밝히고 있지 않지만, 옮긴이가 추가한 인용문의 출처는 모두 토론토 대학교 출판부 판본의 편집자 주에서 가져온 것이다. 이 외에도, 편집 과정에서 일본어 번역본으로, 『自由論』, 関口正司 訳, 岩波書店, 2020을 참고했다. 이런 판본에서 가져온 추가적인 정보는 각 판본의 번역자명이나 편집자명만 표기한 후 쪽수를 넣었다. 기존에 출간된 한국어 판본 가운데서는 『자유론』, 박홍규 옮김, 문예출판사, 2022(제2판); 『존 스튜어트 밀 선집』, 서병훈 옮김, 책세상, 2020; 『통치론, 자유론』, 이극찬 옮김, 삼성, 1990 등을 참조했다.

2. 모든 주는 각주로 처리했다. 원주는 각주 번호 앞에 * 표시를 붙여 구분하고 '[저자의 주]'라고 표기했다. 본문과 주에 넣은 대괄호는 이해를 돕기 위해 옮긴이가 추가했다.

3. 본문과 인용문에서 원저자의 강조와 라틴어로 쓴 표현은 모두 드러냄표로 처리했다. 라틴어로 쓴 경우 각주에 라틴어와 영어 표현을 밝혔다.

4. 19세기 영어 단어의 용법을 참고하기 위해 새뮤얼 존슨이 편찬한, 최초의 영어 사전으로 알려진 다음의 사전을 참조했다. Samuel Johnson and John Walker, *Johnson and Walker's Dictionary of English Language*, Second Edition, revised and corrected, London: William Pickering, Chancery Lane; George Cowie and Co. Poultry, 1827. 이 사전은 온라인 (https://books.google.co.kr/books/about/A_Dictionary_of_the_English_Language.html?id=WBYwAAA AYAAJ&redir_esc=y)으로 이용할 수 있다. 그 외 『옥스퍼드 영어 사전』*Oxford English Dictionary, OED* 온라인판을 이용했다.

자유에 관하여

ON

LIBERTY

BY

JOHN STUART MILL.

LONDON:

JOHN W. PARKER AND SON, WEST STRAND.

M.DCCC.LIX.

◆ 1859년 초판 속지.

내가 쓴 모든 훌륭한 작품들에 영감을 주었고 또 어느 정도는 공동 저자이기도 했던 그녀 — 진리와 올바름에 대한 의미를 고양하도록 나에게 가장 많은 자극을 준 나의 친구이자 아내였던 그녀, 그녀의 인정만이 내게 가장 큰 보상이 되었다 — 에 대한 사랑과 슬픔의 기억에 이 책을 헌정한다. 내가 지난 수년간 썼던 모든 작품과 마찬가지로, 이 책은 내 작품인 것만큼 그녀의 작품이기도 하다. 하지만 지금 이 책은 그녀의 수정으로부터 얻을 수 있는 추정할 수 없을 정도의 많은 이점을 충분히 누리지 못했다. 가장 중요한 몇몇 부분들은 좀 더 신중히 검토하기 위해 남겨 두었지만, 이제 그런 검토를 받을 수 없게 되었다.[1] 만약 내가 그녀의 무덤에 묻힌 위대한 생각과 고귀한 감정

---

[1] 여기서 말하는 그녀는 철학자이자 여성 인권의 옹호자였으며, 밀의 아내였던 해리엇 테일러 밀Harriot Taylor Mill(1807~58년)을 가리킨다. 해리엇 테일러는 『자유에 관하여』가 출간되기 한 해 전에 사망했다. 밀은 『자서전』*Autobiography*(1873년)에서 당시 상황에 대해 이렇게 전한다. "내가 근무를 그만두기 직전의 2년 동안, 나와 아내는 『자유에 관하여』를 함께 저술했다. 내가 그 주제를 구상하고, 짧은 에세이로 쓴 것은 1854년이었다. 처음으로 이를 한 권의 책으로 만들겠다고 생각한 것은 1855년 1월, 카피톨리노 언덕의 계단을 오를 때였다. 내 책 중에서 그 책만큼 주의 깊게 구성하고 철저히 수정한 책은 없다. 언제나 그러했듯이 두 번 고쳐 쓴 뒤에 늘 원고를 곁에 두고 자주 꺼내어 모든 문장을 읽고 숙지하고 비판하면서 처음부터 음미했다. 마지막 수정은 우리가 은퇴 후 최초로 남유럽에서 보내려고 계획한 1858, 59년 겨울에 하기로 했다. 그 희망도, 다른 모든 것도 우리가 몽펠리에로 향하는 도중 아비뇽에서 돌연한 폐출혈 발작으로 그녀가 세상을 떠나는 뜻밖의 쓰라린 불행으로 인해 좌절되었다." 존 스튜어트 밀, 『존 스튜어트 밀 자서전』, 박홍규 옮김, 문예출판사, 2019, 263쪽.

의 절반이라도 해석해 세상에 내놓을 수 있다면, 타의 추종을
불허하는 지혜를 가진 그녀의 도움 없이 내가 쓸 수 있는 글들
로부터 나올 수 있는 혜택보다 더 많은 것을 세상에 내놓을 수
있는 매개자가 될 수 있었을 것이다.

이 글에서 전개되는 모든 논변이 직접적으로 수렴하는, 가장 중요한 대원칙은 가장 풍요로운 다양성 속에서 이루어지는 인간적 발전의 절대적이고 본질적인 중요성이다.

- 빌헬름 폰 훔볼트, 『정부의 영역과 의무』.[1]

---

1) 밀이 인용하고 있는 훔볼트 책은 『국가 활동의 범위를 규정하기 위한 시론』이다. 이 책은 1792년에 쓰였지만, 1851년에야 출간되었다. 이후 프랑스어와 영어로 번역되었다. 밀의 인용문은 영어 번역본인 Joseph Coulthard trans., *The Sphere and Duties of Government*, London: John Champman, 1854, p. 65에서 가져왔다. 이 영역본은 〈온라인 자유 도서관〉Online Library of Liberty 누리집(https://oll.libertyfund.org)에서 이용할 수 있다.

1장
서문

이 글의 주제는 매우 유감스럽게도 철학적 필연성이라고 잘못 이름 붙여진 것과 대조를 이루는 이른바 의지의 자유가 아니라 시민의 자유 또는 사회적 자유이다. 즉, 사회가 개인에게 정당하게 행사할 수 있는 권력의 본성과 한계에 대한 것이다. 이 문제는 일반적인 형태로 진술된 적이 좀처럼 없었고, [토론 등을 통해 꼼꼼히] 검토된 적도 거의 없었다. 그러나 그 문제는 현재의 실천적인 논쟁들에 잠재해 있고, 이를 통해 그 논쟁들에 깊은 영향을 끼치고 있으며, 머지않아 미래의 중요한 문제로 인식될 것으로 보인다. 어떤 의미에서 이 문제는 결코 새로운 것이 아니며, 아주 먼 옛날부터 인류를 갈라놓았던 것이다. 인류 가운데 좀 더 문명화된 부분이 이제 막 들어서고 있는 발전의 단계에서 그 문제는 새로운 조건 아래에서 나타나고 있으며, 따라서 기존과는 다른 좀 더 근본적인 논의가 필요하다.

자유와 권위 사이의 투쟁은 아주 오래전부터 우리에게 익숙한 역사의 가장 두드러진 특징으로, 특히 그리스, 로마 그리고 영국의 역사에서 그러했다. 예전에 이런 다툼은 피지배자들 또는 일부 피지배 계급과 정부 사이에서 발생했다. 자유라는 것은 정치 지도자들의 폭정에 대한 보호를 의미했다. 통치자들은 (그리스 민주정[1]의 일부 통치자들을 제외하고) 그들이 통치하는 사람들과 필연적으로 적대적인 위치에 있는 것으로 생각되었다. 통치자는 세습이나 정복을 통해 권위를 획득한 한 명의 통치자나 하나의 통치 부족 혹은 통치 계급으로 이루어진다. 이들은 여하튼 피치자를 위해 권위를 보유하지 않았으며, 최고 권위의 폭압적인 행사에 대비해 어떤 예방책이 마련되어 있든, 사람들은 감히 저항하려 하지 않았고 저항하기를 아마 원하지도 않았을 것이다. 통치자들의 권력이 필수적인 것으로 간주되었지만, 아주 위험한 것으로도 간주되었다. 왜냐하면 통치자의 권력은 외부의 적에 못지않게 신민에게 사용할 수 있는 무기와 같은 것이기 때문이다. 공동체의 무력한 구성원들이 수많은 독수리들에 의해 희생되는 것을 막기 위해서라도 다른 모든 포식자들보다 더 강력한 포식자가 필요했고, 이 포식자에게 나머지 동물들을 제압할 권한이 주어졌다. 그러나 그 독수리들의 왕 역시 보다 나약한 독수리들에 못지않게 그 무리를 사냥하는 데 열중할 것이기 때문에, 독수리 왕의 부리와 발톱에 맞서 끊임없이 방어 태세를 갖추는 것이 절대적으로 필요했다. 따라서 애국자들의 목표는 그 공동체에 행사할 수 있도록 허용된 통치자의 권력에 제한을 가하는 것이다. 그리고 그 제한은 자유라는 말로 그들이 의미한 바이다. 이런 제한은 두 가지 방식으로 시도되었다.

---

1) 여기서 민주정으로 옮기고 있는 표현은 "popular government"이다. 대체로 형용사 'popular'는 귀족과 대비되는 '평민의', '인민의', '인민이 사랑하는', '보통 사람들에게 적합한' 등의 의미로 주로 사용되었다. 그러면서도 이 단어는 또한 '주권이 집합적 인민의 수중에 있음'을 가리키는 용어인 민주정Democracy의 형용사형인 'democratick'과 동의어로 사용되었다. 이에 대해서는, 새뮤얼 존슨의 『영어 사전』에서 'popular', 'democracy', 'democratick' 항목 참조. 본문에서는 맥락에 따라 '민주정', '민주정부' 등으로 옮겼다.

첫 번째는 이른바 정치적 자유 혹은 권리라 불리는 것으로 어떤 불가침의 영역을 [통치자로부터] 인정받는 것이다. 이것을 침해하는 것은 통치자의 의무 위반으로 간주되었고, 만약 그가 정치적 자유나 권리를 침해했다면, 개별적인 저항이나 [사회] 전반의 반란이 정당화될 수 있다고 생각되었다. 두 번째이자, 대체로 나중에 나온 방책은 헌법상 견제의 확립이었다. 이것에 의해 공동체의 동의, 또는 공동체의 이해관계를 대변하는 것으로 여겨지는 어떤 기관[예컨대, 입법부]의 동의가 통치 권력이 매우 중요한 몇 가지 행위[예컨대, 과세와 같은 행위]를 하는 데 필수적인 조건으로 간주되었다. 이런 제한 방식들 가운데 첫 번째 제한 방식의 경우, 유럽의 통치 권력들이 대부분 어느 정도 받아들일 수밖에 없게 되었다. 하지만 두 번째 제한 방식의 경우에는 그렇지 않았다. 따라서 [통치자의 권력을] 제한하는 두 번째 방식을 달성하는 것, 또는 그것을 이미 어느 정도 달성했다면, 이를 좀 더 완벽하게 달성하는 것이 어디서나 자유를 사랑하는 사람들의 주요한 목표가 되었다. 그리고 인류가 적들이 서로 싸우게 하는 데 만족하고, 통치자의 폭정에 대응하는 것이 어느 정도 효율적으로 보장된다는 조건 아래에서 한 주인의 지배를 받는 것에 만족하는 한, 그들은 이 이상의 것을 염원하지 않았다.

그러나 인간 사회가 진전되면서, 인류는 통치자들이 자신들의 이익과 반대되는 이익을 갖고 독립적인 권력을 갖는 것이 자연의 필연성이라고 생각하지 않는 시대에 들어섰다. 그들은 국가의 다양한 행정직에 있는 자들이 자신들의 의향에 따라 바꿀 수 있는 소작인[임시 계약자]들이나 대리인들인 것이 훨씬 더 좋겠다고 생각했다. 오직 그런 방식으로만, 그들은 정부의 권력이 자신들에게 불리하게 남용되는 것을 확실히 막을 수 있어 보였다. 선거로 선출되어 일정 기간만 재임하는 통치자에 대한 새로운 요구가 민주적 정당이 전력을 다해 추진하는 두드러진 목표가 되었는데, 이는 그런 정당들이 존재하는 곳에서는 어디에서든 그러했다. 이런 노력들이 통치자들의 권력을 제한하려는 이전의 노력을 상당 부분 대체했다. 통치 권력을 피통치자들의 정기적인 선택에서 나오는 것으로 만들기 위한 노력이 계속되는 동안, 어떤 이들은 권력의 제한 그 자체에 너무나 많은 중요성을 부여한 것이 아닌가라고 생각하기 시작했다. 그것[권력을 제한하는 것]은 으레 인민들의 이익과 늘 상반된 이익을 가진 지배자에게 저항하기 위한 방책이었다(그렇게 볼 수 있다). 이제 필요한 것은 지배자들이 인민과 일치해야 하는 것이고, 지배자들의 이익 및 의지가 인민의 이익 및 의지와 일치해야 한다는 것이다. 국민은 자신의 이익과 의지를 보호받을 필요가 없었다. 자신들에게 가해지는 폭정에 대한 두려움도 없어졌다. 국민에 대해 통치자들이 적절한 책임을 질 수 있게 하고 국민이 통치자들을 해임할 수 있게 한다면, 권력을 통치자에게 맡겨도 그것의 사용을 국민 자신이 지시할 수 있기 때문에 신뢰할 수 있을 것이다. 지배자의 권력은 행사하기에 편리한 형태로 응집된 국민 자신의 권력이었다. 이런 사고방식, 아니 오히려 이런 감정은 유럽 자유주의의 최신 세대들 사이에서 흔한 것이었다. 유럽 대륙에서는 여전히 이런 사고방식이나 감정이 지배적이다. 아예 존재하지 말아야 할 것으로 여겨지는 그런 정부를 제외하고, 정부가 하려고 하는 일에 대해 어떤 한계를 두려는 사람들은 대륙의 정치사상가들 가운데 매우 예외적인 인물로 부각된다. 한

동안 이 같은 사고방식을 부추겼던 상황이 바뀌지 않고 유지되었더라면, 영국에서도 비슷한 감정의 분위기가 여전히 만연했을지 모른다.

그러나 사람의 경우에서도 그렇지만, 정치 이론과 철학 이론에서도 성공은 실패했을 경우에는 보이지 않았을지도 모를 결함과 약점을 드러낸다. 민주 정부가 꿈속에서나 가능한 것으로, 아니면 먼 옛날에나 존재해 책에서나 나오는 것으로 생각될 경우, 인민은 자신에게 행사하는 자신의 권력을 제한할 필요가 없다는 생각이 어쩌면 자명해 보일 수 있다. 프랑스혁명에서 나타난 것과 같은 일시적 일탈 역시 이런 생각에 동요를 일으키지 못했다. 일시적 일탈 가운데 최악의 것은 소수의 찬탈자들이 벌인 일들이라 할 수 있는데, 어쨌든 이 같은 것들은 민주적 제도의 지속적 작동에 해당하는 것이 아니라, 군주제와 귀족적인 전제정치에 맞서 갑작스럽고 격렬하게 일어난 소요에 해당하는 것이었기 때문이다. 그러나 이윽고 하나의 민주공화국[미국을 가리킨다]이 지구상의 광활한 면적을 차지하게 되었고, 사람들은 이 나라를 국제사회의 가장 강력한 나라들 가운데 하나로 느끼게 되었다. 그리고 선거를 통해 수립된, 책임 있는 정부는 현존하는 중대한 사실로서 관찰과 비판의 대상이 되었다. 이제야 사람들은 '자치'와 '인민의 자기 자신에 대한 권력'이라는 표현들이 사태[민주 정부]의 진상을 나타내지 않는다고 깨닫게 되었다. 권력을 행사하는 '인민'은 그 권력이 행사되는 인민과 항상 동일한 사람들은 아니다. 그리고 '자치'라는 말은 각자가 자신을 통치하는 것이 아니라, 각자가 나머지 모두에 의해 통치되는 것이다. 게다가 인민의 의지는 사실상 수적으로 가장 많은 사람 또는 인민들 가운데 가장 활동적인 일부의 사람들, 곧 다수파 또는 다수파라고 인정받는 데 성공한 사람들의 의지다. 결과적으로 인민은 자신들 가운데 일부를 억압하고 싶어 할지도 모른다. 그러므로 다른 어떤 권력 남용에 대한 예방책만큼이나 이에 대한 예방책도 요구된다. 따라서 정부가 개인에 대해 행사하는 권력을 제한하는 일의 중요성은, 집권자가 공동체, 다시 말해 그 안에서 가장 강력한 부분에 대해 정기적으로 책임을 지는 경우에도 사라지지 않는다. 이 같은 견해는, 높은 지성을 지닌 사상가들에게, 또한 마찬가지로 실질적으로나 잠재적으로 민주정과 대립할 수밖에 없는 유럽 사회의 주요 계급들에게 매력적으로 보였기에, 어렵지 않게 자리를 잡을 수 있었다. 그리고 오늘날 정치적 논의에서 "다수의 폭정"[2]은 이제 사회가 일반적으로 경계해야 하는 악에 속한다.

다른 폭정들과 마찬가지로, 다수의 폭정 역시 처음에는 공적 권위의 발동을 통해 주로 작동했기에 두려운 것으로 여겨졌고, 지금도 여전히 일반적으로 그러하다. 그러나 사려 깊은 사

---

[2] 잘 알려져 있듯이, "다수의 폭정"tyranny of the majority이라는 표현은 알렉시 드 토크빌의 『미국 민주주의』 제1권에 있는 제2부 제8장의 제목("합중국에서 다수의 폭정la tyrannie de la majorité을 완화해 주는 요인에 대해")에서 가져온 것이다. 『자유에 관하여』 여러 판본의 주석자들이 지적하듯, 밀은 'tyranny'와 'despotism'을 구분하지 않고 'despotism of the majority', 'despotism of society' 등과 같이 혼용하고 있다. 이는 토크빌 역시 그렇다. 다만 이 번역본에서는 이 둘을 통상적인 구분에 따라 폭정과 전제로 구분해 옮겼다. 이 둘의 구분에 대해서는 장-자크 루소, 『사회계약론』, 김영욱 옮김, 후마니타스, 2022(2판), 108, 109쪽 참조.

람들은 사회 그 자체가 폭군일 때 — 사회가 사회를 구성하는 개별적인 개인들에 대해 집단적으로 폭정을 행할 때 — 폭정의 수단은 공직자들의 수중에서 행해질 수 있는 행위에 국한되지 않는다는 점을 인식했다. 사회는 자신의 명령을 수행할 수 있으며 실제로 수행한다. 그리고 만약 사회가 올바른 명령 대신에 그릇된 명령을 내린다면, 또는 사회가 간섭하지 말아야 할 것들에 대해 어떤 명령을 내린다면, 많은 종류의 정치적 탄압보다 더 무시무시한 사회적 폭정을 행하는 것이다. 왜냐하면 사회적 폭정은 대체로 극단적인 처벌에 의해 유지되지는 않지만 더 적은 수의 도피 수단을 남기며, 따라서 삶의 구석구석에 훨씬 더 깊숙이 파고들어 영혼 자체를 노예화하기 때문이다. 따라서 행정직에 있는 자의 폭정에 대한 보호만으로는 충분하지 않다. 즉, 지배적인 의견과 감정의 폭정에 대해서도 보호가 필요하며, 또한 민사상의 처벌[3]이 아닌 다른 방법으로, 사회가 그 자신의 사상과 관행을 그것을 따르지 않는 사람들에게 강요하는 경향으로부터의 보호 역시 필요하다. [지배적인 의견과 감정의 폭정은] 사회 자체의 사상 및 관행과 일치하지 않는 개별성의 개발을 저해하고, 할 수 있다면 그것이 형성되는 것을 막으며, 모든 특성을 사회 자체가 만들어 낸 모형에 맞추도록 할 것이다. 집단적 의견이 독립적인 개인에게 정당하게 간섭할 수 있는 일에는 한계가 있다. 그 한계를 발견하고, 침해에 맞서 개인의 독립성을 유지하는 것은 정치적 전제로부터의 보호만큼 인간사의 좋은

---

3) "민사상의 처벌"civil penalties은 대체로 금전적 제재를 가리킨다.

조건을 만드는 데 필수 불가결하다.

　그러나 비록 이런 주장에 일반적으로 이의를 제기할 사람이 없다 해도, 그 한계를 어디에 둘 것인지 — 개인의 독립성과 사회적 통제 사이에서 어떻게 적절히 조정할 것인지 — 와 같은 실질적인 문제는 모두 여전히 해결되어야 할 상태로 남아 있는 주제이다. 모든 사람들의 삶[실존]을 가치 있게 만들기 위해서는 다른 사람의 행위를 제약할 수 있어야 한다. 따라서 몇 가지 행동 규칙들은 애초에 법에 의해 강제되어야만 하고 법이 집행되기에 적합한 주제가 아닌 많은 것들은 여론에 의해 강제되어야만 한다. 이런 규칙들이 어떠해야 하는지는 인간사의 주요한 문제이다. 그러나 몇 가지 가장 명백한 사례들을 제외하면, 이 문제를 해결하는 데서 별로 진전을 이루지 못했다. 어떤 두 시대에서도, 또 어떤 두 나라에서도, 이런 규칙이 어떠해야 하는지에 대해 동일한 결정을 하지 않았다. 한 시대 또는 한 나라의 결정은 다른 시대 또는 다른 나라에는 놀라운 것이었다. 그러나 [그런 결정을 내린] 어느 시대 어느 나라의 사람들도 자신들이 내린 결정 속에 어떤 문제가 있다고 추호도 의심하지 않는데, 그것이 마치 모든 인류가 언제나 일치된 생각을 가져온 주제라는 듯 말이다. 그들은 자신들이 사용하는 규칙은 자명하며 정당하다고 생각한다. 이런 거의 보편적인 착각은 관습의 마법적 영향력을 보여 주는 사례 가운데 하나다. 관습은 속담에서 말하듯, 제2의 본성이지만 끊임없이 제1의 본성으로 오인된다. 관습의 효과는, 인류가 서로에게 부과하는 행동의 규칙을 존중하는 것에 그 어떤 의심도 하지 못하게 하면서 한층 더 완전해지는데, 왜냐하면 그 주제는 일반적으로 한 사람이 다른 사람에게 또는 각자가 자신에게 그 이유를 제시하는 것이 일반적으로 필요하지 않다고 여겨지는 그런 것이기 때문이다. 이런 성격의 주제와 관련해 사람들은 감정이 이성보다 더 나으며, 이성은 불필요하다고 생각하는 데 익숙해졌고, 철학자의 평판을 열망하는 몇몇 사람들이 이런 생각을 부추겨 왔다. 인간 행동의 규제에 대한 사람들의 의견을 지배하는 실천적 원칙은 다른 사람들이 모두 자신과 자신이 공감하는 사람들이 좋아할 법한 대로 행동해야 한다는 각 사람의 마음속에 있는 감정이다. 자신의 판단 기준이 자신이 선호하는 것에 불과하다고 자인하는 사람은 없다. 그러나 인간의 행동에 대한 어떤 의견이, 다양한 이유에 의해 뒷받침되지 않는다면, 그것은 개인의 선호로 간주될 수밖에 없다. 그리고 제시된 이유들이 다른 사람들이 느끼는 유사한 선호에 대한 호소에 불과하다면, 선호에 대한 이런 호소는 여전히 한 사람이 아니라 해도 여러 사람의 취향에 불과하다. 그러나 어떤 보통 사람에게 자신의 선호는 [다른 사람들 역시 비슷한 선호를 가지고 있다는] 지지를 받을 경우 완벽하게 만족스러운 이유가 된다. 이뿐만 아니라, 그것은 자신이 믿는 종교의 교리에 명시적으로 있지 않은 도덕, 취향, 예의범절에 관한 생각에서도 그가 가진 유일한 이유가 되며, 심지어 종교의 교리를 해석하는 주요한 지침이 되기도 한다. 따라서 칭찬할 만한 것과 비난할 만한 것에 대한 사람들의 의견은 타인의 행동에 대한 그들 자신의 바람[욕망]들에 영향을 미치는 다양한 원인들로부터 영향을 받는데, 그 원인은 다른 문제들에 대한 그들의 바람[욕망]을 결정하는 원인들만큼이나 많다. 어떤 때는 이성일 수도, 다른 때는 편견과 미신일 수도 있다. 대체로 사회적 정동들이 원인이지만, 시기나 질투, 오만이나 경멸과 같은 반사회적 정동들일 수도 있다. 그러나 가장 흔하게는 자기 자신의 욕망과 두려움 — 정당한 혹은 부당한 자기 이익 — 일 수 있다. 우월한 계급이 존재할 경우, 그 국가의 도덕성의 상당 부분은 그 우월한 계급의 이해관계와 계급 우월성에 대한 그들의 감정으로부터 나온다. 스파르타의 시민과 노예, 식민지 농장주[4]와 흑인 사이, 군주와 신민 사이, 귀족과 평민[5] 사이, 남자와 여자 사이의 도덕성은 대부분 이런 계급적 이해관계와 감정의 산물이었다. 그리고 일단 이렇게 도덕감이 생성되면, 이제 그 도덕감이 우월한 계급에 속해 있는 구성원들 사이의 도덕 감정에도 작용한다. 다른 한편으로, 이전에 우월했던 계급이 그 우월성을 상실하거나, 또는 그들의 우월성이 인기가 없을 경우, 그 사회의 지배적인 도덕 감정은 그 우월성에 대해 성마르게 분출되는 반감을 그 특징으로 한다. 법이나 여론에 의해 강요되어 왔던 행동 규칙과 관련해, 그것이 어떤 행위를 승인하든 금지하든, 그 규칙을 결정하는 또 다른 중요한 원리는 인류가 세속의 주인들이나 신들이 어떤 호오를 가질 것으로 추정하고 이에 맞춰 스스로 굴종하는 것이다. 비록 이런 굴종은 본질적으로 이기적일지언정 위선적이지는 않다. 즉, 그것은 완벽하게 진심에서 우러난 증오의 감성을 불러일으켜 인간들로 하여금 마법사

---

4) 식민지 농장주planter는 유럽의 식민지가 된 아메리카 대륙에 생겨난 대규모 농장인 플랜테이션Plantation을 운영하는 사람을 가리킨다.
5) 평민은 소작농peasant farmers을 의미한다.

와 이단자를 화형에 처하게 했다. 이처럼 저 깊은 곳에서 작동하는 수많은 영향들 가운데서도, 당연히 사회의 일반적이고 분명한 이해관계들이 도덕 감정의 방향에 일정 부분, 커다란 영향을 미쳤다. 그러나 그렇게 된 것은 이성의 문제나 사회의 이해관계 그 자체 때문이라기보다는 그것들로부터 비롯된 공감과 반감의 결과이다. 게다가 사회의 이해관계와 거의 관계가 없거나 전혀 관계가 없는 공감과 반감도 있었는데, [이런 것도] 상당히 큰 힘을 가지고 도덕성을 확립하는 데 영향을 끼쳤다.

이처럼 사회가 또는 그 사회의 일부 권력층이 좋아하는 것이나 싫어하는 것이 법이나 여론의 처벌 아래에서 일반적으로 준수되도록 정해진 규칙들을 실질적으로 결정했던 주요 요인들이다. 그리고 일반적으로, 생각이나 감정 등에서 사회보다 앞서 있던 사람들도 몇몇 세부적인 부분에서는 이런 상황과 갈등을 빚기도 했지만 원칙적으로 이런 상황을 따져 묻지 않고 그대로 방치했다. 그들은 사회가 좋아하거나 싫어하는 것이 개인들을 규제하는 법이 되어야 하는지 여부를 따져 묻기보다 사회가 무엇을 좋아하거나 싫어해야 하는지를 탐구하는 데 집중했다. 그들은 다른 모든 이단자들과 더불어 자유를 지키기 위해 공동의 노력을 경주하기보다는, 그들 자신이 이단적인 [입장에 있는] 특정 문제들에 대한 사람들의 감정을 바꾸려고 노력하는 것을 선호했다. 일부 예외가 있지만, 어디에서나 개인들에 의해, 높은 수준의 원칙에 도달하고 일관성이 유지되는 유일한 사례는 종교적 신앙이다. 이것은 여러 가지 측면에서 교육적인 사례인데, 도덕적 감각이라고 불리는 것이 얼마나 오류가 많은지를 보여 주는 가장 두드러진 사례라는 점에서 특히 그러하다. 독실하고 완고한 사람이 품고 있는 종교적 증오[6]는 도덕적 감정의 가장 명백한 사례 가운데 하나이기 때문이다. 자칭 보편 교회[즉, 로마가톨릭교]의 멍에로부터 처음으로 벗어난 사람들[7]이 일반적으로 그 보편 교회와 마찬가지로 종교적 의견의 차이를 거의 허용하지 않았다. 그러나 어느 쪽도 완전한 승리를 거두지 못한 채 갈등의 열기가 식자, 각 교회나 종파는 자신들이 이미 차지하고 있는 기반을 계속 유지하는 것으로 자신들의 희망을 제한하려고 했고, 다수파가 될 기회가 없다는 것을 안 소수파는 그들이 개종시킬 수 없는 [다수파] 사람들에게 차이를 허용하도록 요구할 수밖에 없었다. 따라서 바로 이런 전쟁터 위에서 거의 유일하게 사회에 대한 개인의 권리가 광범위한 원리를 기반으로 주장되었으며, 의견을 달리하는 사람들에게 사회가 자신의 권력을 행사할 수 있다는 주장은 공개적으로 논박되었다. 세계가 종교의 자유를 누리는 데 공헌한 위대한 작가들은 대부분 양심의 자유를 파기할 수 없는 권리로 주장해 왔으며, 인간 존재는 자신의 종교적 믿음에 대해 다른 사람들에게 해명할 책임이 있다는 것을 절대적으로 부인했다. 그러나 인간은 본성상 자신이 관심을 가지고 있는 것에서는 그것이 무엇이든 관용적이지 못하기 때문에, 신학적 논쟁으로 인해 그들의 평화가 깨지는 것을 싫어해 종교적 무관심이 사람들 사이에서 만연한 곳을

6) 라틴어 "odium theologicum"은 '종교적 증오'religious hatred를 의미한다.
7) 뒤에도 나오지만, 가톨릭교회의 개혁을 주창한 마르틴 루터, 장 칼뱅, 존 녹스 등의 추종자들을 가리킨다.

제외한다면, 종교의 자유는 사실상 거의 어느 곳에서도 실현된 적이 없었다. 심지어 가장 관용적인 국가에서조차도 거의 모든 종교인의 마음속에서 관용의 의무는 암묵적인 유보 조건을 달고 있었다. [예를 들어] 어떤 사람은 교회 행정에서는 이견을 참을성 있게 대할 수 있지만 교리에서는 그렇지 않을 수 있을 것이다. 또 어떤 이들은 모든 사람에게 관용적일 수 있으나 교황 예찬론자나 유니테리언[8]에 대해서는 그렇지 않을 수 있다. 또 다른 이들은 계시종교[9]만을 믿는 사람들에게만 관용적일 수 있다. 일부는 좀 더 관대하게 굴지만 그 한도는 신과 내세에 대한 믿음 앞에서 멈춘다. 다수의 감성이 여전히 진지하고 강렬한 곳에서는 다수의 감성에 복종해야 한다는 주장이 거의 약해지지 않는다.

정치사의 독특한 상황으로 말미암아, 다른 대부분의 유럽 나라들에 비해 영국에서는 여론의 구속력이 더 강하지만 법의 구속력은 약하다. 그리고 [영국인들은] 사적인 행동에 입법 권력이나 집행 권력이 직접 개입하는 것에 대해 상당한 경계심을 가

---

8) 삼위일체 교리를 거부하며 예수의 신성을 부인하는 그리스도교 교파이다. 오직 하느님의 신성만을 인정하며 유일신론Unitheolsm을 주장했다. 해리엇 테일러는 그녀의 첫 번째 남편 존 테일러John Taylor와 함께 자유주의적 성향의 유니테리언 교회를 다닌 바 있다. 이에 대해서는, 존 스튜어트 밀, 『존 스튜어트 밀 자서전』, 204, 205쪽, 특히 옮긴이 주 2 참조.
9) 계시종교revealed religion는 그리스도교에서처럼 종교적 믿음의 근거를 신의 계시에 두는 것을 말한다. 이와 대비되는 개념으로 자연 종교natural religion가 있는데, 이는 인간의 이성과 경험에 토대를 둔 인간의 보편적이며 원초적인 믿음에 기반한 종교를 가리킨다.

지고 있다. 이런 경계는 개인의 독립성에 대한 정당한 존중이라기보다는 현재까지도 정부가 대중의 이해와 상반되는 이해를 대변한다고 보는 습관에서 나온 것이다. 다수의 사람들은 정부의 권력이 그들 자신의 권력이라는 것을 또는 정부의 의견이 자신들의 의견이라고 느끼는 법을 배우지 못했다. 만약 그들이 그렇게 느꼈다면, 개인의 자유는 이미 여론으로부터 침해받은 것만큼이나 정부로부터도 많은 침해를 받았을 것이다. 그러나 이제까지 법의 통제를 받지 않아 왔던 사안들에 대해 개인을 법으로 통제하려는 시도에 대한 강한 반감이 아직까지 남아 있다. 이 감정은 어떤 문제가 법적 통제의 적법한 영역에 있는지 여부와 거의 무관하게 발생한다. 이 감정이 전체적으로는 매우 유익하더라도 특정 사례에 적용될 때 종종 그릇될 수도 있다. 사실, 정부 간섭의 적절성 여부를 판단할 때 통상적으로 이용할 수 있는 어떤 공인된 원칙은 없다. 사람들은 그들 자신의 선호에 따라 결정한다. 어떤 이들은 좋은 일이 일어날 것 같거나 해악이 개선될 것 같아 보이면 기꺼이 정부가 그 일을 착수하도록 부추길 것이다. 반면에 다른 이들은 정부의 통제에 순응함으로써 얻을 수 있는 인간 이익의 한 부분을 추가하기보다는 오히려 거의 모든 사회적 악을 감수하는 것을 선호할 것이다. 사람들은 그들 감정의 일반적인 방향에 따라, 또는 정부가 해야 한다고 제안하는 특정한 일과 관련해 그들이 느끼는 이익의 정도에 따라, 또는 그들이 선호하는 방식으로 정부가 그 일을 할 것이라는 믿음에 따라, 어느 한쪽이든 결정하게 된다. 정부가 어떤 일을 수행하는 것이 적절한지를 결정할 때 일관되게 지지하는 의견에 따라 입장을 결정하는 경우는 아주 드물다. 그러나 내가 보기에 이런 규칙이나 원칙의 부재로 말미암아 이쪽이나 저쪽 모두 빈번하게 비슷한 잘못을 범하는 것 같다. 정부의 간섭은 거의 비슷한 빈도로 부적절하게 요청되거나, 부적절하게 비난받는다.

　이 글의 목적은, 그것이 법적인 처벌의 형태로 물리력을 사용하든 여론의 도덕적 강압을 사용하든, 사회가 강제와 통제의 방식으로 개인을 다루는 방식을 절대적으로 규제할 수 있는 아주 단순한 하나의 원칙을 강력히 주장하는 것이다. 그 원칙이란, 즉 인류가 개인적으로든 집단적으로든 그들 구성원의 행동의 자유에 대해 간섭하는 것을 정당화할 수 있는 유일한 목적은 자기 보호라는 것이다. 문명사회의 어떤 구성원에 대해 그 구성원의 의지에 반해 권력이 정당하게 행사될 수 있는 유일한 목적은 다른 사람에게 가하는 해악을 방지하는 것이다. 자기 자신의 물리적 이익이나 정신적 이익조차도 타인의 자유를 침해할 근거가 되지 못한다. 그의 일에 간섭하는 것이 그에게 더 좋고, 그를 더 행복하게 만들거나, 다른 사람의 의견에 따르는 것이 현명하거나, 심지어 옳다고 해도 당연히 어떤 행동을 하도록 하거나 자제하도록 강제할 수는 없다. 이런 것들이 그 사람에게 고언하거나, 설득하거나, 납득시키거나, 간청하기 위한 이유는 될 수 있어도 그를 강제하고, 또 그가 다른 행동을 할 경우에 그에게 해악을 입힐 이유가 되지는 않는다. 누군가에 대한 간섭을 정당화하기 위해서는 제지하고자 하는 행동이 반드시 다른 누군가에게 해악을 일으킨다는 판단이 있어야 한다. 타인과 관련된 행위의 부분만이 사회적 제재의 대상이 될 수 있다. 오직 자기 자신하고만 관련된 부분에서, 그가 누릴 수 있는 독립성은 당연한 권리로서 절대적이다. 자신에 대해, 즉 자신의 신체와 정신에 대해, 개인은 주권자다.

이런 교리가 오직 자신의 능력을 잘 개발한 성숙한 인간[성인]에게만 적용될 수 있다는 것은 새삼 말할 필요도 없다. 우리는 어린이나 성년이라고 규정할 나이에 이르지 못한 사람들에 대해 말하는 것이 아니다. 여전히 다른 사람들의 보살핌이 필요한 상태의 사람들은 외부의 위해뿐만 아니라 자신의 행동으로부터도 보호받아야 한다. 같은 이유로, 우리는 그 안에 살고 있는 인종 그 자체가 미성숙한 것으로 간주될 수 있는 뒤처진 상태의 사회도 제외할 수 있다. 자연적으로 발전하는 과정에서 초기에 나타나는 어려움은 너무 크기 때문에, 그 어려움을 극복하기 위한 수단에는 거의 선택의 여지가 없다. 그리고 [현 상태를] 개선하려는 정신으로 가득 찬 통치자가 그런 목적을 달성하는 데 있어 어떤 편법을 사용하지 않고는 이를 달성할 방법이 없는 경우, 그것이 어떤 것이든 정당화된다. 전제정의 목표가 미개인들의 개선이고 그것을 위한 수단들이 실제로 이런 목적을 달성함으로써 정당화된다면, 전제정은 미개인들을 다루는 정당한 통치 방식이다. 인류가 자유롭고 평등한 토론을 통해 [스스로] 개선할 수 있게 되기 전까지는 하나의 원칙으로서의 자유는 그 어떤 상황에도 적용될 수 없다. 그때까지는, 만약 운이 좋아 아크바르[10] 혹은 샤를마뉴[11]와 같은 사람을 찾을 수 있다

---

10) 아크바르(1542~1605년)는 인도 무굴제국의 제3대 황제이다. 데칸 지방을 제외한 전 인도를 정복해 중앙집권제를 확립했다. 이슬람교와 힌두교

면, 이들에게 암묵적으로 복종하는 것 외에 인류에게는 다른 방도가 없다. 그러나 인류가 확신이나 설득으로 그들 자신을 발전시킬 능력을 얻자마자(여기서 우리가 관심을 가진 나라들은 모두 이미 오래전에 이런 상태에 도달했다), 강제는 직접적인 형태든 불복종에 대한 고통과 처벌의 형태든 더는 그들 자신의 이익을 위한 수단으로 허용될 수 없으며, 오직 다른 사람들의 안전을 보장하기 위해서만 정당화될 수 있다.

유용성[12]과는 상관없는 추상적인 권리 개념으로부터 내 주장이 어떤 이점을 취할 수 있다고 하더라도, 나는 그런 이점을 포기한다고 말해 두는 것이 적절할 것이다. 나는 모든 윤리적 문제는 궁극적으로 유용성을 기준으로 판단해야 한다고 생각

사이의 융합을 꾀하며 제국의 번성기를 이룩했다.

11) 샤를마뉴(742?~814년)는 프랑크왕국의 왕이자, 서로마제국의 황제이다. 게르만 민족을 통합하고 영토를 확대했다. 구교도를 보호해 800년에 로마 교황으로부터 서로마제국의 황제로 인정받았다.

12) 영어 'Utility'는 우리말로 '효용성', '유용성' 그리고 '공리성' 등 다양하게 해석된다. 여기서 '유용성'이라는 번역을 선택한 이유는, '효용'이라는 표현이 경제적 의미로서 '욕망을 만족시킬 수 있는 재화의 효능'이라는 뉘앙스가 강하고, '공리성'이라는 번역은 '공리'公利와 '공리'功利의 해석을 동시에 지니고 있기 때문이다. 사실 '공리주의'Utilitarianism의 번역은 이미 정착되어 사용되고 있다. 하지만 밀의 철학은 최대 행복의 원칙이라는 이름으로 인간 행동의 지침을 제공한다. 즉, 최대 행복을 산출하는 방식으로 행동하도록 주장하는 이론이다. 따라서 밀의 철학은 어떤 행위가 공리주의의 교리인 '전체적인 행복의 증진'에 얼마나 유용한지를 평가하는 것에 주안점을 둔다. 이와 관련해 밀은 'Utility'를 좀 더 윤리적 측면에서 광의적 의미로 사용하고 있기에 이 번역서에서는 '유용성'이라는 용어를 사용한다.

한다. 그러나 그 유용성은 진보하는 존재로서 인간의 영속적인 이익에 근거한, 가장 넓은 의미에서의 유용성이 되어야만 한다. 내가 주장하는 바에 따르면, 각 개인의 행위가 오직 다른 사람들의 이익과 관련되는 한에서만 개인의 자발성을 외부의 통제에 종속시킬 수 있다. 만약 누군가 다른 사람에게 유해한 행위를 한다면 법을 통해, 또는 법적 처벌을 확실히 적용할 수 없는 곳에서는 사회 일반의 비난을 통해, 그를 처벌해야 한다는 것은 명백하다. 또한 다른 사람들을 이롭게 하는 많은 긍정적인 행위들이 있는데, 이런 행위를 하도록 누군가를 강제할 수도 있다. 예를 들어, 법정에서 증언을 하거나, 공동 방위 또는 그가 보호받고 있는 사회의 이익을 위해 필요한 공동 사업을 공정하게 분담하거나, 또는 동료의 생명을 구하거나 일상에서 무방비 상태의 사람들을 학대로부터 보호하기 위해 개입하는 일은 명백히 인간의 의무다. 그가 사회에서 이런 의무를 행하지 않으면, 그는 그것에 대해 당연히 책임을 져야 할 것이다. 사람은 자신이 행동하거나 행동하지 않음으로써 다른 이들에게 해악을 가져다줄 수 있으므로, 어느 쪽이든 당연히 해악과 관련해 다른 사람들에게 책임이 있다. 후자의 경우[곧 '행동하지 않음'으로 인해 타인에게 해를 입히는 경우]는 전자보다 훨씬 더 신중하게 강제력을 행사해야 한다. 다른 사람에게 해악을 끼치는 행위에 대해 책임지게 하는 것은 규칙이지만, 그에게 해악을 막지 못한 것에 대해 책임지게 하는 것은, 비교해 말하자면, 예외이다. 그러나 이 같은 예외를 정당화하기에 충분할 정도로 분명하고 중대한 경우들이 많이 존재한다. 자신 이외의 사람들과 관련된 모든 일에서, 그는 그 일과 이해관계가 있는 모든 사람에게, 그리고 필요하다면 그들의 보호자인 사회에 대해 법적으로 책임을 져야 한다. 그가 책임지지 않아도 될 좋은 이유가 있는 경우들도 있다. 그러나 이런 이유는 다음과 같은 특별한 편의로부터 발생해야만 한다. 즉, 사회가 그를 통제할 수 있는 권력이 있고 어떤 방식으로든 통제할 때보다 그 자신의 판단에 맡길 때 전체적으로 더 잘 행동할 가능성이 있는 경우나, 통제하려는 시도가 통제를 통해 방지하려는 것보다 훨씬 더 큰 해악을 만들어 낼 수 있는 경우다. 이와 같은 이유로 행위자에게 책임을 묻지 않을 때에는, 행위자 자신의 양심이 공석 중인 판사석에 앉아, 외부로부터 그 어떤 보호도 받을 수 없는 다른 사람들의 이익을 보호해야 할 것이다. 이런 경우에 그 행위자는 자기 동포들의 판단에 책임지는 일에서 면제되기 때문에 스스로를 훨씬 더 엄격하게 판단해야 한다.

그러나 개인과 구별되는 사회가 오직 간접적으로만 이해관계를, 그런 것이 있다면, 갖는 행동의 영역이 있다. 이런 영역에는 개인의 삶과 행동의 모든 부분이 오직 그 자신에게만 영향을 미치는 영역이나, 설령 타인에게 영향을 미친다고 해도, [그 영역에 타인이] 자유롭고 자발적이며 속임수 없는 동의하에 참여한 영역 등이 포함된다. 내가 오직 그 자신[에게만]이라고 말할 때, 나는 직접적이면서 제일 우선적인 것을 의미한다. 왜냐하면 그 자신에게 영향을 미치는 모든 것은 그 자신을 통해 타인들에게 영향을 미칠 수도 있기 때문이다. 그리고 이런 우연의 가능성에 근거한 반대 입장은 후에 [이 책의 5장에서] 고려할 것이다. 인간 자유의 고유한 영역은 다음과 같다. 첫째, 자유는 의식의 내면적 영역을 의미한다. 가장 포괄적인 의미에서 양심의 자유, 사상과 감정의 자유, 그것이 실천적이든 이론(사색)적이든, 과학적이든, 도덕적이든, 신학적이든, 이 모든 주제에 대한 의견과 감성에 대한 절대적인 자유를 요구한다. 의견을 표현하고 출판할 자유는 다른 원칙의 범주에 속하는 듯 보인다. 왜냐하면 그것은 다른 사람들과 관련된 개인의 행동 부분에 속하기 때문이다. 그러나 대체로 사상의 자유만큼 중요하고, 많은 부분에 있어 동일한 이유에 의존하고 있기 때문에, 사상의 자유와 실질적으로 분리하기 어렵다. 둘째, 이 원리는 취향의 자유와 추구의 자유를 요구한다. 그리고 설령 사람들이 우리의 행동이 어리석고 완고하고 그릇되었다고 생각하더라도, 우리가 하는 일이 그들에게 해악을 끼치지 않는 한, 우리의 동료로부터 방해받지 않고 자신의 성격에 걸맞은 삶의 계획을 세울 자유, 뒤따라올 결과를 감수하더라도, 우리가 좋아하는 것을 할 자유를 요구한다. 셋째, 각 개인이 지닌 이런 자유로부터, 같은 범위 내에서 타인에게 해를 가하지 않는 한 여하한 목적을 위해 결사할 자유가 따라 나온다. 이때 연합한 사람들은 성년이고 강제나 속임수에 의해 끌려 나오지 않아야 한다.

　이런 자유의 영역들이 전체적으로 존중되지 않는 사회는 그곳의 정부 형태가 무엇이든 자유롭지 않다. 이런 자유가 절대적이고 무조건적으로 존재하지 않는 사회는 완전히 자유롭지 않다. 자유라는 이름을 누릴 자격이 있는 유일한 자유는 우리가 다른 사람들의 좋음[선]을 빼앗으려고 하지 않거나, 좋음[선]을 추구하는 그들의 노력을 방해하지 않는 한에서, 우리 자신의 방식대로 우리 자신의 '좋음[선]'을 추구할 자유다. 각자는 자신의 신체적·정신적·영적 건강을 지키는 적절한 보호자다. 각자에게 그 밖의 사람들에게 좋아 보이는 삶을 억지로 살도록 강요하는 것보다 그들 자신에게 좋은[선한] 것으로 보이는 삶을 살아보게 함으로써, 인류는 더 큰 혜택을 받게 될 것이다.

비록 이런 교리는 결코 새롭지도 않고 누군가에게 진부한 것처럼 들릴 수도 있지만, 현존하는 의견과 관행의 일반적인 경향과 이보다 더 직접적으로 대립하는 교리는 없다. 사회는 (사회의 기준에 따라) 사람들을 사회적 탁월성이라는 관념에 동조하도록 강제하는 것만큼이나 개인적 탁월성이라는 관념에도 동조하도록 강제하기 위해 많이 노력했다. 고대의 국가는 국가가 모든 시민의 신체와 정신적인 규율에 깊은 이해관계를 가지고 있다는 점을 근거로 공적인 권위가 사적 행위의 모든 부분을 규제할 수 있다고 여겼고, 고대의 철학자들 역시 이에 찬성했다. 이런 사고방식은 강력한 적들에 둘러싸여, 외적의 공격이나 내부의 소요[무질서]에 의해 끊임없이 전복될 위험에 노출되어 있고, 그리하여 한순간이라도 긴장을 풀거나 방심하면 치명적일 수 있기에, 자유가 가져다주는 항구적으로 유익한 효과를 기다릴 여유가 없었을 작은 공화국에서는 허용될 수 있을 것이다. 현 시기에는 정치 공동체의 크기가 커지고, 특히 종교적인 권위와 속세의 권위가 분리되어(인간의 양심을 지도하는 일은 그들의 세속적인 일을 통제했던 사람이 아닌 다른 사람의 손에 놓이게 되었다) 사적 삶의 세부적인 부분에 법이 지나치게 간섭할 수 없게 되었다. 그러나 도덕적 억압의 기구들은 사회적 문제보다 자기 자신과 관련된 문제에서, 지배적인 의견으로부터 일탈한 의견들을 강력하게 통제해 왔다. 왜냐하면 도덕적 감정의 형성에 적극적으로 관여하는 가장 강력한 요소인 종교는 거의 항상 인간 행동의 모든 부분에 대한 통제권을 추구하는 교계제도[곧 가톨릭교회]의 야망에 의해서든, 청교도 정신에 의해서든 지배되어 왔기 때문이다. 과거의 종교를 강력하게 반대하는 몇몇 근대 개혁가들 역시 옛 교회들이나 종파들과 마찬가지로 영적 지배권에 대해 주장하고 있다. 특히 콩트가 그러한데, 그가 『실증 정치학 체계』[13]에서 개진하고 있는 사회 체계의 목표는 개인에 대한 사회의 전제적 지배를 확립(비록 법률적 장치보다 도덕적 장치들에 의한 것이지만)하는 것이며, 이는 고대 철학자들 가운데 가장 엄격한 규율주의자의 정치적 이상을 능가하는 것이었다.

개별 사상가들의 독특한 주의들 외에도, 여론의 힘과 심지어 입법의 힘으로 개인에 대한 사회의 권력을 과도하게 확장하려는 경향이 전체적으로 이 세계에서 증가하고 있다. 그리고 세

---

13) *Système de politique positive, ou Traité de sociologie, Instituant la Religion de l'HUMNITÉ*, 4 vols., Paris: Mathias, 1851~54를 가리킨다. 밀은 본문에서 "Traité de Politique Positive"로 표기하고 있는데, 이는 'Système'을 'Traité'로 밀이 잘못 표기한 것이다. 이에 대해서는, J. M. Robson ed., p. 227 참조. 밀은 『자서전』에서 이 저서에 대해 다음과 같이 말한다. "콩트씨는 생전에 그의 마지막 저술이 된 『실증 정치학 체계』에서 이그나티우스 로욜라Ignatius Loyola의 경우 외에는 지금까지 인간 두뇌에서 나온 적이 없었던 정신적이고 세속적인 전제의 가장 완벽한 조직을 계획함으로써 철저하게 이런 이론을 세웠다. 이는 정신적 교사와 지배자로 조직된 단체가 제공하는 일반적 의견의 멍에가 모든 행위 위에 절대화되고, 인간에게 가능한 모든 일에서, 자신의 사정에 관한 사상이나 타인의 이익에 관한 사상에 대해서도, 사회 구성원의 모든 사상 위에서도 절대화되는 조직이다." 존 스튜어트 밀, 『존 스튜어트 밀 자서전』, 박홍규 옮김, 문예출판사, 2019, 229쪽.

상에서 나타나고 있는 모든 변화의 경향은 사회를 강화하는 한편, 개인의 힘을 약화하기 때문에, 이런 침해는 자발적으로 사라지는 경향이 있는 악들 가운데 하나가 아니라, 반대로 점점 더 강력하게 성장하는 악들 가운데 하나다. 통치자로서든 동료 시민으로서든, 자신의 의견과 성향을 다른 사람들에게 행동 규칙으로 강요하려는 인류의 성향은 인간 본성에 수반되어 있는 최선의 감정과 최악의 감정에 의해 매우 강력하게 지지되고 있어, 권력을 없애는 것 이외에 그 어떤 것으로도 결코 그 경향을 억제할 수 없다. 그리고 이런 해악에 대해 도덕적 확신이라는 강한 보호벽을 쌓지 못하는 한, 우리는 세계의 현 상황에서 권력이 증가하는 것을 목도할 것임에 틀림없다.

여기서 바로 일반론으로 나아가는 대신에, 여기서 진술된 원칙을 현재의 여론이 완전히는 아니더라도 어느 정도 인정하는 한 분야로 국한한다면, 논의가 편해질 것이다. 그 분야가 바로 사상의 자유다. 이 사상의 자유로부터 같은 계통의 말하고 쓸 자유를 분리하는 것은 불가능하다. 비록 이런 자유가 상당한 정도로, 종교적 관용과 자유로운 제도를 공언하는 모든 국가에서 정치적 도덕성의 일부를 형성하고 있지만, 이런 자유가 의지하고 있는 철학적이고 실천적인 근거들은 모두 아마도 일반인들 사이에서는 기대했던 것만큼 익숙하지 않을 것이며, 심지어 상당수 여론을 주도하는 사람들 사이에서도 충분히 인정받지 못할 것이다. 그런 근거들이 올바르게 이해될 때, 한 분야의 주제를 넘어 훨씬 넓게 적용될 것이며, 이런 분야의 문제를 철저하게 검토하는 것은 나머지 분야를 검토하기 위한 최고의 입문이 될 것이다. 내가 말하려고 하는 어떤 것도 새로운 것이 아니

라고 여기는 사람들에게 미안하지만, 나는 3세기 동안 그렇게
자주 논의되어 온 주제에 대해 과감히 논의 하나를 더 보태려
고 한다.

2장
사상과 토론의 자유

　부패한 정부나 폭정을 일삼는 정부에 대한 안전 조치 가운데 하나인 '표현의 자유'에 대한 옹호가 필요한 시대는 지나갔기를 바란다. 우리는 인민의 이익과 일치하지 않는 입법기관이나 행정기관이 인민에게 의견을 강요하고 인민이 들어도 되는 교리나 논변은 무엇인지를 결정하는 것을 비판하는 논의가 더는 필요치 않다고 생각할 수 있다. 게다가 이 문제와 관련해 이같은 견해는 이전부터 여러 저자들이 매우 자주 그리고 당당하게 강조했었기 때문에 여기서 특별히 주장할 필요가 없다. 비록 출판이라는 문제와 관련된 영국의 법이 튜더왕조 시대[1]만큼이나 오늘날 [인민에게] 굴종을 요구한다 해도, 내란의 두려움으로 말미암아 관리들과 판사들이 적절한 판단을 하지 못해 일시적으로 공황 상태에 빠졌던 시기를 제외하고, 그 법이 실제로 정치적 토론을 억누르기 위해 시행될 위험은 거의 없었다.[2] 그리

---

1) 영국 역사상 가장 강력한 왕권을 행사한 왕조(1485~1603년)로, 1485년 헨리 튜더Henry Tudor가 장미전쟁을 끝내고 헨리 7세Henry VII로 즉위하며 시작되어 엘리자베스 1세 치세 때까지를 가리킨다.

*2) [저자의 주] 이 구절을 쓰자마자, 마치 이 글을 강력히 반박이라도 하듯, 1858년에 정부가 출판물을 기소하는 일이 벌어졌다. 그러나 공적 토론의 자유에 대한 부당한 간섭이 있었다고 해도 나는 본문의 내용을 한 글자도 바꾸지 않았고, [내란의 두려움으로] 공황 상태에 빠진 경우를 제외한다면, 정치적 토론에 대해 고통을 주고 처벌하는 시대는 영국에서 사라졌다

는 내 확신 역시 약화되지 않았다. 왜냐하면, 첫째, 기소가 지속되지 않았고, 둘째, 정치적 기소는 전혀 없었기 때문이다. 기소된 범죄는 제도를 비판하거나, 통치자의 측근이나 통치자의 행위를 비판하는 것이 아니라 폭군 살해가 정당하다는 비도덕적인 주장으로 여겨지는 것을 유포한 일이었다.

이 장에서 개진하고 있는 주장이 타당하다면, 제아무리 비도덕적인 것이라고 여겨지는 어떤 교리라도 윤리적 신념의 문제로서 그것을 고백하고 토론할 수 있는 완전한 자유가 있어야 한다. 그러므로 여기서 폭군 살해론이 비도덕적이라고 불릴 만한지 여부를 조사하는 것은 이 글과 관련이 없고 이 자리에 어울리지도 않을 것이다. 나는 그 주제가 아직까지 해결되지 않은 도덕의 문제 가운데 하나라고 말하는 데에 만족할 것이다. 자신을 법 위에 올려놓음으로써 법률상의 처벌이나 통제의 범위에서 벗어난 범죄자를 어느 사사로운 시민이 처단하는 행위에 대해 모든 국민은 그리고 몇몇 가장 선하고 가장 현명한 사람들은 그것을 범죄가 아니라 고상한 덕행으로 간주해 왔다. 그리고 옳든 그르든 그것은 본질상 암살이 아니라 내전이다. 구체적인 경우에서, 폭군 살해에 대한 선동은 적절한 처벌의 대상이 될 수 있지만, 이 경우에도 명백한 행위가 뒤따랐을 경우에만 그리고 적어도 그 행위와 선동 사이에 개연성이 있는 관계가 성립될 수 있을 때에만 처벌이 가능하다고 생각한다. 심지어 그때도, 외국 정부가 아니라 공격을 당한 바로 그 정부만이, 자기방어를 위해 자신의 존립을 위협하는 공격을 정당하게 처벌할 수 있다.

[여기서 밀이 언급하고 있는 사건은 런던의 출판업자 에드워드 트루러브가 W. E. 애덤스W. E. Adams의 팸플릿 「폭군 살해: 정당한 일인가?」Tyrannicide: Is it justifiable?를 출간한 일로 기소된 사건을 가리킨다. 이 팸플릿은 1858년 1월 14일 이탈리아인 펠리체 오르시니Felice Orsini가 폭탄을 투척해 프랑스의 황제 나폴레옹 3세Napoleon III를 암살하려던 시도(이 과정에서 무고한 사상자가 다수 발생했다)를 옹호하는 내용을 담고 있었다. 정부는 트루러브가 그 팸플릿을 더는 유통하지 않기로 약속함에 따라 기소를 취하했다. 이에 대해서는, John Stuart Mill, *On Liberty*, David Bromwich and George Kateb eds., New Haven and London: Yale University Press, 2003, pp. 87, 88 편집자 주 참조].

38

고 일반적으로 말해, 입헌 국가에서는 정부가 인민에 대해 전적으로 책임을 지든 아니든 의견의 표현에 대한 통제가 빈번하게 시도될 것이라 우려하지 않아도 된다. 예외가 있다면, 정부가 그 자체로 공중의 전반적인 불관용[을 대표하는] 기관이 되어 의견의 표현을 통제하는 경우다. 따라서 이제 정부와 인민이 완전히 하나가 되어, 인민의 목소리에 부합하지 않는 한 정부가 그 어떤 강압적인 힘도 행사하지 않는다고 가정해 보자. 그렇다 해도 나는 [의견 표현에 대한] 그와 같은 강압을 행사할 인민의 권리를, 그것을 인민 스스로 행사하든 그들의 정부를 통해 행사하든, 부정한다. 그런 권력은 그 자체로 정당하지 않다. 최악의 정부가 강제력을 행사할 자격이 없는 것과 마찬가지로 최상의 정부도 그럴 자격이 없다. 이런 강제력은 여론에 반해 행사될 때도 해롭지만, 여론과 일치해 행사될 때는 훨씬 더 해롭다. 만약 한 사람을 뺀 모든 인류가 하나의 의견을 갖고 있고 오직 한 사람이 반대의 의견을 갖고 있다면, 그리고 그 한 사람이 권력을 갖고 그 권력을 행사해 인류를 침묵시키는 것이 정당화될 수 없는 것과 마찬가지로 인류가 한 사람을 침묵시키는 것도 정당화될 수 없을 것이다. 어떤 의견이 그 의견을 지닌 당사자를 제외하고는 아무런 가치도 없는 개인적인 것에 속한다면, 즉 그 의견의 향유를 방해받는 것이 그저 당사자 개인의 피해라면, 그 피해를 입은 사람이 소수인지 아니면 다수인지의 차이가 있을 것이다. 그러나 의견 표현을 침묵시키는 것이 가진 특별한 해악이 있다. 그것은 현세대뿐만 아니라 후세대에 이르기까지, 또한 그 의견에 반대하는 사람과 그 의견을 지지하는 사람을 비롯한 모든 인류로부터 [다음과 같은 두 가지를] 도둑질하는 것이다. 즉,

만약 그 의견이 옳다면, 인류는 오류를 진리로 바꿀 기회를 뺏기는 것이다. 만약 그 의견이 틀렸다면, 인류는 그에 못지않은 혜택, 곧 오류와의 충돌을 통해 발생하는 진리에 대한 좀 더 분명한 인식과 생생한 인상을 상실하게 된다.

이 두 가지 가설은 각각의 가설에 상응하는 논증 형식이 서로 다르기 때문에 따로 검토하는 것이 필요하다. [첫 번째 가설과 관련해] 우리가 억누르려고 시도하는 그 의견이 그릇된 의견이라는 것을 우리는 결코 확신할 수 없다. [두 번째 가설과 관련해] 설령 그것을 확신한다고 해도 그 의견을 억누르는 것은 여전히 해악이 될 것이다.

첫째, 권위로 억누르려고 시도한 의견이 진리일 수도 있다. 그 의견을 억압하려는 사람들은 물론 그것이 진리라는 것을 부정한다. 그러나 그 사람들이 틀릴 가능성이 없는 것은 아니다. 그들에게는 모든 인류를 대표해 그 문제를 결정하고 [그들 외의] 다른 모든 사람은 판단할 방도를 갖지 못하게 할 아무런 권한도 없다. 그들이 어떤 의견이 오류가 있다고 확신한다는 이유로 그 의견을 듣지 않는 것은 그들 자신의 확실성을 절대적 확실성과 동일하다고 가정하는 것이다. 토론을 완전히 막는 것은 무오류성을 가정하는 것이다. 이 같은 상식적인 논증에 근거해 토론을 막는 일을 비난해도 좋을 것이다. 상식적이라고 해서 나쁜 것은 아니니 말이다.

인류의 양식을 위해서는 불행한 일이지만, 사람들은 언제나 이론적으로는 자신이 오류를 범할 가능성이 있음을 인정하면서도, 실제로 판단을 내릴 때에는 이를 전혀 중시하지 않는다.

왜냐하면 모든 사람은 자신이 틀릴 수 있다는 것을 잘 알지만, 자신의 오류 가능성에 대한 예방책을 세우는 것이 필요하다고 생각하거나, 자신이 아주 확실하다고 느끼는 어떤 의견이 자기 스스로도 빠지기 쉽다고 인정하는 오류의 한 사례가 될 수 있음을 인정하는 사람은 거의 없기 때문이다. 절대군주들, 또는 무한한 존경을 받는 데 익숙한 사람들은 대체로 거의 모든 문제에서 자신의 의견이 전적으로 확실하다고 여긴다. 좀 더 운이 좋은 위치에 있는 사람들, 즉 이따금씩 자신의 의견에 문제가 제기되는 것을 듣고, 자신이 틀렸을 때 그것을 시정하는 데 완전히 익숙하지 않은 것은 아닌 사람들 역시, 자기 주변의 모든 사람이나 자신이 습관적으로 경의를 표하는 사람들이 자신과 의견을 공유하는 경우, 자신의 견해에 대해 비슷한 무한한 확신을 갖게 된다. 왜냐하면 대체로 인간은 자신의 독자적인 판단에 대한 확신이 부족할수록 [자신이 그 안에 속해 살아가는] '세계'의 무오류성을 절대적으로 신뢰하기 때문이다. 여기서 그 세계란 대체로 각각의 사람들이 접하게 되는 세계의 한 부분, 즉 정당, 종파, 교회, 사회 계급을 의미한다. 그 세계가 자신의 국가나 자신의 시대와 같이 아주 포괄적인 것을 의미한다고 여기는 사람은, 그에 비해, 개방적[3]이고 도량이 큰 사람이라 불릴 수 있다. 이 같은 집단의 권위에 대한 그의 믿음은 다른 시대, 국가, 종

---

3) 여기서 "개방적"으로 옮긴 단어는 'liberal'이다. 새뮤얼 존슨의 『영어 사전』에 따르면 이 당시 'liberal'의 의미는 대체로 'generous'와 같은 의미로 사용되었으며 '개방적인 마음', '너그러움' 등을 뜻했다.

파, 교회, 계급 그리고 정당 등이 자신과 정반대로 생각했고 또 지금도 그렇다는 사실을 안다 해도 전혀 흔들리지 않는다. 그는 자신이 속한 세계에 자신과 의견이 다른 사람들로 이루어진 세계에 맞설 책임을 전가한다. 그리고 이 수많은 세계 가운데 어느 것을 신뢰할 것인지가 단지 우연적으로 결정된다는 사실은 그에게 결코 문제가 되지 않는다. 그를 런던에 사는 국교회 신자로 만든 동일한 이유가 누군가를 북경에 사는 불교 신자나 유학자로 만들었으리라는 것도 결코 그에게 문제가 되지 않는다. 개인과 마찬가지로 시대 역시 무오류적일 수 없다는 것은 명백하며, 이는 약간의 논의만으로도 충분히 밝힐 수 있다. 각 시대는 후세대가 오류일 뿐만 아니라 불합리하다고 간주하는 많은 의견을 가지고 있었다. 한때 일반적으로 받아들여졌던 많은 의견이 현재 거부되는 것과 마찬가지로, 현재 일반적으로 받아들이는 의견이 후대에는 거부될 것이 확실하다.

이런 논의에 대한 반론은 아마도 다음과 같은 형태를 취할 것이다. 오류[잘못된 의견]가 확산되지 못하게 막는 것이, 공권력이 자신의 판단과 책임에 따라 행하는 다른 모든 것보다 무오류성을 더 많이 가정하는 것은 아니다. 인간에게 판단력이 주어지면 인간은 그것을 사용할 수 있다. 판단이 잘못될 수 있다는 이유 때문에 판단을 하지 말라고 말할 수 있는가? 사람들이 유해하다고 생각하는 것을 금지하는 것은 [그것을 금지하는 자신에게] 오류가 없다고 주장하는 것이 아니라, 설령 오류일 수 있다고 해도, 유해한 생각을 금지하는 것은 그들 자신의 양심적인 신념에 따라 행동해야만 하는 의무를 이행하는 것이다. 만약 자신의 의견이 그릇될 수 있기 때문에 우리가 자신의 의견에 따라 행동해서는 안 된다면, 우리의 모든 이익은 방치될 것이고, 우리의 모든 의무는 실행되지 않을 것이다. 모든 행동에 적용되는 반론이 어떤 특별한 행위에 대해서만 유효한 반론이 될 수는 없다. 가능한 한 가장 진실한 의견을 형성하는 것이 정부와 개인 모두의 의무이다. 진실에 가장 가까운 의견을 신중하게 형성하고, 그 의견이 옳다고 확신할 수 없는 한, 다른 이들에게 이를 결코 강요해서는 안 된다. 그러나 옳다고 확신할 때(그렇게 추론하는 사람들은 이렇게 말할 수 있을 텐데), 계몽이 덜 된 시대에 다른 이들이 지금은 진실로 여기는 의견을 박해했다는 이유로 그들 자신의 의견에 따라 행동하는 것을 꺼리거나, 그들이 정말로 현재나 미래에 존재하는 인류의 복지에 해가 된다고 생각하는 이론을 제지하지 않고 널리 퍼지게 허용하는 것은 양심적인 것이 아니라 비겁한 것이다. 같은 실수를 하지 않도록 조심하자고 말하는 것일 수도 있다. 그러나 정부와 국가는 권력을 행사할 수 있는 적합한 부분들로 간주되는 곳에서 실수를 저질러왔다. 즉, 그들은 부당한 세금을 부과하고, 부당한 전쟁을 일으켰다. 그렇다고 해서, 우리는 그 어떤 세금도 부과하지 말아야 하고, 어떤 도발이 있어도, 전쟁을 하지 말아야만 하는가? 인간이든 정부든 능력이 미치는 한 그 최선을 다해야만 한다. 절대적인 확실성 같은 것은 없다. 그렇지만 인간이 자신의 목적에 따라 삶을 영위하는 데 충분할 정도의 확신은 있을 수 있다. 우리는 자신의 의견이 곧 자신의 행동 지침으로 올바르다고 가정할 수 있고, 또 가정해야만 한다. 그리고 악인이 우리가 그릇되고 유해하다고 간주하는 의견을 전파해 사회를 왜곡하는 것을 막으려 할 때, 우리가 가정하고 있는 것은 이 이상이 아니다.

[이상과 같은 반론에 대해] 나는 그것이 훨씬 더 많은 것을 가정하고 있다고 대답할 것이다. 해당 의견을 논박할 기회가 [많이] 있었음에도 그 의견이 논박되지 않았기 때문에 참이라고 가정하는 것과 해당 의견에 대한 논박을 허용하지 않기 위한 목적으로 그것을 진리로 가정하는 것 사이에는 아주 커다란 차이가 있다. [다른 사람들이] 우리의 의견을 반박하고 오류를 증명할 수 있는 완전한 자유는 우리가 행동을 하기 위한 목적으로 그 의견이 진리라고 가정하는 것을 정당화하는 조건이다. 그 외 다른 조건에서는 인간의 능력을 가진 존재가 자신의 의견이 옳다고 합리적으로 확신할 수 없다.

우리가 의견의 역사나 인간 삶의 일상적인 행위를 살펴봤을 때, 이 두 가지 모두 지금보다 더 나쁘지 않았던 것은 무엇 때문인가? 그것은 분명 인간 오성의 내재적인 힘 때문은 아니다. 왜냐하면 자명하지 않은 어떤 문제와 관련해, 그 문제에 대해서는 100명 가운데 한 사람만이 판단을 내릴 수 있고, 나머지 99명은 전혀 판단을 내릴 수 없기 때문이다. 게다가 그 100번째 사람의 능력도 단지 상대적인 것이기 때문이다. 왜냐하면, 과거 세대의 저명한 사람들의 대다수가 현재 잘못된 것으로 알려진 많은 의견을 신봉했고, 오늘날에는 누구도 정당화하지 않을 수많은 것들을 행했거나 승인했기 때문이다. 그렇다면 왜 사람들 사이에서 합리적인 의견과 합리적 행동이 대체로 우세한 것일까? 만약 진정으로 이 같은 우위성이 있다면 — 인간사가 과거나 현재에 거의 절망적인 상태에 처해 있지 않는 한, 그래야만 했다 — 그것은 지성적 또는 도덕적 존재로서 인간이 가지고 있는 존경받을 만한 모든 것의 원천이라 할 수 있는 인간 정신의 어떤 특성, 즉 잘못을 바로잡을 수 있다는 특성 때문이다. 인간은 토론과 경험으로 자신의 잘못을 수정할 능력이 있다. 하지만 단지 경험만으로는 잘못을 수정할 수 없다. 토론이 반드시 있어야만 하는데, 토론은 경험이 어떻게 해석되는지를 보여 준다. 잘못된 의견과 관행은 서서히 사실과 논증에 자리를 내어 준다. 그러나 사실들과 논증들이 지성에 어떤 영향을 미치기 위해서는 지성 앞에 그것들을 가져다 놓아야 한다. 사실의 의미를 드러내는 주석들 없이, 사실이 스스로 자신의 이야기를 하는 경우는 거의 없다. 그래서 인간의 판단이 갖는 힘과 가치는 판단이 잘못되었을 때 그것을 바로잡을 수 있는 독특한 속성에 달려 있기 때문에, 잘못을 바로잡을 수단이 상비되어 있을 때만 판단을 신뢰할 수 있다. 어떤 사람의 판단이 실제로 신뢰받을 만한 그런 경우에, 그 판단은 어떻게 신뢰받게 되었을까? 그것은 그 사람의 지성이 자신의 의견과 행동에 대한 비판에 열려 있기 때문이다. 자신의 의견에 대해 제기될 수 있는 모든 반론에 귀를 기울이고, 그 비판 가운데 올바른 부분으로부터는 교훈을 얻고, 잘못된 것에 대해서는 그 오류를 자기 자신과 다른 사람에게 설명하는 것을, 그가 훈련했기 때문이다. 인간이 어떤 주제 전체에 대한 앎에 다가갈 수 있는 유일한 방식은 다양한 의견을 가진 사람들이 그것에 관해 뭐라고 말했는지를 청취하고, 다양한 종류의 지적 능력을 가진 사람들 각각이 그 문제를 검토하는 방식을 모두 배우는 것임을, 그가 깨달았기 때문이다. 그 어떤 현명한 사람도 이 외의 다른 방식으로 지혜를 획득할 수 없었고, 또한 인간 본성에 비추어 볼 때 어떤 다른 방식으로 인간의 지력이 현명해지는 것도 아니다. 자신의 의견과 다른 사람의 의견을 비교하고 대조하면서 자신의 의견을 바로잡고 보완하려는 꾸준한 습관은 자신의 의견을 실행하는 데 의심과 망설임을 불러일으키지 않고 자신의 의견을 신뢰할 수 있는 단 하나의 안정적인 기반이다. 적어도 자신에게 명백하게 제기될 수 있는 반론이 무엇인지 모두 알고 있고, 자신에게 반론을 제기하는 모든 사람에 맞서 자신의 입장을 유지할 수 있기 때문이다. 그는 자신이 반론과 난점을 피하는 대신 반론과 난점을 찾아내고, 어떤 관점에서든 그 주제를 조명하는 것을 가로막지 않았다는 것을 알고 있기 때문이다. 그는 이와 비슷한 과정을 거치지 않은 사람이나 집단보다 자신이 더 나은 판단을 하는 것으로 생각할 수 있는 권리를 갖고 있다.

인류 가운데 가장 현명한 사람, 즉 가장 신뢰할 만한 판단을 하는 사람들이 자신이 의지하는 판단을 [신뢰할 수 있는 것으로] 보증하기 위해 필요하다고 주장한 것[위에서 언급한 과정]을 소수의 현자들과 공중으로 불리는 다수의 어리석은 사람들로 구성된 잡다한 집단 역시 따라야 한다고 요구하는 것은 지나친 것이 아니다. 교회 가운데서도 가장 편협한 교회인 로마가톨릭교회도 성인을 시성할 때에는 '악마의 대변인'[4]을 시성식에 들이고 그의 말을 참을성 있게 듣는다. 가장 신성한 사람조차도 악마의 대변인이 늘어놓는 그에 대한 모든 험담이 알려지고 신중히 검토되기 전까지는 사후의 명예를 인정받을 수 없는 것처럼 보인다. 뉴턴의 학설조차도 의문시되는 것이 허용되지 않았다면, 인류는 오늘날 우리가 그것이 진리라고 믿는 것과 같은 더할 나위 없는 확신을 견지하지 못했을 것이다. 우리가 가장 확신하는 신념조차, 그것이 근거가 없음을 입증하도록 전 세계에 지속적으로 요청하는 것 외에는 안심할 수 있는 장치가 없다. 만약 이런 도전이 받아들여지지 않는다면, 또는 도전은 받아들여지지만 그런 [가장 확신하는 신념조차 근거가 없음을 입증하려는] 시도가 실패한다 해도, 우리는 여전히 확실성과는 멀리 떨어져 있다. 그러나 우리는 인간 이성의 현 상태가 허용하는 최선의 것을 해왔다. 우리는 진리에 다가갈 기회를 우리에게 줄 수 있는 어떤 것도 소홀히 하지 않았다. 만약 토론장이 계속 열려 있다면, 더 나은 진리가 있기를 희망할 수 있으며, 인류의 정신이 그것을 수용할 수 있을 때 우리는 그 진리를 발견할 수 있을 것이다. 그때까지 우리는 우리 시대에 가능한 만큼의 진실에 접근했다고 믿을 수도 있다. 이것이 오류를 범할 수 있는 존재가 획득할 수 있는 [최대한의] 확실성이고, 그것을 획득하기 위한 유일한 방법이다.

이상하게도, 인간은 자유로운 토론을 찬성하는 논변의 타당성을 인정하면서도, 그 논변을 '극단으로 밀고 나가'는 것에 대해서는 반대한다. [자유로운 토론을 찬성하는] 이유들이 극단적인 경우에 적절하지 않다면, 어떤 경우에도 적절하지 않은 것을

---

4) 중세 시기에 교황청에서 성인을 추서할 때, 일군의 신부들은 그 사람이 행한 선행의 증거뿐만 아니라, 그 사람이 생전에 가톨릭의 계율을 위반한 적은 없는지, 신에 대해 불경스러운 일을 한 적이 없는지, 알려지지 않은 부도덕한 행위가 없었는지를 집중적으로 조사해 교황청에 보고했다. 이 과정에서 주로 후자의 임무를 수행하는 신부를 '악마의 대변인'이라고 불렀다. 또한 사람들이 죽어 하늘나라에 갔을 때, 신 앞에서 그 사람의 악행을 보고하는 천사를 악마의 대변인이라고 부르기도 했다. 오늘날에는 강력한 반대 의견을 제시해 다수의 주장을 흔드는 사람을 말한다.

이해하지 못하고 있다. 의심해 볼 수 있는 모든 주제에 대해서는 자유로운 토론이 있어야 한다는 사실을 인정하지만, 어떤 특정한 원리나 교리는 너무나 확실하다는 것을 자신들이 확신하기 때문에 그것을 의문에 부치는 것은 금지되어야 한다고 생각하는 것은, 자신들의 무오류성을 가정하는 것과 다름없는 이상한 일이다. 어떤 명제에 대한 토론이 허용될 경우 그 명제의 확실성을 부정할 사람이 존재함에도 불구하고, 어떤 명제를 확실하다고 부르는 것은 우리 자신과 우리에게 동의하는 사람들이 확실성의 심판관이며, 따라서 다른 쪽의 말을 듣지 않고도 판단할 수 있다고 가정하는 것이다.

현시대 — "신앙은 저버렸지만, 회의주의는 두려워하는"[5] 것으로 묘사되어 온 — 에서, 즉 사람들이 자기 의견을 진리라고 확신하기보다는 자기 의견이 없으면 무엇을 해야 할지 모르게 되리라고 확신하는 시대에서, 어떤 의견을 공중의 공격으로부터 보호해야 한다는 주장은 그 의견이 진리인지 여부보다는 그것이 사회에 중요한지 여부에 의거한다. [신념 가운데에는] 행복에 꼭 필요한 것은 아니지만 매우 유용한 어떤 신념들이 있는

---

5) 이 문장의 출처는 J. G. 록하트J. G. Lockhart가 쓴 『스콧 경의 생애』*Life of Scott*에 대한 토머스 칼라일Thomas Carlyle의 서평[*The London and Westminster Review* 28(1838년 1월)]에 들어 있는 문장이다. 참고로 칼라일이 『스콧 경의 생애』에서 사용한 원문은 "destitute of faith and terrified at scepticism"이지만, 밀은 'and'를 'but'으로 바꿔 사용하고 있다. 이에 대해서는, Bromwich and Kateb eds., p. 91 편집자 주 참조. 칼라일은 밀과 동시대인으로, 한때 밀은 칼라일에게 보내는 편지에서 칼라일을 당대 자신이 가장 존경하는 예술가라고 상찬하기도 했다.

데, 사회의 다른 이익을 보호하는 것 못지않게 그런 신념을 보호하는 것이 정부의 의무라는 주장이 있다. [이렇게 주장하는 사람들은] 그럴 필요가 있는 경우, 그리고 정부의 의무와 직접적으로 관련이 있는 경우, 정부가 오류가 없는 것은 아니지만 인류의 일반적인 의견으로 확인된 의견에 근거해 행동하는 것은 정당하며, 심지어 그렇게 행동하도록 구속해야 한다고 주장한다. 그들은 또한 이런 건전한 신념을 약화하려는 이들은 오직 악한 사람들뿐이라고 주장하는데, [이처럼 겉으로 주장을 하지는 않아도] 내심 그렇게 생각하는 사람은 훨씬 더 많다. 따라서 이런 악한 사람들의 욕망을 억제하고 오직 그런 사람들이 실행하고 싶어 하는 것을 금지하는 것은 아무 잘못도 아니라고 그들은 생각한다. 이 같은 사고방식에 따르면, 토론에 대한 규제의 정당성은 의견이 진리인지가 아니라 그것이 유용한지와 관련된 문제가 되며, 이로써 자신을 다양한 의견들 가운데에서 [진리를 판가름할 수 있는] 무오류의 심판관이라고 주장해야 할 책임으로부터 벗어날 수 있게 된다고 자화자찬한다. 그러나 이처럼 자족하는 사람은 무오류성에 대한 가정이 그저 한 지점에서 또 다른 지점으로 옮겨졌을 뿐임을 인식하지 못하는 것이다. 어떤 의견의 유용함은 그 자체로 하나의 의견일 뿐이다. 즉, 의견인 만큼 반론의 여지가 있고, 토론에 열려 있으며, 그만큼 토론이 필요하다. 어떤 의견이 유해하다고 결정하기 위해서는, 비난받고 있는 의견에 스스로를 충분히 옹호할 수 있는 기회가 주어지지 않을 경우, 그것이 틀렸다고 결정할 때와 마찬가지로 의견들에 대한 무오류의 심판관이 필요하다. 게다가 비록 이단자가 자신의 의견이 진리라고 주장하는 것은 금지되어 있지만, 자신의 의견이 유용하다거나 무해하다고 주장하는 것은 허용된다고 말하는 것은 얼토당토않은 일이다. 의견의 진리는 그 의견의 유용성의 일부분이다. 만약 우리가 어떤 명제를 믿는 것이 바람직한지 여부를 알려고 할 때, 그것이 진리인지 아닌지에 대한 고려를 배제할 수 있는가? 악한 사람이 아니라 가장 선한 사람의 의견에 따르면, 진리에 반하는 그 어떤 믿음도 진정으로 유용할 수 없다. 가장 선한 사람들이 어떤 교리가 유용하다는 말을 들었지만 자신은 그 교리가 거짓이라 믿기에 그것을 부정했다는 이유로 책임을 지고 기소되었을 때, 이 사람들이 거짓인 이론은 유용할 수 없다고 강력하게 항변하는 것을 [과연] 막을 수 있는가? 널리 받아들여진 의견들의 편에 서있는 사람들은 이 같은 항변에서 나올 수 있는 이점을 모두 누리고 있다. 그들이 유용성의 문제를 마치 그것이 진리의 문제와 완전히 분리될 수 있는 것인 양 다루고 있다고 생각할 수는 없다. 그 반대로, 그들은 무엇보다 자신들의 교리가 '진리'이기 때문에 그 교리에 대한 지식이나 믿음이 그토록 필수 불가결하다고 주장하는 것이다. 매우 중요한 어떤 논변이 한쪽에서는 이용될 수 있지만 다른 쪽에서는 그럴 수 없다면, 유용함의 문제에 대한 그 어떤 공정한 토론도 있을 수 없다. 게다가 사실상 법이나 공중의 감정이 어떤 의견의 진리성이 논박되는 것을 허용하지 않을 경우, 그 의견의 유용함을 부인하는 것 역시 좀처럼 용인되지 않을 것이다. 허용되는 최대한도는 그 의견의 절대적 필요성을 완화하거나, 그 의견을 거부하는 명확한 죄[에 대한 책임]를 감해 주는 것이다.

우리가 우리 자신의 판단에 따라 어떤 의견을 비난하기 때문에 그 의견을 듣지 않는 것에서 생기는 폐해를 좀 더 충분하게 보여 주기 위해서는 논의를 구체적인 사례에 집중하는 것이 바람직할 것이다. 그리고 우선 나는 내게 가장 불리한 사례, 즉 의견의 자유에 반대하는 주장이 진리와 유용성의 측면 모두에서 가장 강력하게 옹호될 수 있는 경우를 살펴볼 것이다. [의견의 자유로 말미암아] 공격을 받는 의견이 신과 내세에 대한 믿음이나 일반적으로 받아들여지는 도덕성에 대한 이론이라고 해 보자. 이런 지반 위에서 전투를 벌이는 것은 불공정한 것으로 상대방에게 큰 이점을 부여하는 것이다. 왜냐하면 그 사람은 틀림없이 다음과 같이 말할 것이기 때문이다(불공정해지기를 원하지 않는 많은 사람들 역시 내심으로는 이렇게 말할 것이다). 당신은 [신에 대한 믿음이나 일반적인 도덕적 주장과 관련된] 이런 교리들이 법의 보호를 받기에 충분할 만큼 확실하지 않다고 생각하는가? 신에 대한 믿음은 당신이 주장한 바처럼 확신으로 말미암아 무오류를 가정하는 그런 의견들 가운데 하나인가? 그러나 내가 무오류성을 가정한다고 주장하는 것은 어떤 교리를 (그것이 무엇이든) 확신하는 것[을 가리키는 것]이 아니다. 무오류성을 가정한다는 것은 다른 사람들로 하여금 반대편의 입장에서 말할 수 있는 것을 듣지 못하게 한 채, 그들을 위해 그 문제를 결정하는 것이다. 나는 이 같은 가정에 근거한 주장을, 설령 그것이 내가 가장 진지하게 확신하는 측에서 개진된 것이라 해도, 맹렬하게 비난하고 거부할 것이다. 누군가가 어떤 의견이 허위일 뿐만 아니라 유해한 결과를 가져올 것 — 유해한 결과만이 아니라 그것이 (내가 전적으로 부적절하다고 생각하는 표현을 사용하자면) 부도덕하고 불경한 것 — 이라고 아주 설득력 있게 제시했다 해도, 그 의견을 변호하는 것을 다른 사람이 듣지 못하도록 하는 것은, 비록 그 나라 사람들이나 동시대 사람들이 이를 지지한다고 해도, 그가 무오류성을 가정하고 있는 것이다. 그 의견이 비도덕적이거나 불경하다고 간주된다고 해서 무오류성 가정의 부당함과 위험성이 줄어드는 것은 아니다. 오히려 무엇보다 이 경우가 가장 치명적이다. 바로 이런 경우에 한 세대의 사람들이 후대 사람들을 놀래고 경악시키는 끔찍한 실수를 저지른다. 법의 힘을 가장 선한[뛰어난] 인간과 가장 고귀한 이론을 근절하기 위해 사용했던 때로 역사 속에 기억되는 사례들 가운데 하나가 바로 이 경우다. 가장 선한[뛰어난] 사람들을 근절하는 일은 개탄스러울 정도로 성공적이었다. 비록 몇몇 이론들은 살아남아, 이 이론 또는 이 이론에 대해 널리 받아들여진 해석에 이견을 제시하는 사람들에게 (마치 조롱이라도 하듯) 이와 비슷한 행동을 하는 걸 옹호하는 데 활용되었지만 말이다.

인류는 옛날에 소크라테스라는 이름을 가진 한 남자가 있었고, 그와 사법 당국 그리고 여론 사이에서 잊어서는 안 될 충돌이 있었다는 것을 상기하지 않을 수 없다. 위대한 사람이 많았던 시대와 나라에서 태어난 그는 그와 그 시대 모두를 가장 잘 아는 사람들에 의해 가장 덕스러운 인간으로 우리에게 전해졌다. 게다가 우리는 소크라테스를 그 이후 덕을 가르치는 모든 교사의 원조이자 원형으로 알고 있으면서, 윤리학을 비롯한 모든 철학의 두 원천이자 "지식인들의 스승들"[6]인 플라톤의 고상한 영감과 아리스토텔레스의 현명한 공리주의의 원천[7]으로 알고 있다. 후대의 모든 저명한 사상가들이 대가로 인정한 소크라테스 — 그의 명성은 2000년이 훨씬 지난 후에도 여전히 커지고 있고, 그가 태어난 도시를 빛낸 다른 모든 이들의 이름을

능가했다 — 는 불경과 부도덕이라는 죄목으로 같은 나라 사람
들에 의해 유죄판결을 받고 처형되었다. 불경죄는 국가가 공인
한 신을 부정하는 것으로 실제로 그의 고발자들은 (『소크라테스
의 변명』[8]을 보라) 그가 어떤 신도 믿지 않았다고 강하게 주장했
다. 부도덕은 그의 학설과 가르침이 "청년들을 타락시켰다"는
의미다. 이런 기소 내용들에 충분한 근거가 있다고 본 법원은

6) 본문에서 사용된 이탈리아어 "i maesri di color che sanno"는 '(우주의 비
    밀을) 알고 있는 사람들의 스승들'the masters of those who know을 의미한
    다. 단테의 원 표현은 "il maestro di color che sanno"(the master of those
    who know)로 단수형을 사용해 아리스토텔레스만을 스승으로 지칭했지만,
    이 글에서 밀은 이를 복수형으로 사용해, 플라톤과 아리스토텔레스 모두
    를 지칭했다. 이에 대해서는, Bromwich and Kateb eds., p. 94 주석 참조.
    이 표현은 흔히 '모든 지식인들의 스승'으로 옮겨진다(알레기에리 단테, 『신
    곡』, 김운찬 옮김, 열린책들, 2007, 56쪽).
7) 아리스토텔레스는 '유용성'utility이라는 단어를 사용하지 않는다. 그는
    '선한 사람이 잘 행동함으로써 얻는 것'이라는 의미의 '에우다이모니아'
    eudaemonia를 사용한다. 이것은 선한 사람이 자신의 행동에서 보여 주는
    다양한 덕들(용기, 절제, 정의, 지혜 등)의 추구를 보여 준다. 그럼에도 불구하
    고, 밀은 아리스토텔레스를 "현명한 공리주의자"judicious utilitarian로 부른다.
    밀은 공리주의라는 윤리의 영역에서 덕을 위한 자리를 찾으려고 노력했다.
    밀의 공리주의에서는 행복의 요소로 '덕'을 강조하기도 한다. 이런 의미에
    서 밀은 자신의 공리주의적 이론의 설득력을 높이기 위해 좀 더 확실하고
    분명한 뿌리를 찾길 원했을 수도 있다. 이런 밀의 의지가 바로 아리스토텔
    레스였을 것이다. 이에 대해서는 Alan Ryan, "Mill's Programme; Utility Be-
    fore Utilitarianism: Aristotle and Hume"(온라인 자료: https://users.ox.ac.uk/
    ~ajryan/lectures/Utilitarianism/Mill%20Lecture%201.pdf)을 참조.
8) 플라톤, 『소크라테스의 변명』, 강철웅 옮김, 아카넷, 2020, 24b, c, 51,
    52쪽을 참조. 멜레토스Meletus가 고발인이었다.

정말로 그가 유죄라고 판단했으며, 그래서 아마도 그때까지 태어난 모든 인류 가운데 가장 훌륭하다고 할 만한 그를 범죄자로 처형했다.

부당한 재판의 또 다른 사례를 들어 보자. 소크라테스에 대한 유죄판결 이후 이를 언급한다고 해서, 그 일이 시시해지지는 않을 것이다. 그것은 1800년 전 '갈보리'[골고다][9]에서 벌어진 사건이다. 그의 생애와 행실을 목격했던 사람들의 기억 속에 그의 위대한 도덕성은 깊은 인상을 남겼고, 이후 18세기 동안 인간의 모습을 한 권능으로 존경받아 왔지만, 그는 불명예스럽게 처형되었다. 죄목은 무엇이었는가? 신성 모독죄였다. 사람들은 자신들에게 은혜를 베풀었던 사람을 단순히 오해했던 것이 아니다. 그의 본모습을 정반대로 오해했던 것이다. 그리고 그를 불경의 화신으로 대우했는데, 그를 그렇게 대우함으로써 그들 스스로 불경죄를 짓게 되었다. 개탄스러운 이 두 사건과 관련해, 특히 후자[예수에 대한 재판]와 관련해, 오늘날 사람들이 품고 있는 감정은 이 재판에서 달갑지 않은 역할을 담당한 사람들에 대해 공정한 평가를 내리지 못하도록 했다. 이들은 어느 모로 보나 나쁜 사람들이 아니었다 — 보통의 사람들보다 더 나쁜 것이 아니라 오히려 반대였다. 이들은 그 당시 사람들이 가지고 있던 종교적·도덕적·애국적 감정을 충분히, 아니 오히려 그 이상

9) 갈보리Calvary는 '해골'이라는 뜻으로, 예수가 십자가에 달린 곳을 가리키는 라틴어 'Calvaria'의 영어식 표현이다. 골고다Golgotha 언덕으로도 잘 알려져 있다.

으로 가지고 있었던 사람들이다. 오늘날을 비롯해 모든 시대에서 흠이 없고 존경받을 만한 삶을 살아갈 모든 기회를 가진 바로 그런 종류의 사람들이었다. 자신이 살던 나라[유대]의 모든 사상에서, 가장 사악한 죄로 여겨졌던 말을 예수가 하자, 자신의 옷을 찢었던 대제사장[가야바][10]의 경악과 분노는 아마도 오늘날 존경할 만하고 독실한 사람들 대다수가 고백하는 종교적·도덕적 감정만큼이나 진심이었을 것이다. 오늘날 이 대제사장의 행동에 진저리치는 대부분의 사람도, 만약 그들이 그 당시에 살며 유대인으로 태어났다면, 바로 그 대제사장처럼 행동했을 것이다. [최초의] 순교자를 돌로 쳐 죽였던 사람들은 틀림없이 자신들보다 더 나쁜 사람들이었을 것이라 생각하고 싶어 했

10) 해당 구절은 「마태복음」 26장 57~65절에 나온다. 본문 맥락을 이해하기 위해 길지만 인용하자면 다음과 같다. "예수를 잡은 자들이 그를 끌고 대제사장 가야바에게로 가니 거기 서기관과 장로들이 모여 있더라. …… 대제사장들과 온 공회가 예수를 죽이려고 그를 칠 거짓 증거를 찾으매 거짓 증인이 많이 왔으나 얻지 못하더니 후에 두 사람이 와서 이르되 이 사람의 말이 내가 하느님의 성전을 헐고 사흘 동안에 지을 수 있다 하더라 하니 대제사장이 일어서서 예수께 묻되 아무 대답도 없느냐 이 사람들이 너를 치는 증거가 어떠하냐 하되 예수께서 침묵하시거늘 대제사장이 이르되 내가 너로 살아 계신 하느님께 맹세하게 하노니 네가 하느님의 아들 그리스도인지 우리에게 말하라. 예수께서 이르시되 네가 말하였느니라. 그러나 내가 너희에게 이르노니 이후에 인자가 권능의 우편에 앉아 있는 것과 하늘 구름을 타고 오는 것을 너희가 보리라 하시니, 이에 대제사장이 자기 옷을 찢으며 이르되 그가 신성 모독 하는 말을 하였으니 어찌 더 증인을 요구하리요. 보라 너희가 지금 이 신성 모독 하는 말을 들었도다." 성서에 대한 모든 인용은 대한성서공회의 『성경전서 개역개정판』(NKR73ES)을 따랐으나, 일부 표현은 수정했다.

던 정통 그리스도교인들은 그 박해자 가운데 한 사람이 사도 바울[11]이었다는 것을 기억해야만 한다.

한 가지 사례를 덧붙여 보자. 만약 어떤 오류가 가장 인상적인지를 그 오류에 빠진 사람의 지혜와 덕으로 측정한다면, 이 사례가 가장 두드러진 사례일 것이다. 권력을 가졌으며 동시대인 가운데 스스로를 가장 뛰어나고, 가장 교화된 사람이라고 생각할 만한 근거를 지닌 한 사람이 있다면, 그는 바로 로마 황제 마르쿠스 아우렐리우스[12]이다. 문명 세계 전체의 절대군주였던 그는 일생 동안 가장 흠잡을 데 없는 정의감을 소유했을 뿐만 아니라 누구보다도 다정한, 스토아주의적 양육으로부터는 그다지 기대할 수 없는, 그런 마음을 지녔다. 그의 탓으로 알려진 약간의 실수들은 모두 이런 관대함에서 나온 것이었다. 한편 고대 정신에서 나온 최고의 윤리적 성과물인 그의 작품들은, 그리스도의 가장 특징적인 가르침과 약간의 차이가 있지만 그 차이는 거의 알아볼 수 없을 정도다. 그리스도교의 교리적 의미에서 그는 그리스도인은 아니지만, 그의 치세 이후 그리스도교 교인을 자처하며 통치했던 그 어떤 군주들보다 모든 면에서 더

---

11) 여기서 말하는 최초의 순교자는 스데반을 말한다. 「사도행전」 7장 58절~8장 4절 참조. "그들이 큰 소리를 지르며 귀를 막고 일제히 그에게 달려들어 성 밖으로 내치고 돌로 칠 새 증인들이 옷을 벗어 사울이라 하는 청년의 발 앞에 두니라. 그들이 돌로 스데반을 치니 스데반이 부르짖어 이르되 주 예수여 내 영혼을 받으시옵소서 하고 ……."

12) 마르쿠스 아우렐리우스 안토니누스는 로마제국의 제16대 황제로, 로마제국 전성기를 이끈 다섯 현제賢帝 가운데 한 명이었고, 그 자신 스토아 철학자로 유명했지만 그리스도교를 박해한 것으로도 유명하다.

나은 그리스도교 교인이었던 그가 그리스도교를 박해했다. 개방적이고, 자유로운 지성을 지녔고, ·자신의 도덕적 저작에 그리스도교의 이상을 구현하도록 스스로를 이끌었던 성품을 지녔으며, 인류가 그 이전에 성취한 모든 것에서 정상에 있었던 그였지만, 자신의 마음에 깊이 스며들었던 [통치자로서의] 의무로 말미암아 그리스도교는 세상에 악이 아닌 선이라는 것을 깨닫지 못했기 때문이었다. 그는 당시 사회가 개탄스러운 상태에 있다는 것을 알고 있었다. 그러나 그는 그런 사회가 사람들 사이에서 널리 인정되는 신들에 대한 믿음이나 숭배를 통해 응집력을 유지하고 있고, 더 나빠지는 것 역시 막을 수 있다고 보았고 또 그렇게 생각했다. 인류의 통치자로서, 그는 사회가 조각조각 분열되는 고통을 겪지 않도록 하는 것이 자신의 의무라 여겼다. 게다가 그는 기존의 매듭이 풀어질 경우, 사회를 다시 묶어 줄만한 또 다른 매듭을 어떻게 형성할 수 있을지에 대해서도 알지 못했다. 새로운 종교는 이 같은 매듭을 해체하는 것을 공공연한 목표로 삼았다. 따라서 이 종교를 채택하는 것이 그의 의무가 아닌 한, 그것을 억압하는 것이 그의 의무일 것 같았다. 그에게 그리스도교 신학은 진실한 것이거나 신성한 기원에 속하는 것으로 보이지 않았다. 그는 십자가에 못 박힌 신이라는 이 낯선 이야기를 믿을 수 없었고, 자신이 도무지 믿을 수 없는 토대에 전적으로 의존해 있는 그 체계가 개혁의 동인이라고 예견할 수도 없었다. 그 체계가 온갖 쇠퇴를 겪은 후 궁극적으로는 개혁의 동인으로 증명되었지만 말이다. 바로 이렇다 보니 철학자들과 통치자들 가운데 가장 다정하고 가장 온화한 사람으로 판명된 마르쿠스 아우렐리우스가 엄숙한 의무감 속에서 그리스도교의 박해를 승인했던 것이다. 내 생각에 이것은 역사상 가장 비극적인 사건 가운데 하나이다. 만약 그리스도교 신앙이 콘스탄티누스[13] 대신에 마르쿠스 아우렐리우스의 보호 아래에서 제국의 종교로 채택되었다면, 세계의 그리스도교가 얼마나 달라졌을지 생각하면 마음이 씁쓸하다. 그러나 마찬가지로 반그리스도교적인 종교를 처벌하기 위해 [그 방편으로] 주장되는 모든 이유가, 그가 했던 것처럼 그리스도교의 전파를 처벌하기 위해 사용될 수 있음을 부정하는 것은 그에게 불공평할 뿐만 아니라, 진실도 아니다. 그리스도교인들이 무신론은 거짓이며 사회를 해체하려는 경향이 있다고 믿는 것과 마찬가지로 마르쿠스 아우렐리우스 역시 그리스도교에 대해 이와 같이 믿었다. 그는 당시 살았던 모든 사람 가운데 그리스도교를 가장 잘 평가할 능력이 있다고 여겨졌을지도 모를 사람이었음에도 말이다. 의견을 공표하는 것에 대한 처벌에 찬성하는 사람은 누구든 자신이 마르쿠스 아우렐리우스보다 더 현명하고 더 좋은 사람이라고 착각하지 않는 한 — 당대의 지식에 그보다 더 정통하고, 그의 지성을 능가하며, 진리 탐구에 더 성실하고, 진리를 발견했을 때 그보다 더 열심히 진리에 헌신한다고 자부하지 않는 한 —, 자신과 대중이 모두 무오류라는 가정을 그만해야만 한다. 이런 가정은 위대한 마르쿠스 아우렐리우스 안토니누스조차 너무

---

13) 흔히 그리스도교 세계에서는 콘스탄티누스 대제이자 성인으로 인정받고 있다. 밀라노칙령을 공포해 그리스도교를 공인하고, 니케아공의회를 열어 정통 교리를 정했다. 수도를 비잔티움으로 옮겨 콘스탄티노플이라 개명했다. 재위 기간은 306~337년이다.

나 불행한 결과를 초래하도록 했다.

그 어떤 논증으로도 마르쿠스 아우렐리우스 안토니누스를 정당화할 수 없다면, 반종교적인 의견을 억누르기 위해 처벌을 사용하는 것은 옹호될 수 없다. 이 점을 잘 알고 있기에, 종교의 자유에 적대적인 사람들은 [논쟁에서] 궁지에 몰렸을 때, 때때로 이 같은 결론을 인정하면서도 존슨 박사[14]를 따라 다음과 같이 말한다. 즉, 그리스도교를 박해했던 사람들은 옳았다. 박해는 진리가 통과해야 하는 시련이며, 진리는 언제나 시련을 성공적으로 통과할 것이다. 법적인 처벌은, 간혹 유해한 오류에 맞서 유익한 효과를 가져올 수 있다 해도, 결국 진실 앞에서는 무력할 뿐이다. 이는 종교적 불관용을 지지하는 논증 가운데 주목할 만한, 무시하고 지나칠 수 없는 논증이다.

박해는 결코 진리에 아무런 해악도 끼칠 수 없기 때문에 진리가 당연히 박해받을 수도 있다고 주장하는 이론은 새로운 진리의 수용에 의도적으로 적대적이라고 비난할 수 없지만, 인류에게 은혜를 베푼 사람들을 너그럽게 다루었다고 그 이론을 칭찬할 수도 없다. 세상과 깊이 관련이 있으면서 이전에 알려지지 않은 것을 세상에 밝히는 것, 세속적이거나 영적인 관심에 속하

---

14) 존슨 박사는 영국의 저명한 시인, 문장가이다. 1747년 사전 편찬 작업을 시작해 최초의 『영어 사전』A Dictionary of the English Language을 8년 만에 완성했다. 그 명성으로 존슨 박사라 불리게 되었다. 밀이 언급하고 있는 새뮤얼 존슨의 말은 James Boswell, *The Life of Samuel Johnson*, Vol. II, p. 250(7 May, 1773)에 나온다. 이 책은 전자도서관 〈인터넷 아카이브〉Internet Archives 누리집(https://archive.org)에서 볼 수 있다.

는 중요한 부분에서 실수해 왔던 것을 세상에 드러내는 것은 인간이 자신의 동료에게 베풀 수 있는 중요한 공헌이다. 그런 공헌 가운데, 존슨 박사와 같은 의견을 가진 사람들은, 초기 그리스도교 교인들과 종교개혁가들의 공헌을 인류에 대한 가장 귀중한 선물이었다고 믿었다. 이들이 이처럼 훌륭한 혜택을 제공한 데 대한 보답으로 순교당해야 했고 가장 흉악한 범죄자 취급을 받아야 했다는 것은, 이 이론에 따르면, 인류가 깊이 후회하며 애통해해야 할 개탄스러운 실수와 불행이 아니라 정상적이고 정당한 상황이다.

이런 이론에 따르면, 새로운 진리를 내세우는 사람은, 로크리 사람들[15]이 법률을 제정할 때, 새로운 법을 제안하는 사람은 자신의 목에 밧줄을 걸고 민회 앞에 서있어야 했던 것처럼, [자

---

15) 고대 그리스 시대 로크리스Locris 지역에 살던 사람을 가리킨다. 이들은 기원전 680년경 이탈리아반도에 진출해 식민 도시를 건설했는데, 이 도시에서 유럽 최초의 성문법이 제정되었다고 한다. 데모스테네스Demosthenes는 「티모크라테스에 대해」Against Timocrates에서 아테네 시민들이 작고 경솔한 이유로 법을 만들거나 바꾸지 않도록 설득하기 위해 로크리 사람들의 이야기를 하며, "새로운 법을 만들고자 제안하는 사람은 자신의 목에 밧줄을 걸고 제안해야 했고, 제안이 받아들여지지 않으면 즉시 목이 졸렸다"고 말했다. 이에 대해서는, Demosthenes, *Demosthenes: Oration*, A. T. Murray ed., 1939. 이 텍스트는 〈페르세우스 디지털 도서관〉Perseus Digital Library 누리집(https://www.perseus.tufts.edu/hopper)에서 이용할 수 있으며, 로크리 법에 대해서는, "Against Timocrates", section 139, 140에서 이용할 수 있다. 참고로 〈페르세우스 디지털 도서관〉은 미국 매사추세츠주 터프츠 대학교에서 고전 문헌학 자료를 제공하는 디지털 도서관이다. 플라톤과 아리스토텔레스의 저작을 비롯해 고대 그리스 시대의 문헌을 중심으로 원문과 이에 대한 영어 번역본을 일부 무료로 제공하고 있다.

신의 목숨을 걸고 동료들 앞에] 서있어야 했다. 새로운 법률안을 제
안한 취지를 청취하고도 민회가 그의 제안을 받아들이지 않을
경우, 그는 즉시 밧줄에 목을 매야 했다. 은인을 이런 식으로 대
우하는 것을 옹호하는 사람들은 그 혜택에 많은 가치를 둔다고
가정할 수 없다. 그리고 나는 이 주제와 관련해 이 같은 견해를
가진 사람은 주로 새로운 진리가 한때는 바람직했을지 모르지
만, 이제는 충분하다고 생각하는 사람들에 국한된다고 믿는다.

그러나 진리는 언제나 박해를 이겨낸다는 격언은 정말로
그것이 흔해 빠진 것이 될 때까지 사람들이 반복해 말하고 있지
만, 모든 경험에 의해 논박할 수 있는, 겉만 번지르르한 거짓말
가운데 하나이다. 역사는 박해에 의해 깔아뭉개진 진리의 예들
로 가득 차있다. 비록 진리를 영원히 억압할 수는 없다 해도, 수
세기 동안 억누를 수는 있다. 종교적 의견들에 대해 국한해 말
해 보자. 루터 이전에 종교개혁은 적어도 스무 번 이상 발생했
지만 그때마다 모두 진압되었다. 브레시아의 아르날도, 프라 돌
치노, 사보나롤라, 알비주아파, 발도파, 롤라드파, 후스파 등[16]

16) 브레시아의 아르날도(c. 1090~1155년)는 롬바르디아 지역에 있는 브레
    시아 출신의 이탈리아 수도사이다. 종교개혁의 선구자로 간주되는 인물
    로, 교회의 재산 소유권 포기를 촉구하며 반란(로마 코뮌)에 참여했다 사
    형당했다. 프라 돌치노(c. 1250~1307년)는 이탈리아 노바라 출신의 사제
    이자 농민 봉기의 지도자로 재산 공유 등을 주장하며 교황청에 맞서 싸우
    다 화형당했다. 지롤라모 사보나롤라(1452~98년)는 이탈리아 도미니코
    회 수도사이다. 피렌체의 종교개혁가이자 지배자로 급진적 개혁을 추진
    하다 화형당했다. 알비주아파는 프랑스 남부 알비 지방을 중심으로 11,
    12세기에 퍼진 그리스도교의 한 분파였다. 가톨릭교회는 이들을 이단으

도 진압되었다. 심지어, 루터 시대 이후에도 박해가 지속되었던 모든 곳에서 박해는 성공적이었다. 스페인, 이탈리아, 플랑드르, 오스트리아 제국에서 프로테스탄티즘은 근절되었다. 메리 여왕이 더 살았거나, 엘리자베스 여왕이 죽었더라면,[17] 아마 영국에서도 그랬을 것이다. 이단자들이 너무 강해 효과적으로 박해할 수 없는 곳을 제외하면 박해는 항상 성공했다. 합리적인 사람

로 규정했고, 13세기 무렵 알비 십자군에 의해 전멸되었다. 발도파(왈도파)는 12세기 말 리용의 종교개혁가 페트뤼 발데스Petrus Valdes를 통해 프랑스 남부에 세워진 신앙 공동체로, 로마가톨릭교와 교리상 차이가 많아 이단으로 간주되어 세력이 약화되었으나, 16세기 무렵 종교개혁으로 프로테스탄트에 흡수되어 명맥이 유지되고 있다. 롤라드파는 교황에 대한 공세貢稅를 반대하고, 교회령 재산을 비판했던 영국의 종교개혁가 존 위클리프John Wycliffe(1330~84년)의 가르침을 신봉하는 사람들로, 헨리 5세Henry V와 헨리 6세Henry VI 시기에 대대적인 탄압이 이뤄지며 세력이 급속히 쇠퇴했다. 후스파는 존 위클리프 사상의 영향을 받아 교회의 세속화를 비난했던, 보헤미아의 종교개혁가 얀 후스Jan Hus(c. 1372~1415년)를 따르는 종파이다. 얀 후스는 1414년 콘스탄츠공의회에 소환되어 화형에 처해졌다.

17) 메리 여왕은 헨리 8세Henry VIII와 아라곤의 캐서린Catherine of Aragon 사이에서 태어난 메리 튜더를 가리킨다. 영국 최초의 여왕으로 군림했으며, 재위 기간(1553~58년) 동안 로마가톨릭교 복고 정책으로 프로테스탄트와 성공회를 탄압했다. 이 일로 '피의 메리'Bloody Mary라는 별명이 붙었다. 메리 여왕의 후임인 엘리자베스 여왕은 이와 반대로 통일령을 선포해 영국을 국교회가 주도하는 프로테스탄트 국가로 바꾸었다. 엘리자베스 1세는 헨리 8세와 그의 제1 계비였던 앤 불린Anne Boleyn 사이에서 태어났는데, 앤 불린이 헨리 8세에 의해 간통죄로 고발당하고 곧이어 참수형을 당함에 따라, 언제든 죽임을 당할 수 있는 매우 위태로운 처지에 있었다.

이라면 그리스도교가 로마제국에서 근절될 수도 있었으리라는 점에 동의해야 한다. 그리스도교는 확산되고, 우세해졌는데, 그 이유는 박해가 그저 간헐적으로 발생하며 짧게 지속되었고, 박해와 박해 사이의 긴 시간 동안 거의 아무런 방해도 받지 않고 선교할 수 있었기 때문이다. 진리는 그저 진리라는 이유로 지하 감옥과 화형을 극복할 수 있는 타고난 힘이 있다는, 오류에는 허락되지 않는 그런 힘을 가지고 있다는 생각은 터무니없는 하나의 감상주의다. 인간은 오류에 열광하지만, 진리에 대해서는 그만큼 열망하지 않는다. 그래서 법적 처벌, 또는 심지어 사회적 처벌 역시 충분히 활용할 경우 진리나 오류가 널리 퍼지는 것을 막을 수 있다. 진리가 갖는 진정한 이점은 어떤 의견이 참일 경우, 그것이 한 번, 두 번, 또는 여러 번 소멸될 수도 있지만, 시대의 흐름 속에서 대체로 그 진리를 재발견하는 사람이 나올 것이고, 진리가 재등장하는 그런 시기 가운데 한 시기는 상황이 좋아 박해를 피할 수 있고, 마침내 그 진리를 억압하려는 이후의 모든 시도에 저항할 만하게 발전할 수 있다는 것이다.

이렇게 말하는 사람이 있을 것이다. 즉, 우리는 이제 새로운 의견을 소개하는 사람을 처형하지 않는다. 우리는 선지자들을 처형했던 우리의 조상과 다르고, 실로 우리는 선지자들의 무덤을 만들어 주기도 한다. 우리가 이단자들을 더는 처형하지 않는다는 것도 사실이다. 현대의 감정이 용인하는 형벌의 양은 심지어 가장 유해한 의견을 제거하기에도 충분하지 않을 것이다. 그러나 [의견의 자유를] 법적으로 박해했던 [지난 시절의] 오점으로부터 완전히 벗어났다고 자만해서는 안 된다. 의견에 대한 처벌, 또는 적어도 의견의 표현에 대한 처벌은 여전히 법으로 존재한다. 그리고 심지어 오늘날에도 처벌이 이루어진 적이 없는 것도 아니며, 따라서 언젠가 그 힘이 완전히 부활할 수도 있다는 것이 전혀 믿기 힘든 일도 아니다. 1857년 그해, 콘월주의 여름 순회 재판에서, 인생의 모든 측면에서 나무랄 데 없는 삶을 살았던 한 남자[18]는 그리스도교에 모욕적인 말을 하고 그것을 대문에 썼다는 이유로 운 나쁘게도 21개월의 징역을 선고받았다. 이 일이 있은 지 한 달도 채 안 돼, 올드 베일리에서 두 사람이 각기 별개의 사건[19]에서 배심원 자격이 거부되었고, 그중 한 명은 판사와 변호인으로부터 심한 모욕을 당했다. 그들이 자신들은 종교적 신념을 가지고 있지 않다고 솔직하게 선언했기 때문이었다. 세 번째로 한 외국인[20] 역시 같은 이유로 절도 사건에 대한 고소가 기각되었다. [절도 피해에 대한] 구제 요청은 신(어떤 신이든 충분하다)과 내세에 대한 믿음을 고백하지 않는 사람에게는 재판에서 증언하는 것이 허용되지 않는다는 법리에 의해 거부되었다. 이는 이런 사람들을 법원의 보호를 받지 못하는 법익 피탈자라고 선언하는 것과 같다. 즉, 범죄 현장에 이들만 있었거나 [신이나 내세를 믿지 않는다는 점에서] 이들과 비슷한

---

*18) [저자의 주] 1857년 7월 31일 보드민Bodmin 순회 재판소에서 있었던 토머스 풀리의 재판을 가리킨다. 그는 그해 12월에 국왕으로부터 사면을 받았다.

*19) [저자의 주] 조지 제이컵 홀리오크, 1857년 8월 17일. 에드워드 트루러브, 1857년 7월.

*20) [저자의 주] 글라이헨 남작 사건. 말버러 스트리트 경찰 법원, 1857년 8월 4일.

의견을 가진 사람들만 있었다면, 강도를 당하거나 폭행을 당해도 그 범죄자는 처벌받지 않을 뿐만 아니라, 다른 누군가가 강도를 당하거나 폭행을 당했을 때 그 사실에 대한 증거가 그들의 증언밖에 없다면 그 범죄자는 처벌을 받지 않게 된다. 이 같은 법리의 근거가 되는 가정은 내세를 믿지 않는 사람들의 맹세는 가치가 없다는 것이다. 이 같은 진술은 그것에 동의하는 사람들이 역사에 대해 무지하다는 것을 보여 준다(왜냐하면 역사적으로 어느 시대든 눈에 띄게 청렴하고 명예로운 사람들 가운데 상당수가 믿음이 없는 자들이었기 때문이다). 덕과 학식에 있어 세상에서 최고의 평판을 얻는 사람들이 적어도 그들과 가까운 사람들 사이에서는 신을 믿지 않는 자들로 잘 알려져 있었다는 것을 조금이라도 알고 있는 사람들이라면 계속해서 그런 주장을 하지 않을 것이다. 게다가 그 규칙은 자멸할 것이고 그 자신의 토대를 무너뜨릴 것이다. 무신론자들은 틀림없이 거짓말쟁이라는 구실 아래에서, 이 규칙은 [자신은 무신론자가 아니라는] 거짓말을 일삼는 모든 무신론자들의 증언을 인정하는 반면, [신자라고] 거짓말을 하는 대신 사람들이 몹시 싫어하는 신조를 공개적으로 고백함으로써 불명예를 용감하게 감수하는 사람들만을 배척한다. 그러므로 이처럼 공언한 목적을 스스로 거스르는 불합리함을 보여 주는 이 규칙은 오직 박해의 유물이나 혐오의 상징으로서만 효력을 발휘할 수 있다. 또한 이 박해는 특이한 것인데, 박해받아 마땅하다는 것이 충분히 입증되지 않은 사람들이 박해받을 자격이 있는 셈이기 때문이다. 그 규칙과 그 규칙이 함의하고 있는 이론은 믿음이 없는 자들과 믿음이 있는 자들 모두에게 모욕적이다. 왜냐하면 내세를 믿지 않는 사람이 반드시 거짓말을 한다면, 이로부터 내세를 믿는 사람들이 거짓말을 하지 않는 것은 그저 지옥에 가는 게 두렵기 때문이라는 것이 따라 나오기 때문이다. 우리는 이 규칙을 만든 사람들과 지지한 사람들이 그리스도교적인 덕목으로부터 가져와 만들었다는 관점이 [실은] 그들 자신의 의식에서 나온 것이라 가정하면서 그들 견해에 흠집을 내지는 않겠다.

이런 것들은 정말로 박해의 단편이며 잔존물에 불과하고, 박해하려는 소망을 나타내는 조짐이라기보다는 영국인들에게서 흔히 볼 수 있는 마음속 결함의 한 사례로 생각할 수도 있다. 곧, 영국인들은 나쁜 원칙을 실제로 실행하기를 바랄 만큼 그렇게 나쁜 사람들은 아니지만, 그들은 나쁜 원칙을 주장하면서 말도 안 되는 쾌락을 취하기도 한다. 그러나 법률적 박해라는 좀 더 나쁜 형태가 한 세대 동안 중지되긴 했지만, 불행하게도 공중의 마음속에서도 그런 상태가 지속될 것이라는 그 어떤 보장도 없다. 오늘날 잔잔한 일상의 표면은 새로운 이득을 창출하기 위한 시도뿐만 아니라, 과거의 악을 되살리려는 시도에 의해서도 일렁일 때가 많다. 현재 종교의 부활이라 자랑스럽게 여겨지는 것은, 적어도 편협하고 교양 없는 사람들 사이에서는 편협한 신앙의 부활과 마찬가지의 것이다. 사람들의 감정에 불관용이라는 강력한 효모가 존재하는 곳에서, 그런 효모가 항상 깃들어 있는 이 나라[영국]의 중산층[중간계급] 사이에서, 편협한 신앙의 부활은 사람들이 계속해서 박해하기에 적절한 대상이라고 여겨온 이들을 적극적으로 박해하도록 자극한다.[21] 이 나라를 정신적 자유의 장소가 없는 곳으로 만드는 것은 바로 편협한 신앙의 부활 — 그들이 중요하다고 여기는 믿음들을 갖지 않은 사람들에 대해 사람들이 가지는 의견과 사람들이 품는 감정 — 이기 때문이다. 오래전부터, 법적인 처벌의 주된 폐해는 그것이 사회적 낙인을 견고하게 한다는 것이다. 진정으로 효과가 있는

*21) [저자의 주] 세포이의 항쟁을 계기로 영국의 민족성 가운데 최악의 부분들이 광범위하게 드러났고, 이와 더불어 박해자들이 품은 정념들이 대대적으로 터져 나왔던 것에서 충분한 경고를 이끌어 낼 수 있다. 광신도나 사기꾼이 강단에서 내뱉는 헛소리는 한 귀로 듣고 한 귀로 흘려도 좋을지 모른다. 그러나 복음주의 정당의 우두머리들이 힌두교도와 이슬람교도에 대한 통치의 원칙으로 성경을 가르치지 않는 학교에는 그 어떤 공급도 지원하지 않겠다고 발표했다. 그리고 그 필연적인 결과로 진정한 그리스도교인이나 그리스도교인인 척하는 사람 외에는 그 어떤 사람도 공직에 임명되어서는 안 된다고도 했다. 한 국무부 차관은 1857년 11월 12일 연설에서 유권자들에게 다음과 같이 말한 것으로 보도되었다. 즉, "그들의 신앙"(영국의 신민들 가운데 1억 명의 신앙)"에 대한 관용", 즉 "종교라고 부르는 미신에 대한 관용은 영국의 명예가 높이 올라가는 걸 지연하고, 그리스도교의 유익한 성장을 가로막고 있다. …… 관용은 이 나라[영국]에서 종교적 자유의 위대한 초석이었다. 그러나 그들이 관용이라는 귀중한 단어를 남용하게 해서는 안 된다. 내가 이해하는 한, 이 같은 관용은 동일한 예배의 기초를 공유하는 그리스도교인들 사이에서 모든 사람들이 완전히 자유롭고, 예배할 자유가 있음을 의미했다. 그것은 한 분의 중재자[중보자, 곧 예수그리스도]를 믿는 모든 그리스도교의 모든 종파들에 대한 관용을 의미했다"[『더 타임스』The Times 1857년 11월 14일]. 나는 영국의 자유당 내각하에서 고위직을 맡기에 적합하다고 간주되었던 사람이 그리스도의 신성을 믿지 않는 사람은 관용의 범위를 넘어선다는 교리를 유지하고 있다는 사실에 주의를 환기하고 싶다. 누가 종교적 박해가 사라졌다는, 다시는 돌아오지 않을 것이라는 환상에 빠질 수 있겠는가?[1857, 58년 세포이의 항쟁은 영국의 직접 통치를 대신해 인도를 간접 지배 하고 있던 동인도 회사에 고용된 인도인 세포이들이 영국에 맞서 일으킨 항쟁을 가리킨다. '세포이' sepoy는 페르시아어로 용병을 뜻한다].

것은 바로 이 같은 낙인으로, 그것은 영국에서 사회가 금지하는 의견을 공언하는 경우가, 다른 많은 나라에서 사법적 처벌을 초래하는 의견을 공언하는 경우보다 훨씬 더 적을 정도로 효과적이다. 다른 사람들의 선의에 의지할 필요가 없을 정도로 재정 형편이 넉넉한 사람을 제외한 모든 사람에게 [의견의 자유에 대한 처벌과 관련된] 이 주제에서 여론은 법률만큼이나 효과적이다. 왜냐하면 생계 수단을 박탈당하는 것은 감옥에 갇히는 것과 매한가지이기 때문이다. 생계가 보장되어 있는 사람들, 권력자들이나 권력 집단들 또는 공중으로부터 그 어떤 호의도 바라지 않는 사람은 자신의 의견을 공개적으로 표현하는 것을 두려워할 필요가 없다. 다른 사람들이 안 좋게 생각하거나 험담할 수 있지만, 이를 견디는 데 어떤 영웅적 자질이 필요한 것은 아니다. 이런 사람들을 변호하기 위해 연민에 호소[22]할 필요는 없다. 그러나 비록 우리가 우리 자신과 다른 생각을 하는 사람들에게, 과거에 우리의 관습이 그랬던 것처럼 악한 짓을 하지는 않더라도, 우리가 그들을 대하는 [불관용적] 태도로 말미암아 전례 없는 해악을 우리 스스로에게 끼치고 있을지도 모른다. 소크라테스는 처형되었지만, 그의 철학은 하늘의 태양과 같이 높이 솟아올라 그 빛을 지적 창공 전체에 퍼뜨렸다. 그리스도교인들은 사자에게 내던져졌지만, 그리스도교 교회는 위풍당당하게 뻗어 나가는 나무로 성장했고, 늙고 활력이 덜한 나무들 위로 자라나 자신들의

---

22) 뒤에 라틴어가 사용된 표현인 "appeal ad misericordiam"은 '연민에 호소한다'appeal to pity를 의미한다.

그늘로 그것들을 고사시켰다. 우리의 불관용은 그저 사회적인 것으로 어느 누구도 죽이지 않고, 어떤 의견도 근절하지는 않지만, 사람들로 하여금 의견을 숨기게 하거나, 의견을 확산시키기 위한 모든 적극적인 노력을 그만두게 만든다. 우리[영국]의 경우, 이단적인 의견이 10년이나 한 세대를 주기로 눈에 띄게 강력해지거나, 심지어 약해지지도 않는다. 이단적인 의견[의 불빛]은 저 멀리까지 광범위하게 타오르지 않는다. 그 불빛은 인류의 전반적인 문제를, 참된 빛으로든 기만적인 불빛으로든, 밝혀 주지 못한 채 그 의견들을 만들어 낸 사람들 가운데 깊이 생각하고 학구적인 몇몇 사람들 사이에서만 환기구 없이 계속 타오를 뿐이다. 그리하여 이런 상태가 계속 유지되는 것은 어떤 이들에게 아주 만족스러운 것이다. 왜냐하면 누군가를 벌금형에 처하거나 감금하는 불쾌한 과정을 거치지 않고도, 표면상 아무런 방해도 없이 모든 지배적인 의견을 유지할 수 있는 반면, 사상의 질병에 걸려 이견을 가진 사람들이 이성을 발휘하는 것을 전면적으로 금지하지 않아도 되기 때문이다. 이것은 지성적인 세계에 평화를 가져오고, 그 안에 있는 모든 것을 현 상태로 유지하기 위한 편리한 계획이다. 그러나 이런 종류의 지적 평화를 회복하기 위해서는 인간 정신의 도덕적 용기를 완전히 희생시켜야 한다. 가장 적극적이고 탐구적인 지성을 가진 사람들 가운데 상당수는 자신들이 확신하는 일반 원칙들과 근거들을 그들 자신의 가슴속에만 간직해 두는 것이 현명하다는 것을 깨닫게 된다. 그리고 공중에게 말을 할 때에는 그들이 내심으로는 부인했던 전제들에 그들 자신의 결론을 가능한 한 맞추려고 시도한다. 그러나 그런 상황에서는 한때 사상계를 장식했던 개방적이고 두려움 없는 인물들과 논리적이며 일관된 지성인들을 배출할 수 없다. 그런 상황에서 볼 수 있는 사람들은 그저 일반적인 것에 동조하거나 진리와 관련해 시류에 편승하는 사람들뿐으로, 모든 중요한 주제들에 대한 그들의 논의는 논의를 듣는 사람들을 위해 맞춰진 것이지, 그 자신이 확신하는 것이 아니다. 이 둘 사이에서 선택하지 않으려는 사람은 원칙의 영역에 들어가지 않아도 되는 것들, 즉 소소하고 실제적인 문제들에 그들의 사고와 관심을 제한한다. 그러나 이런 문제들은 만약 인류의 정신만 강화되고 확장되면 저절로 해결될 것이지만, 인류의 정신이 강화되고 확장되기 전까지 절대 제대로 해결되지 않을 것이다. 즉, [그런 문제들에만 집중하다 보면] 인간의 정신을 강화하고 확장하는 최고의 주제에 대한 자유롭고 대담한 성찰은 포기해야 할 것이다.

이단자들의 이 같은 침묵이 아무런 해악도 끼치지 못한다고 보는 사람들은, 이들을 침묵시킨 결과로 이단적인 의견에 대한 공정하면서도 철저한 토론이 없어졌다는 것을, 그리고 그 결과 토론이 있었다면 견딜 수 없었을 이단적인 의견들이, 비록 확산되는 것을 방지할 수는 있지만, 정작 사라지게 하지는 못했다는 점을 우선적으로 생각해야 한다. 게다가 정통적인 입장과 같은 결론으로 끝나지 않는 모든 탐구를 금지함으로써 가장 큰 해를 입는 것은 이단자의 정신이 아니다. 가장 큰 해를 입는 것은 이단자들이 아닌 사람, 이단에 대한 공포로 말미암아 모든 정신 발달이 제한되고 이성이 위축된 사람들이다. 장래가 촉망되는 지성을 소유했지만 소심한 성격을 지닌 수많은 이들이 종교에 반하거나 부도덕하다고 간주될 만한 것에 빠지지 않기 위해, 대담하고 열정적이며 독립적인 생각의 흐름을 끝까지 추구하지 않는다면, 세상이 얼마나 많은 것을 잃게 될지 누가 계산할 수 있을까? 우리는 간혹 그들 가운데서 상당히 양심적이고 예민하면서도 세련된 분별력을 가진 이들을 볼 수 있다. 이들은 침묵시킬 수 없는 지성을 가지고 궤변을 늘어놓는 데 평생을 소비하며, 자신의 양심과 이성을 정설과 조화하려 애쓰지만, 그 과정에서 독창성이라는 자원을 고갈시킨 채 끝내는 성공하지 못한다. 자신의 지성이 어떤 결론에 도달하든 자신의 지성을 따르는 것이 사상가로서의 첫 번째 의무이다. 이를 깨닫지 못하는 사람은 위대한 사상가가 될 수 없다. 진리는 스스로 생각하는 수고를 하지 않는 사람들이 그저 따르기만 하는 옳은 의견보다, 적절한 연구와 준비를 통해 스스로 생각하는 사람의 잘못된 의견으로부터 훨씬 더 많은 것을 획득한다. 사상의 자유가 필요한 유일한 또는 주된 이유는 위대한 사상가들을 만들어 내기 위한 것이 아니다. 그와 반대로, 평균적인 인간이 가능한 한 높은 정신적 수준에 오를 수 있도록 하기 위해 똑같이, 심지어 훨씬 더 사상의 자유가 필수 불가결하다. 정신적 노예 상태의 일반적인 분위기 속에서도 위대한 개별 사상가들은 있어 왔고, 어쩌면 다시 있을 수도 있다. 그러나 그런 분위기 속에서 지적으로 활동적인 인민은 없었으며 앞으로도 없을 것이다. 어떤 인민이 일시적으로 그와 같은 성격을 띠게 되었다면, 이는 이단적인 견해에 대한 두려움이 한동안 중단되었기 때문이다. 원칙들을 논박해서는 안 된다는 암묵적인 약속이 있는 곳에서나, 인류가 관심을 가지고 있는 중요한 문제에 대한 논의가 차단된 곳에서는, 역사의 몇몇 시기를 주목할 만하게 만든 전반적으로 높은 수준의 정신 활동을 기대할 수 없다. 열정을 타오르게 하기에 충분할 만큼 크고 중요한 주제들에 대한 논쟁이 진행되지 못할 때, 인민의 정신은 그 토대에서부터 자극을 받을 수 없으며, 가장 평범한 지성을 가진 사람들조차 존엄성을 가진 생각하는 존재로 끌어올 수 있는 그 어떤 자극도 주어지지 않는다. 종교개혁 직후의 유럽 상황을 [그와 같은 자극이 주어진] 첫 번째 사례로 볼 수 있고, 또 다른 사례는, 비록 대륙의 좀 더 계몽된 계급에 한정되긴 하지만, 18세기 후반의 사상운동[프랑스 계몽주의]에서 찾을 수 있다. 세 번째 사례는 더 짧은 기간이지만 괴테와 피히테 시기의 독일에서 나타난 지적인 흥분[독일 낭만주의]에서 찾을 수 있다. 이 기간 동안 각각의 사례들에서 발전했던 특정한 의견들은 크게 달랐지만, 세 가지 사례에서 동일한 점은 권력의 멍에가 부서졌다는 것이다. 각 시기에 낡은 정신적 전제는 사라졌지만, 그 자리를 채울 새로운 전제는 없었다. 이 세 시기에 주어진 자극이 유럽을 오늘날의 유럽으로 만들었다. 인간의 정신이나 제도에서 발생했던 모든 개선은 이들 가운데 하나에서 유래했다고 할 수 있다. 세 가지 자극은 모두 이제 거의 다 없어진 것처럼 보인다. 그리고 이제 우리가 다시 한번 정신적 자유를 확고히 하기 전까지는, 그 어떤 새로운 출발도 기대할 수 없다.

이제 논의의 두 번째 부분으로 넘어가 보자. 기존에 수용되었던 의견이 틀릴 수도 있다는 가정[이것이 논의의 첫 번째 부분이었다]을 떨쳐 버리고, 그것들이 참일 수 있다고 가정해 보자. 그리고 그것의 진실성이 자유롭고 공공연하게 검토되지 않을 때, 참인 의견이 유지되는 이 같은 방식은 어떤 가치가 있는지 살펴보자. 강한[확고한] 의견을 가진 사람은 자신의 의견이 틀렸을 수 있다는 가능성을 좀처럼 인정하고 싶어 하지 않을 수도 있다. 하지만 그는 아무리 자신의 의견이 참이라고 해도 그것이 충분히, 빈번하게, 그리고 당당하게 논의되지 않는다면, 그 의견은 살아 있는 진리가 아니라 죽은 독단으로 남으리라는 점을 고려해야만 한다.

자신이 진리라고 생각하는 의견에 대해 확신을 갖고 찬성한다면, 설령 그 사람이 그 의견의 근거가 무엇인지 알지 못하고, 그 의견에 대한 가장 피상적인 반대조차 스스로 방어할 수 없다고 해도, 그것으로 충분하다고 생각하는 일단의 사람들이 있다(다행히도 예전만큼 그렇게 많지는 않다). 이런 사람들은 일단 권위자로부터 어떤 신조에 대한 가르침을 받고 나면, 그 신조에 대해 이의를 제기하는 것으로부터는 그 어떤 유익함도 발생하지 않는다고 생각한다. 오히려 이들은 상당한 해악만 발생할 뿐이라 생각한다. 이런 사람들의 영향력이 유력하게 미치는 곳에서는 기존에 수용된 의견을 현명하고 신중하게 거부하는 것이 불가능해진다. 그러나 [거꾸로 그런 상황에서는] 그 의견들이 경솔하게 그리고 맹목적으로 거부될 수도 있다. 왜냐하면 토론을 완전히 배제하는 것은 불가능하며, 일단 토론이 허용된다면, 확신에 근거하지 않은 믿음은 변변치 않은 논증 앞에서도 허망하게 무너지기 쉽다. 그러나 이런 가능성을 부정하는 것 — 참된 의견이 정신 속에 존재한다 해도, 그것이 그 어떤 논변과 증명으로부터도 독립되어 있다고 믿는 것은, 편견이 정신 속에 존재하는 것이다 — 은 이성적인 존재가 지지할 수 있는 방식의 진리가 아니다. 이것은 진리를 알고 있는 것이 아니다. 이런 방식으로 지지되는 진리는 하나의 미신, 곧 어떤 진리를 선언하는 말에 우연히 부착된 미신에 불과하다.

만약 인류가 지성과 판단력을 연마해야만 한다면, 적어도 프로테스탄트들은 이를 부인하지 않는데, 이런 능력을 보다 적절하게 연마할 수 있는 문제가, 자기 자신과 큰 관련이 있기 때문에 의견을 가질 필요가 있다고 여겨지는 문제 말고 다른 게 있겠는가? 이해력의 함양에서 무엇보다 중요한 한 가지가 있다면, 그것은 자신이 가진 의견의 근거를 배우는 것이라 할 수 있다. 사람들이 무엇을 믿든지 간에, 올바로 믿는 것이 가장 중요하다면, 그들은 적어도 일반적인 반론에 맞서 자신[의 의견]을 방어할 수 있어야 한다. 그러나 누군가는 다음과 같이 말할 수도 있다. "사람들에게 그들이 가진 의견의 근거를 가르쳐 주면 된다. 자신의 의견이 논박되는 것을 들어 본 적이 없다는 이유로, 누군가가 단순히 그 의견을 앵무새처럼 흉내만 내고 있음에 틀림없다는 결론이 따라 나오는 것은 아니다. 기하학을 배운 사람들은 정리定理를 단순히 암기만 하는 것이 아니라, 그 증명 역시 열심히 이해하고 배운다. 그들 중 누구도 결코 기하학적 진리의 근거들을 부인하고 틀렸음을 입증하려는 시도를 들어 본 적이 없기 때문에, 그들이 기하학적 진리의 근거에 대해 무지하다고 말하는 것은 불합리하다." 이것은 의심할 여지가 없이 맞는 말이다. 다시 말해, 수학과 같은 문제에서는 그런 가르침으로 충분한데, 수학에서는 오답을 제시한 측에서 주장할 수 있는 것이 아무것도 없다. 수학적 진리의 증명이 가진 특성은 모든 논증이 한쪽으로 기울 수밖에 없다는 것이다. 어떤 반론도 있을 수 없고, 그러다 보니 반론에 대한 재반론도 없다. [이와 달리] 견해의 차이가 있을 수 있는 모든 주제에서 진리는 대체로 서로 충돌하는 두 개의 근거 사이에서 어느 쪽이 우세한지에 달려 있다. 심지어 자연철학에서도, 동일한 사실에 대한 서로 다른 설명이 언제나 있을 수 있다. 천동설 대신 지동설, [연소에 필요한 물질과 관련해] 산소설 대신 플로지스톤설과 같은 것이 있다. 그리고 각자는 다른 편의 이론이 왜 참된 이론이 될 수 없는지를 보여 주어야 한다. 그것을 보여 주기[증명하기] 전까지는, 또한 그것을 어떻게 보여 주는지를 우리가 알기 전까지는, 우리는 우리가 가진 의견의 근거를 이해하지 못한 것이다. 어쨌든 우리가 도덕, 종교, 정치, 사회적 관계, 삶의 일상과 같은 지극히 복잡한 주제를 다룰 때, 논쟁 중인 어떤 의견에 찬성하는 논증의 4분의 3은 자신과 다른 의견에 유리해 보이는 외양[현상]을 무너뜨리는 데 사용된다. 한 사람[23]을 제외한다면, 고대의 가장 위대한 연설가였던 키케로는 언제나 상대방의 입장을 자신의 입장 못지않게 열심히 연구했다는 기록이 남아 있다. 진리에 도달하기 위해 어떤 주제를 연구하는 사람이라면, 법정에서 변론에 성공하기 위한 수단으로 그가 실천했던 것을 본받아야 할 것이다. 어떤 사건[소송]에서 그저 자신의 입장만을 알고 있는 사람은 그 사건[소송]에 대해 거의 알지 못하는 것이다. 그의 논거는 훌륭할 수 있으며, 누구도 그것을 논박하지 못할 수도 있다. 그러나 그가 만약 동일하게 반대편[상대편]의 논거를 논박할 수 없고, 상대편의 논거가 무엇인지 알지 못한다면, 그는 어떤 의견을 선호

---

23) 고대 그리스의 위대한 연설가인 데모스테네스를 말한다. 키케로는 그를 "모든 사람을 뛰어 넘은 한 사람"One exceeds among all, "완벽한 웅변가"라 말한 바 있다. 위키피디아, 데모스테네스 항목 참조.

할 것인지에 대한 그 어떤 근거도 갖고 있지 못한 것이다. 그에게 합리적 입장이란 판단을 유보하는 것이다. 그리고 이처럼 판단을 유보하는 것을 탐탁지 않게 생각할 경우, 그는 권위자를 따르거나, 일반인들과 마찬가지로, 자신이 끌린다고 느끼는 쪽의 입장을 채택하게 될 것이다. 또한 그가 상대방의 논변을 자신의 스승으로부터 듣는 것, 즉 스승이 알려 주는 반대자의 논변과 그에 대한 스승의 반론을 듣는 것만으로는 충분하지 않다. 이것은 상대방의 논변을 공정하게 다루는 방식도 아니고, 자신의 지성과 상대방의 논변을 진정으로 맞부딪히게 하는 방법도 아니다. 그는 상대방의 논변을 실제로 믿고 진지하게 옹호하는 일에 최선을 다하는 사람들로부터 들을 수 있어야만 한다. 그는 상대방의 논변을 가장 그럴듯하고 설득력 있는 형식으로 이해해야만 한다. 또한 그 주제에 대한 참된 관점이 직면하고 처리해야 할 난제를 모든 힘을 다해 의식해야 한다. 그렇지 않으면, 그는 난제와 맞닥뜨렸을 때 그것을 제거할 수 있는 진리의 한 부분을 진정 자신의 것으로 만들지 못할 것이다. 이른바 교육을 받았다는 사람들 100명 중 99명은 이런 상태에 있다. 심지어 능숙하게 자신들의 의견을 주장할 수 있는 사람들도 마찬가지다. 그들의 결론이 옳을 수 있지만, 그들이 알고[이해하고] 있는 것은 틀린 것일 수 있다. 그들은 자신들과 생각이 다른 사람들의 입장에서 생각해 본 적이 없고, 그런 사람들이 무엇을 말할지 생각해 본 적도 없다. 결과적으로 그들은 그 자신이 공언하고 있는 교리를, 이해라는 단어의 고유한 의미에서 이해하지 못하고 있는 것이다. 그들은 자신들이 공언하는 교리 가운데, [내가 알고 있지 못한 진리의] 나머지 부분을 설명하고 정당화하는 부분을 이해하지 못한다. 즉, 겉보기에는 다른 것과 충돌하는 것처럼 보이는 사실이 화해[양립]할 수 있음을 보여 주는 고찰[성숙한 사유]들이나, 유력해 보이는 두 가지 논거 가운데 왜 이것이 아닌 저것을 선호해야 하는지를 보여 주는 고찰들을 이해하지 못한다. 논쟁의 성패를 좌우하고 [어떤 문제에] 완전히 정통한 사람의 판단을 결정하는 진리의 모든 부분을 그들은 알지 못한다. 양쪽[의 주장]에 대해 균등하고 편파적이지 않게 주의를 기울이고, 가장 밝은 빛 속에서 양쪽의 논거를 이해하려고 노력하는 사람들만이 진리의 모든 부분을 알 수 있다. 이 같은 훈련은 도덕적이며 인간적인 문제를 진정으로 이해하는 데 필수적이다. 만약 어떤 매우 중요한 진리에 반대 의견을 가진 사람이 없을 경우에는 반대자를 상상하고, 이 반대자에게 가장 능숙한 악마의 대변인이 생각할 수 있을 법한 가장 강력한 논변을 제공할 필요가 있다.

이런 성숙한 생각들이 가진 영향력을 약화하기 위해, 자유로운 토론을 반대하는 사람은 일반적인 사람들마저 자신의 의견에 대해 철학자들과 신학자들이 제기할 수 있는 찬성과 반대를 전부 알고 이해해야 할 필요는 없다고 말할 수도 있다. 보통 사람들이 영리한 반대자의 허위 진술이나 오류를 모두 폭로할 수 있는 능력을 갖출 필요는 없다. 허위 진술이나 오류에 대해 대답할 수 있는 사람이 언제나 있고, 그들이 교육받지 못한 사람들을 잘못된 방향으로 인도하는 것들을 하나도 남김없이 반박할 수 있다면, 그것으로 충분하기 때문이라는 것이다. 자신들에게 주입된 진리의 분명한 근거에 대한 가르침을 받은 단순한 지력을 가진 사람들은 그 밖의 것에 관해서는 권위자에게 맡기면 된다고, 또한 장차 발생할 수 있는 모든 난제를 해결할 수 있는 어떤 지식이나 재능이 자신들에게 없다는 것을 알고 있기에, 이제껏 제기되었던 난제들은 그 일에 특별히 훈련된 사람들이 해결해 왔고, 앞으로도 해결해 내리라 확신할 수 있다고 말할 수 있다.

이 주제와 관련해, 어떤 진리를 믿기 위해 수반되어야만 하는 진리에 대한 이해의 양에 대해 [이 정도만으로도 충분하다고] 손쉽게 만족하는 사람들이 주장하는 것을 최대한 인정한다고 해도, 자유로운 토론을 지지하는 주장은 전혀 약화되지 않는다. 왜냐하면 이 같은 교리조차도 인류가 모든 반론에 대해 만족스럽게 대답해 왔다는 합리적인 확신을 가져야 한다는 것을 인정하기 때문이다. 그렇지만 만약 대답이 필요한 문제가 제기되지 않는다면[즉, 반대자가 문제를 제기하지 않는다면], 그것에 대해 어떻게 답할 수 있겠는가? 또한 반대자들에게 그 대답이 만족스럽지 않다는 것을 밝힐 기회가 없다면, 어떻게 그 대답이 만족스러운지 여부를 알 수 있겠는가? 대중들은 그렇지 않다 해도 적어도 난제들을 해결해야 하는 철학자들과 신학자들은 가장 까다로운 행태의 난제들에 대해서도 아주 잘 알고 있어야 한다. 그리고 이는 이 같은 난제들이 자유롭게 진술되고, 여기에 우리가 이용할 수 있는 가장 유용한 빛을 비출 수 있을 경우에만 가능하다. 가톨릭교회에는 이 같은 당혹스러운 문제를 다루는 자신만의 방식이 있다. 그것은 설득력을 기반으로 교리를 받아들일 수 있도록 허용된 사람들과 가톨릭교회에 대한 신뢰를 기반으로 교리를 받아들여야 하는 사람들을 분명히 구분하는 것이다. 물론 양쪽 모두 그들이 받아들일 내용에 대해서는 그 어떤 선택도 허용되지 않는다. 그러나 예를 들어, 성직자, 적어도 신뢰받는 성직자들은 반대자들에게 대답하기 위해 반대자들의 논변에 익숙해지는 것이 허용되고 권장되기도 한다. 또한 이들은 이단자들의 책을 읽을 수도 있다. 일반 신자는 특별 허가를 받지 않는 한 이단자들의 책을 읽을 수 없다. 이 같은 규율은 반대자의 입장을 알고 있는 것이 교사[설교자/성직자]에게 이롭다는 것을 인정하면서도, 세상의 나머지 사람들에게 그것을 볼 수 없게 하는 수단을 제공한다. 따라서 대중보다 더 많은 정신적 자유가 제공되는 것까지는 아니더라도, 엘리트에게는 더 많은 정신적 문화가 제공된다. 이런 장치로 가톨릭교회는 자신들이 필요로 하는 일종의 정신적 우월성을 획득하는 데 성공했다. 왜냐하면 비록 자유가 없는 문화가 폭넓고 관대하며 자유로운 정신을 만들 수 없었지만, 어떤 대의[가톨릭의 교리]를 현명하게 옹호할 수 있는 사람을 기를 수는 있기 때문이다. 그러나 프로테스탄티즘을 표방하는 국가들에서, 이런 방책은 거부된다. 프로테스탄티즘은, 적어도 이론상으로는, 종교 선택에 대한 책임은 각자 스스로 져야 하며, 교사들[성직자들]에게 이를 미룰 수 없기 때문이다. 그뿐만 아니라, 현 세계에서, 교육을 받은 사람이 읽는 책들을 교육받지 못한 사람은 읽지 못하도록 하는 것은 사실상 불가능하기 때문이다. 만약 사람을 가르치는 사람이 그들이 알아야 할 모든 것을 잘 알고 있으려면, 어떤 것이든 제약 없이 자유롭게 쓰이고 출판되어야 한다.

그러나 만약 널리 받아들여진 의견이 참일 때, 자유로운 토론의 부재로 말미암아 해롭게 작용하는 부분이 사람들이 그 의견의 근거를 잘 알지 못하는 것에 국한된다면, 자유로운 토론의

부재로 인한 해악은 지성적 해악일지는 몰라도 도덕적인 해악
은 아니며 그 의견이 [사람들의] 인격에 미치는 영향과 관련해,
그 의견의 가치를 훼손하는 것은 아니라고 생각할 수 있다. 그
러나 사실, 토론이 없다면 이 의견의 근거만 잊히는 것이 아니
라, 의견 자체의 의미 역시 잊힐 것이다. 의견을 전달하는 단어
들은 생각을 제시하지 못하고 당초 전달하려고 했던 생각의 극
히 일부만을 제시하게 된다. 선명한 개념과 살아 있는 믿음 대
신에, 몇몇 구절만이 단순한 암기를 통해 남게 된다. 혹은 그
의미의 일부분이 남게 된다고 해도 그것은 껍데기와 외피에 불
과하며 더 순수한 본질은 없어지게 된다. 인류 역사의 위대한
장들은 이런 사실들로 채워져 있는데, 이런 장들에 대한 진지한
연구와 숙고는 지나친 법이 없다.

　이것은 거의 모든 윤리적 교리와 종교적 신조의 경험 속에
서 예시된다. 윤리적 교리와 종교 신조는 그것들을 창시한 사람
들과 그 직계 제자들 사이에서는 의미와 활력으로 가득 차있다.
자신의 교리나 신조를 다른 신조보다 우위에 있게 하기 위한 투
쟁이 지속되는 동안 그 의미는 계속해서 강렬하게 느껴지며, 아
마도 훨씬 더 충만히 의식될 것이다. 마침내 이 신념이 널리 퍼
져 일반적 의견이 되거나 진전이 멈출 경우, 그것이 획득한 지
반은 계속 유지되지만 더 확대되지는 않는다. 이런 두 가지 결
과 가운데 어느 하나라도 나타나면, 그 주제에 대한 논쟁은 약
해지고 점차 서서히 사라지게 된다. 그 교리는 존재를 인정받
고, 비록 널리 받아들여지는 의견은 아니더라도, 공인된 다양한
종파나 분파의 의견 가운데 하나로 인정받을 것이다. 즉, 이것
을 수용한 이들은 일반적으로 그것을 물려받은 것이지 스스로

채택한 것이 아니다. 그리고 이 이론에서 저 이론으로의 전환은, 지금도 예외적인 사실이지만, 어느 한 교리를 공언했던 사람의 사고에서는 거의 일어날 수 없는 일이다. 처음에 그랬던 것처럼, 끊임없이 방심하지 않은 채 세상에 맞서 자신의 교리를 방어하려 하거나 세상에 자신의 교리를 전파하려 하는 대신, 그들은 가르침을 잠자코 따르기만 했고, 자신들의 신조에 반하는 논의에 귀를 기울이지도 않으며, 자신들이 지지하는 신조로 반대자들(만약 그런 사람들이 있다면)에게 이의를 제기하지도 않았다. 보통 이 시기부터 그 교리의 생명력이 쇠퇴하기 시작한다고 볼 수 있다. 모든 신조의 교사[설교자]들은 진리에 대한 생생한 이해를 신봉자들의 마음속에 계속 유지해, 진리가 감정 속에 스며들어 그들의 행동을 진정으로 지배하도록 하는 게 어렵다고, 그들은 단지 진리를 형식적으로만 이해하고 있다고 한탄한다. 그런 신조를 가진 이들이 자신의 교리를 위해 여전히 투쟁하고 있는 동안에는 그런 어려움이 불평으로 제기되지 않는다. 이럴 때는 나약한 투사들조차 자신이 무엇을 위해 싸우고 있고, 자신이 믿는 교리와 다른 교리들 사이에 어떤 차이가 있는지 이해하고 느낀다. 그리고 이런 시기에는 모든 신조들에서 적지 않은 사람들이 모든 사고방식을 동원해 자신이 믿고 있는 신조의 근본 원리들을 이해하고, 그것들을 모든 중요한 방향에서 평가하고 숙려하며, 그 신조에 대한 믿음이 이런 믿음에 철저히 고취된 사람의 인격에 미치는 영향을 경험한다. 그러나 그 신조가 세습되어 능동적이지 않고 수동적으로 받아들여질 때 — 그 신조에 대한 믿음이 제기하는 문제들에 대해 정신이 초창기에서와 같은 정도로 활력을 행사하도록 강제되지 않을 때 — , 상투적인 것 이외의 모든 믿음을 잊어버리는 경향이 점차 나타난다. 아니면 믿음을 의식적으로 이해하거나 개인적 경험 속에서 검증하지 않은 채 마치 그것을 사실인 양 받아들이는 것처럼, 믿음에 무미건조하고 무기력한 동의를 부여하는 경향이 나타난다. 결국 그 믿음은 인간의 내적 삶과 더는 연결되지 않을 것이다. 그리하여, 현재와 같은 시대에 매우 흔하게 나타나 거의 모든 경우를 형성한다고 할 수 있는 상태들을, 즉 신조가 정신의 외부에 머물러 있어, 우리 본성의 좀 더 고상한 부분에 그 어떤 영향력도 미치지 않도록 정신을 껍질로 둘러싸 돌같이 딱딱하게 만드는 상태들을 보게 된다. 그 신조는 생생하고 강렬한 확신이 우리 정신이나 마음속에 들어오게 함으로써 그 힘을 드러내는 것이 아니라, 정신이나 마음에 보초를 세워 그것들을 텅 비게 하는 것 말고는 아무것도 하지 않음으로써 자신의 힘을 드러낸다.

본질적으로 정신에 가장 깊은 인상을 남기기에 적합한 교리가 상상력, 감정, 이해력 속에서 구현되지 못한 채, 정신 속에서 얼마만큼이나 죽은 믿음으로 남을 수 있는지는 대다수의 그리스도교 신자들이 그리스도교의 교리를 수용하는 태도에서 잘 예시된다. 여기서 내가 의미하는 그리스도교는 모든 교회와 종파가 그리스도교로 간주하는 것, 즉 신약성서에 포함된 격률과 계율을 의미한다. 그리스도교 신자들이라고 신앙고백을 한 이들은 모두 격률과 계율을 신성한 것으로 여기며 율법으로 인정한다. 그러나 이런 율법을 준거로 삼아 자신의 개인적 행동을 관리하거나 점검하는 그리스도교인들은 1000명 가운데 단 한 명도 없다고 해도 결코 과언이 아니다. 그리스도교인이 준거로 삼는 행동 기준은 자신이 속한 국가나 계급의 관습, 또는 자신이 신앙고백을 한 종교의 관습이다. 그리하여 그는 한편으로 자신을 통제하기 위해 무오류한 지혜[하느님]가 허락한 것이라고 그가 믿는 일군의 윤리적 격률들을 가지고 있다. 다른 한편으로 그는 그 격률들 일부와는 어느 정도 일치하지만, 다른 것들과는 그 정도로 일치하지 않고, 어떤 것과는 정반대이면서 또 대체로는 그리스도교의 신조와 세속적인 삶의 이해관계 및 그로부터 나온 조언 사이의 절충이라 할 수 있는 일군의 일상적인 판단들과 관행들을 가지고 있다. 그는 이런 기준들 가운데 첫 번째 기준에는 존경을, 두 번째 기준에는 진정한 충성을 바친다. 모든 그리스도교인은 가난한 자, 자신을 낮추는 자, 세상에서 핍박받는 자는 복을 받는다고 믿는다.[24] 부자가 천국에 들어가는 것보다 낙타가 바늘귀로 들어가는 것이 더 쉽다고 믿는다.[25] 그들은 비판을 받지 않으려면 비판을 하지 말아야 한다고 믿는다.[26] 결코 [거짓] 맹세를 하지 말아야 하고,[27] 네 이웃을 네 자신과 같이 사랑해야 하며,[28] 누군가 속옷을 가지고자 하면 겉옷도 주어야 한다[29]고 믿는다. 내일 일을 위해 염려하지 말고,[30]

---

24) 「마태복음」 5장 3절, 23장 12절 등에 사용된 한글 표현을 따라 옮겼다.

25) 「마태복음」 19장 24절의 한글 표현을 따랐다. 다만 성서 영역본의 경우에는 '천국'kingdom of heaven이 아니라 '하느님의 나라'kingdom of God로 되어 있다.

26) 「마태복음」 7장 1절.

27) 「마태복음」 5장 34절.

28) 「마태복음」 19장 19절.

온전하고자 한다면, 자신이 가진 모든 것을 팔아 가난한 자들에게 주어야 한다[31]고 믿는다. 그리스도교 교인들이 이런 계율들을 믿는다고 말할 때 그들은 전혀 위선적이지 않다. 그들은 사람들이 언제나 칭송하면서 결코 토론에 부치지 않는 것을 믿듯이 그런 격률을 믿는 것이다. 하지만 행동을 규제하는 살아 있는 믿음이라는 측면에서 말하자면, 그들은 단지 거기에 입각해 행동하는 것이 일상에 부합하는 수준까지만 이런 교리를 믿는다. 교리라는 것은 본래 적들을 공격하는 데 사용된다. 그리고 그 교리는 사람들이 칭찬받을 만하다고 생각하는 어떤 일을 할 때 그 이유로 (그것이 가능할 때) 제시할 수 있는 것으로 이해된다. 그러나 그 격률들은 사람들이 하려고 생각하지 않았던 것들을 무한히 요구하는데, 이 같은 점을 그리스도교 교인들에게 상기시키는 사람은 그 사람이 누구든 다른 사람보다 더 나은 사람인 척하는 인기 없는 사람 가운데 하나로 분류될 뿐이다. 이 교리들은 보통의 신자들에게 그 어떤 영향력도 행사할 수 없으며, 신자들의 마음속에서 힘이 되지도 못한다. 그들은 격률을 말로 들을 때에는 습관적으로 존경심을 갖지만, 격률들이 의미하는 바에까지 관심을 뻗쳐, 정신이 그것을 마음속에 강제로 받아들이게 해서 그런 격률에 동조하게 만들려는 감정은 갖고 있지 않다. 어떻게 행동할지가 문제가 될 때마다 그들

29) 「마태복음」 5장 40절.
30) 「마태복음」 6장 34절.
31) 「마태복음」 19장 21절.

은 그리스도에게 어느 정도 복종해야 할지를 자신들에게 알려 줄 사람을 찾기 위해 이 사람 저 사람 둘러본다.

우리는 이제 초기 그리스도인들의 경우는 이와 아주 달랐다는 것을 충분히 확신할 수 있을 것이다. 지금과 다르지 않았다면, 그리스도교는 괄시받던 히브리인들의 보잘것없는 한 종파에서 로마제국의 종교로까지 결코 확장될 수 없었을 것이다. 그들의 적들이 "보아라, 그리스도인들은 서로 사랑한다"[32] (지금은 누구도 이렇게 말할 것 같지 않다)라고 말했을 때, 그리스도교인들은 확실히 그 이후의 어느 때보다 신조의 의미를 더욱 생생하게 느끼고 있었을 것이다. 아마도, 그리스도교가 오늘날 자신들의 영역을 확장하는 데 있어 그 어떤 진보도 거의 이루어 내지 못하고, 1800여 년이나 지난 지금[19세기]까지도 여전히 유럽인들과 유럽인들의 후손들에게 거의 국한되어 있는 것은 주로 이런 이유에서일 것이다. 일반인들보다 자신들이 따르는 교리에 대해 매우 진지하고 더 큰 의미를 부여하는 엄격한 종교인들조차 그들 정신 가운데 비교적 능동적인[활동적인] 부분은 그리스도의 말씀에 의해서가 아니라 일반적으로 칼뱅이나 녹스[33]

---

32) 테르툴리아누스, 『호교론』, 한창용 옮김, 2022, 분도출판사, 172쪽.

33) 장 칼뱅(1509~64년)은 프랑스의 종교개혁가로, 제네바에서 종교개혁을 단행해 일종의 신권정치를 실시했다. 프로테스탄트의 교리를 체계화하고, 예정설에 따른 금욕의 윤리와 같은 엄한 규율을 만들었다. 존 녹스(1513?~72년)는 스코틀랜드의 종교개혁가로, 원래 가톨릭교회 사제였으나 제네바에서 칼뱅에게 사사한 후 영국으로 돌아와 장로파 교회를 창시하고, 가톨릭과 대립했다.

를 비롯해 성격상 자신들과 매우 가까운 사람들에 의해 형성되는 일이 흔하게 발생한다. 그리스도의 말씀은 그저 상냥하고 온후한 말씀을 들었을 때 발생하는 느낌 이상의 그 어떤 효과도 거의 만들어 내지 못하면서, 그들의 정신 속에 수동적으로만 공존하게 된다. 어떤 종파의 상징[기치]인 교리가 모든 공인된 종파의 공통된 교리보다 훨씬 더 많은 활력을 유지하는 것은 왜일까? 그리고 교사들은 왜 그 교리의 의미를 생생하게 유지하기 위해 더 많은 노력을 경주하는 것일까? 여기에는 의심할 여지가 없는 많은 이유가 있다. 그러나 그중 한 가지 확실한 이유는 [어떤 교파] 특유의 교리들에 대해서는 많은 사람들이 의문을 제기할 것이고, [따라서] 공개적으로 반대하는 사람들에 맞서 자신들의 교리를 더 많이 옹호해야 하기 때문이다. 교사들과 학습자들 모두 싸움터에서 적이 없어지면 자신의 자리에서 잠을 청하기 마련이다.

일반적으로 말해, 이와 동일한 것이 모든 전통적인 교리 — 도덕 또는 종교뿐만 아니라 삶에 대한 사려 깊음[분별]과 지식에 대한 교리 — 에 대해서도 유지된다. 모든 언어들과 문학작품들은 인생에 관한 일반적인 관찰로 가득 차 있다. 그 관찰은 모두 인생이란 무엇인지, 살면서 어떻게 처신해야 하는가에 관한 것이다. 이런 관찰은 모든 사람이 알고 있고, 반복하며, 묵묵히 경청하는, 자명한 것으로 받아들여지는 것이다. 그렇지만 대부분의 사람은 일반적으로 고통스러운 종류의 경험을 통해 그런 관찰이 현실이 되었을 때, 처음으로 그 의미를 진정 배우게 된다. 예상치 못한 어떤 불행이나 실망으로 상심했을 때, 인간은 태어나서 지금까지 줄곧 자신에게 익숙했던 격언이나 속담을 자주 떠올린다. 그것들은 만약 그가 지금 절감하고 있는 것을 과거에도 절감했다면, 그들을 현재와 같은 고통에 빠지지 않게 했을 그런 것들이다. 이런 일이 생기게 된 데에는 실제로 토론의 부재 이외에도 다른 이유가 있다. 즉, 개인적인 경험을 통해 그 의미를 절실히 느끼기 전까지는, 그 의미를 깨달을 수 없는 진리가 많이 있다는 것이다. 그러나 만약 어떤 사람이 그 의미를 이해하는 사람들의 찬반 논의를 듣는 데 익숙했더라면, 이런 진리들의 의미들을 더 많이 이해했을 것이고, 이해된 것은 그의 정신에 훨씬 더 깊이 각인되었을 것이다. 어떤 것을 더는 의심하지 않게 될 때, 그것에 관해 생각하기를 멈추는 인간의 치명적인 경향은, 인류가 저지른 과실 가운데 절반의 원인이 된다. 오늘날 어느 작가[34]가 잘 지적했듯, "확정된 의견은 깊은 잠에 빠진다."

뭐라고! 그렇다면 만장일치가 되지 않는 것이 참된 지식의 필수 조건이라는 말인가?(라고 누군가 물을 수 있다). 누군가가 진리를 깨닫도록 하기 위해서는 인류 가운데 일부가 계속해서 오류를 범해야 하는가? 믿음은 널리 받아들여지는 즉시, 그 진실성과 활력을 상실하는가? — 어떤 명제는 그것에 대한 어느 정도의 의심이 남아 있지 않다면, 결코 완전히 이해되거나 [충분히] 느껴지지 않는다는 것인가? 인류가 어떤 진리를 만장일치

---

34) 이 작가는 아서 헬프스 경Sir Arthur Helps(1813~75년)을 가리킨다. 그는 영국의 작가이자 추밀원 원장이었다. 이 격언은 그의 책 *Thoughts in the Cloister and the Crowd*(1835년)에 나오는 다양한 격언 가운데 하나이다.

로 수락하면, 바로 그 순간 진리는 인류 안에서 소멸하는가? 지금까지 생각해 왔던 것처럼, 개선된 지성의 최고의 목표와 최선의 결과는 모든 중요한 진리를 인류가 일치단결해 인정하는 것이었다. 그렇다면 그런 목표가 달성되지 않아야 지성이 지속된다는 것인가? 정복의 성과는 바로 완전한 승리에 의해 소멸되는가?

나는 그런 일은 없다고 단언한다. 인류가 진보함에 따라, 더는 논란과 의심의 여지가 없는 교리의 수는 끊임없이 증가할 것이다. 또한 인류의 행복은 논쟁의 여지가 거의 없는 지점에 도달한 진리의 수와 그 무게[중대성]에 의해 측정될 수 있을 것이다. 어떤 한 문제에 대한 진지한 논쟁이 잇따라 중단되는 일은 의견이 공고해지는 과정에서 필연적으로 일어나는 사건 가운데 하나이다. 참된 의견의 경우에 확고해지는 것은 유익하지만 그 의견이 잘못되었을 때 확고해지는 것은 위험하고 유해하다. 그러나 비록 이처럼 다양한 의견들의 범위가 점진적으로 좁혀지는 것은 불가피하며 불가결한 것이라는 두 가지 모두의 의미에서 필연적인 것이라고 할 수 있지만, 그렇다고 해서 우리는 그 결과가 반드시 유익하다고 결론을 내려야 하는 것은 아니다. 어떤 진리를 지성적으로 생생하게 이해하는 데 도움이 되는 중요한 경우가 있다. 반대자에게 어떤 진리를 설명하거나 그에 맞서 진리를 옹호할 필요가 있는 경우가 그렇다. 이런 도움을 받을 수 없다는 것은 결코 사소한 결함이 아니다. 비록 그 결함이 진리를 [반대자 없이] 보편적으로 인정함으로써 얻을 수 있는 이득을 능가하는 것은 아니지만 말이다. 이런 이점을 더는 누릴 수 없는 곳에서는, 나는 고백컨대 인류의 교사들이 그것의 대안을 제공하기 위해 노력하는 모습을, 즉 반대자들이 상대방의 생각을 바꾸기 위해 [논의 중인] 문제의 난점들을 제시하며 압박하는 것처럼, 교사가 학습자의 의식 속에 그 문제의 난점을 제시하기 위해 노력하는 모습을 보고 싶다.

하지만 교사들은 이 같은 목적을 달성하기 위한 방안들을 모색하기는커녕, 이전에 가지고 있던 방안들마저 잃어버렸다. 플라톤의 대화편에 아주 훌륭하게 예시된 소크라테스의 변증술이 바로 그런 방안 가운데 하나였는데, 이 변증술은 본질적으로 철학과 삶의 중요한 문제에 대한 부정적 토론[상대방의 논리나 이론상의 약점을 주로 공격하는 토론]이었다. 이 같은 토론의 목표는 기존에 널리 받아들여진 의견에서 나온 진부한 문구를 단순히 차용하고 있는 사람에게, 그가 이 주제를 제대로 이해하지 못했다는 것을 — 그가 자신이 주장하고 있는 교리에 어떤 뚜렷한 의미를 부여하지 못했다는 것을 — 고도의 능숙한 기술을 통해 확신시키는 것이다. 중세의 [스콜라]학파[35]에서 가르치던 논쟁 기술이 이와 비슷한 목적을 가지고 있었다. 이런 논쟁 기술은 학생이 자신의 의견과 (이것과 필연적으로 관련되어 있는) 반대 의견을 확실히 이해하도록 하고, 자신이 개진하는 의견의 논거

---

35) 여기서, 중세 시대의 'school'은 통상적으로 스콜라scholar학파 내지 학교를 가리킨다. 스콜라학파는 중세 시대 그리스도교 교리에 철학적·논리적 체계와 근거를 부여해 이를 합리적으로 증명하는 것을 목표로 했다. 교회나 수도원에 부속된 학교scholar의 교사가 연구와 학습을 주도했기에 스콜라학파로 불렸다. 본문에서 학생으로 옮기고 있는 'pupil'은 말하자면 문하생이라 할 수 있는데, 교사의 돌봄 아래에 있는 학습자를 가리켰다.

를 강력히 제시하고 반대 의견의 논거를 논박할 수 있도록 하기 위한 것이었다. 방금 말한 [스콜라학파의] 논쟁은 그 전제들을 이성이 아니라 권위[36]로부터 가져와 호소했기 때문에, 고칠 수 없는 결함을 지니고 있었다. 게다가 정신을 훈련하기 위한 그 방법은 "소크라테스의 추종자들"[37]의 지성을 형성했던 강력한 변증술과 비교해 본다면 모든 점에서 열등했다. 그러나 근대적 정신은 이 둘[소크라테스와 스콜라학파]로부터 일반적으로 인정되는 것보다 훨씬 더 많은 빚을 지고 있으며, 현재의 교육 방식에는 이 둘을 아주 작은 정도라도 대체할 만한 어떤 것도 포함되어 있지 않다. 자신의 모든 가르침을 교사들이나 책으로부터 얻는 사람은, 설령 그가 스스로 주입식 가르침에 만족하려는 끊임없는 유혹으로부터 도망친다고 해도, 찬성과 반대라는 양측의 말을 모두 들어야 한다는 어떤 강요도 받지 않는다. 그런 이유로 사상가들 사이에서도, 양측 모두를 아는 것은 흔하게 성취할 수 있는 것이 아니다. 그러다 보니, 모든 사람이 자신의 의견을 옹호하며 하는 말 가운데 가장 취약한 부분은, 그 사람이 상대

---

36) 여기서 말하는 권위는 통상 가톨릭교회의 교리나 아리스토텔레스의 철학이 가진 권위를 말한다.

37) 라틴어 "Socratici viri"는 말 그대로 옮기면, '소크라테스적 남자들'Socratic men 또는 '소크라테스의 남자들'Socrates's men을 의미한다. 대체로 이런 남자들은 '소크라테스의 추종자들', 소크라테스적 철학자들을 의미한다. 플라톤의 『대화편』 가운데, 『소크라테스의 변명』에 나오는 인물들이 대표적이다. 이 표현은 Cicero, *Letters to Atticus*, Evelyn Shuckburgh trans., DCCIX(A XIV, 9)에 나온다. 이 자료는 〈페르세우스 디지털 도서관〉 누리집에서 이용할 수 있다.

방[의 문제 제기]에 대한 답변으로 생각해 말하는 부분이다. 오늘날에는 부정적 논리 — 긍정적인 진리를 확립하기보다는 상대방 이론의 약점이나 실천상의 오류를 지적하는 — 를 폄하하는 것이 유행이다. 게다가 이런 부정을 위한 비판은 궁극적인 결과로서는 사실 매우 빈약해 보일 수 있다. 그러나 이 같은 부정적 비판은 긍정적인 지식이나 확신을 그 이름에 걸맞게 얻기 위한 수단으로서 제아무리 높게 평가해도 지나치지 않다. 이 점에서 사람들이 이 같은 부정적 비판을 다시 한번 체계적으로 훈련받기 전까지는, 수학이나 물리학을 제외한 다른 사고의 분야에서 위대한 사상가가 배출되지 못할 것이고 평균적인 지성의 수준도 낮을 것이다. 다른 분야에서도 다른 사람의 강제를 통해서든 자기 스스로의 힘으로든 반대자들과 활발한 논쟁을 벌일 때 요구되는 것과 같은 정신적 과정을 거치지 않는 한, 어느 누구의 의견도 지식이라는 이름을 가질 자격이 없다. 따라서 부정적 비판이 없으면, 그것을 다시 만들어 내는 것이 필수불가결하지만, 이는 너무도 어려운 일이다. 하물며 그런 부정적 비판의 기회가 제 발로 찾아왔는데도 이를 마다하는 것은 얼마나 불합리한 일인가! 만약 널리 받아들여진 의견에 대해 이의를 제기할 사람들이 있고, 그것이 법률이나 여론에 의해 허용된다면, 우리는 그것에 대해 그들에게 감사해야 하며, 마음을 열고 그들의 의견을 들어야 한다. 우리가 만약 우리가 견지하는 신념의 확실성과 활력을 중요하게 여긴다면, 그것을 위해 우리 자신이 몸소 하려면 훨씬 더 많은 노력을 들여 해야 했을 일을 누군가 대신해 준 것에 크게 기뻐해야 한다.

의견의 다양성을 유용한 것이 되게 하는 주요한 원인 가운데 아직 언급하지 않은 한 가지가 남아 있다. 이는 현재로서는 요원해 보이는 지적 진보의 단계에 인류가 진입할 때까지는 의견의 다양성을 계속해서 [사회에] 유용한 것으로 만들어 줄 것이다. 우리는 지금까지 오직 두 가지 가능성만을 고려해 왔다. 하나의 가능성은 널리 받아들여진 의견이 오류일 수 있고 그 결과 다른 의견이 진리일 수 있다는 것이다. 다른 하나는 널리 받아들여진 의견이 진리이지만 오류가 있는 반대편과의 갈등이 그 진리를 분명하게 이해하고 깊게 느끼는 데 필수적이라는 것이다. 그러나 이런 경우들보다 좀 더 흔한 경우가 있다. 즉, 서로 갈등을 일으키는 교리들이 하나는 참이고 다른 하나는 거짓인 것이 아니라 진리를 공유하는 경우로, 이 경우 널리 받아들여진 교리는 진리의 한 부분만을 담고 있기 때문에 진리의 나머지 부분을 채우기 위해 공인된 이론에 동조하지 않는 의견이 필요하다. 감각으로 분명하게 알 수 없는 주제와 관련해, 대중이 갖고 있는 의견이 종종 참이기도 하지만, 좀처럼 또는 결코 온전한 진리가 되지는 [다시 말해, 모든 진리를 포괄하지는] 못한다. 대중의 의견은 진리의 일부로, 때로는 더 큰 부분일 수 있고 때로는 작은 부분일 수도 있지만, 과장되고 왜곡되어 있으며, 그리하여 대중의 의견이 따라야 하고 제약받아야 하는 진리로부터 분리되어 있다. 반면 이단적인 의견[38]은 일반적으로 억압되고 무시되던 진리의 일부로, 자신을 억압했던 속박을 깨고 나와 통상적인 의견에 포함된 진리와 화해를 추구하거나 아니면, 통상적인 의견을 적으로 간주하면서 그것과 비슷한 배타성을 띠며 자신을 온전한 진리로 설정한다. 지금까지는 후자[진리에 대한 배타적 주장]의 경우가 가장 빈번한데, 인류의 정신에서는 일면성이 규칙이었고, 다면성은 예외였듯 말이다. 따라서 의견이 급격히 변화하는 경우에서조차도 대체로 진리의 한 부분이 떠오르면 다른 부분은 가라앉는다. [기존의] 진리에 [새로운 것을] 덧붙여야 하는 진보의 경우에서조차도 대부분의 경우는 부분적이고 불완전한 진리를 또 다른 부분적이고 불완전한 진리로 대체하는 것에 불과하다. 개선은 진리의 새로운 단편이 그것이 대체하는 것보다 더 많이 소용되고, 그 시대의 필요에 좀 더 부합하는 것으로 이루어진다. 지배적인 의견은 그것이 참된 토대에 근거하고 있을 때조차, 이처럼 부분적인[편향된] 성격을 띠고 있기에, 일반적인 의견에 포함되어 있지 않은 진리의 일부를 조금이라도 구현하고 있는 의견들은, 비록 그 안에 어느 정도 오류와 혼동이 뒤섞여 있다고 하더라도 모두 소중히 다뤄져야 한다. 인간사에 대해 냉철하게 판단하는 사람이라면, 우리가 간과했을 수도 있는 진리에 관심을 갖도록 강요하는 사람들이 우리가 알고 있는 진리의 일부를 간과했다고 해서 그에게 분개해야겠다고 느끼지는 않을 것이다. 오히려, 그는 대중적인 진리가 일면적인 한, 대중적이지 않은 진리 역시 일면적으로 주장되더라도 그런 주장을 하는 사람들이 존재하는 것이 그렇지 않은 경우보다 좀 더 바람직하다고 생각할 것이다. 왜냐하면 그런 일면

---

38) 여기서 "이단적"heretical이라는 말은, 종교적인 차원에서 가톨릭교회나 정통 교리와는 다른 개인적인 의견을 가리키기도 하지만, 많은 사람들이 공유하는popular 의견과는 다른 의견을 의미하기도 한다.

적인 주장을 하는 사람들은 대체로 가장 정력적이며, 따라서 그들이 마치 지혜의 전체인 양 주장하는 지혜의 단편에 사람들이 어떻게든 주목하게 할 것처럼 보이기 때문이다.

따라서 18세기에 교육을 받은 거의 모든 사람과 이런 사람들의 지도를 받은 교육받지 못한 사람들은 문명이라 불리는 것과 근대과학, 문학, 철학의 경이로움을 감탄해 마지않았다. 반면 근대인들과 고대인들 사이의 차이를 대단히 과대평가하면서, 모든 차이에서 자신들이 우위에 있다는 믿음에 빠져 있었다. 그런 가운데 루소의 역설은 아주 유익한 충격으로 폭탄처럼 터지면서, 똘똘 뭉쳐 있던 일면적 의견들을 해체하고, 그것을 구성하고 있던 요소들이 추가적인 재료들과 더불어 더 나은 형태로 재구성될 수밖에 없도록 했다. 당시 통용되던 의견이 대체로 루소의 의견보다 진리에서 더 멀리 떨어져 있는 것은 아니었다. 그와는 반대로, 진리에 훨씬 더 가까웠다. 그 의견에는 긍정적 진리가 더 많이 포함되어 있었고, 오류는 훨씬 적었다. 그럼에도 불구하고, 루소의 교리에는 당시 대중 여론이 결여하고 있던 바로 그 진리가 상당한 정도로 포함되어 있었고, 여론의 물줄기가 그의 교리를 따라 흘러내렸다. 그리고 이런 진리는 홍수가 진정된 뒤 퇴적물로 남았다. 단순한 삶의 우월한 가치, 즉 인위적인 사회의 속박과 위선은 사람들을 나약하게 만들고 사기를 떨어뜨린다는 사상은 루소가 저술한 이래 교양인들의 마음속에서 결코 완전히 사라진 적이 없는 사상이다. 비록 지금 그 어느 때보다 더 많이 주장될 필요가 있고, 게다가 그 주제와 관련된 말의 힘이 거의 다 소진되어 이제 행동을 통해 입증될 필요가 있지만, 이런 사상은 때가 되면 적절한 효과를 만들어 낼 것이다.

정치에서도 또한, 질서나 안정을 추구하는 정당과 진보나 개혁을 추구하는 정당이 모두 건강한 정치 생활의 필수적인 요소라는 것은 거의 상식이다. 전자나 후자의 정당이 질서와 진보를 동시에 추구하는 정당이 될 만큼 정신적 이해력을 넓히고, 보존해야 할 것과 일소해야 할 것을 알고 구별할 수 있을 때까지는 그렇다. 이런 각각의 사고방식이 가진 유용성은 상대방의 결함으로부터 나오지만, 이성과 건전한 정신의 한계 안에 각자를 있게 하는 것은 상당 부분 상대방과의 대립에 의해서라고 말할 수 있다. 민주정과 귀족정, 재산과 평등, 협력과 경쟁, 사치와 절제, 사회성과 개별성, 자유와 규율을 비롯해 실제 생활에서 언제나 나타나는 그 밖의 모든 적대[서로 대립하는 가치들이나 입장들]에 대해 자신의 지지를 밝히는 의견들이 동등한 자유로 표현되고, 동등한 재능과 에너지로 옹호되지 않는 한, 양측의 각 요소가 마땅히 받아야 할 찬사를 받을 기회는 없다. 저울의 한쪽이 올라가면 다른 쪽은 반드시 내려가는 법이다. 삶의 가장 중요한 실천적인 관심사들 속에서 진리의 문제는 대립하는 의견들의 화해와 결합에 관한 문제다. 이런 문제를 정확하게 조정할 수 있을 만큼 충분히 넓고 공평한 정신을 가지고 있는 사람은 극소수이며, 따라서 이와 같은 조정은 적대적인 기치 아래에서 싸우는 전투원들 사이의 경합[논쟁]이라는 거친 과정을 통해 이루어져야 한다. 바로 위에서 열거한 매우 중요한 미해결 문제들과 관련해, 만약 두 의견 가운데 어느 하나가 관용되어야 할 뿐만 아니라 격려와 지원을 받기에 더 훌륭한 주장을 하고 있다면, 그것은 바로 특정 시·공간에서 우연히 소수의 입장에 있게 된 의견이다. 그것은 잠시 부주의하게 빠뜨린 이익을 대변하는 의견, [응당 받아야 할] 자신의 몫보다 더 적은 몫의 행복을 누릴 위험에 처해 있는 쪽 사람들을 대변하는 의견이다. 앞서 열거한 대부분의 주제[39]와 관련해 나는 영국에서 의견의 차이가 관용되지 않는 경우가 없다는 것을 알고 있다. 이 주제들은 인정된 다양한 사례들을 통해 인간 지성의 현 상태에서는 오직 의견의 다양성을 통해서만 진리의 모든 면에 대해 공정하게 다룰 기회가 제공될 수 있다는 사실의 보편성을 보여 주기 위해 언급되었다. 어떤 주제에 대해 세상이 겉으로 보여 주고 있는 만장일치에서 벗어나 있는 사람들이 발견될 때, 설령 그 세상이 옳다고 해도, 의견을 달리하는 사람들이 하는 말에는 들을 만한 무언가가 있을 것이고 그들이 침묵할 경우 진리는 무언가를 잃게 될 가능성이 크다.

다음과 같은 반론이 있을 수 있다. "그러나 널리 받아들여진 몇몇 원리들, 특히 가장 중요한 문제들에 관한 원리들은 반쪽짜리 진리를 넘어선다. 예를 들어, 그리스도교의 도덕은 그 주제에 대한 온전한 진리이며, 만약 누구든 이에 어긋나는 도덕을 가르친다면, 그는 전적으로 그릇된 것이다." 실제로 이것이 모든 사례 가운데 가장 중요한 것이므로, 일반적인 격률을 테스트하기에 이보다 더 적합한 것은 없다. 무엇이 그리스도교의 도덕이고, 무엇이 아닌지를 말하기 전에, 그리스도교의 도

---

39) 이는 민주정과 귀족정, 재산과 평등, 협력과 경쟁, 사치와 절제, 사회성과 개별성, 자유와 규율 등의 문제들을 둘러싼 의견의 차이를 말한다.

덕이 무엇을 의미하는지부터 정하는 것이 바람직할 것이다. 만약 그것이 신약성서의 도덕성을 의미한다면, 나는 도덕에 대한 지식을 책 그 자체로부터 가져온 사람이 누구든, 그 사람이 신약성서가 도덕의 완전한 교리로서 공표되었고 의도되었다고 과연 가정할 수 있을지 의문이다. 복음서는 언제나 기존에 존재하고 있었던 도덕을 언급하며, 여기서 바로잡아야 할 것 또는 좀 더 폭넓고 고상한 것에 의해 대체되어야 할 특정 부분들에 대해 자신의 가르침을 제시하는 것에 국한되어 있다. 더욱이 가장 일반적인 용어로 표현된 것조차 종종 문자 그대로 해석하는 것이 불가능하며, 법률서의 정확성보다 오히려 시나 웅변의 감동을 포함하고 있다. 신약으로부터 일련의 윤리적 교리를 이끌어 내는 것은 구약으로부터 부족한 부분을 보충하지 않고서는 불가능한데, 구약은 정교한 체계이기는 하지만 많은 면에서 야만적이며, 또한 오직 야만스러운 민족을 위해 고안된 것이기도 하다. 성 바울은 그리스도교의 교리를 유대인의 방식으로 해석하고 그리스도의 계획을 보충하는 방식에 공개적으로 반대했지만, 마찬가지로 기존에 존재하던 도덕성, 즉 그리스인들과 로마인들의 도덕을 취했다. 그리고 그리스도교인들에 대한 그의 충고는, 노예제를 명백히 승인할 정도로, 그리스와 로마의 도덕성에 상당히 순응하는 체계에 바탕을 둔 것이었다.[40] 그리스

---

40) 이에 대해서는 「골로새서」 3장 22절~4장 1절 참조. "종들아 모든 일에 육신의 상전들에게 순종하되 사람을 기쁘게 하는 자와 같이 눈가림만 하지 말고 오직 주를 두려워하여 성실한 마음으로 하라. 무슨 일을 하든지 마음을 다하여 주께 하듯 하고 사람에게 하듯 하지 말라. …… 상전들아

도교 도덕이라 부르는 것은 오히려 신학적 도덕이라 불러야 하는 것으로 이는 그리스도나 그 사도들이 만들어 낸 것이 아니라 훨씬 더 후대에 뿌리를 두고 있는 것으로, 그리스도교의 도덕은 처음 5세기 동안에 가톨릭교회에 의해 점진적으로 형성되었고, 근대인들과 프로테스탄트들에 의해 무조건 채택되지는 않았지만, 그들에 의해 이루어진 수정은 의외로 많지 않았다. 사실 대부분의 경우 그들은 중세 시대에 그것에 추가된 것들을 떼어내는 데 만족했으며, 각 종파는 그 자리에 자신의 고유한 특성과 경향에 맞는 새로운 추가물을 제공했다. 나는 인류가 이런 도덕과 이를 가르친 초기의 교사들에게 커다란 빚을 지고 있다는 것을 강력하게 믿는 사람이다. 그러나 나는 그리스도교의 도덕이 많은 중요한 점에서 불완전하고 일면적이며, 그 도덕성이 인정하지 않은 사상과 감정이 유럽인들의 생활과 성격 형성에 공헌하지 않았다면, 인간의 삶은 지금보다 더 나쁜 조건에 있었으리라고 주저 없이 말할 것이다. (이른바) 그리스도교의 도덕은 반발의 모든 특성을 갖고 있다. 그것은 상당 부분 이교도에 대한 항의의 특성을 지니고 있다. 그리스도교의 도덕이 가진 이상은 긍정적이기보다 오히려 부정적이고, 능동적이기보다 수동적이고, 고귀함보다 오히려 결백함이다. 좋음[선]을 활기차게 추구하기보다 악을 삼가는 것이다. 그 가르침들 속에는 (말했던 것처럼) "하지 말라"가 "하라"보다 압도적으로 많

의와 공평을 종들에게 베풀지니 너희에게도 하늘에 상전이 계심을 알지어다."

다. 육욕에 대한 두려움 속에서, 그리스도교 도덕은 금욕주의라는 우상을 만들어 냈고, 이것은 점차 율법주의라는 우상으로 변질되었다. 이 도덕은 천국에 대한 기대와 지옥에 대한 두려움을 [사람들이] 유덕한 삶을 살도록 이끄는 적절한 동기로 제시한다. 이로 인해 그리스도교의 도덕은 고대인이 이룩한 최선의 도덕에 훨씬 못 미치는 것이 된다. 그리스도교의 도덕은 자신의 이익을 위해 동료들의 이익을 고려해야 할 동기가 있는 경우를 제외하면, 각자의 의무감을 그의 동료들의 이익과 단절시킴으로써 인간 도덕에 본질적으로 이기적인 성격을 부여한다. 그리스도교의 도덕은 본질적으로 수동적인 순종의 교리다. 이것은 기존의 모든 권위에 복종하도록 가르친다. 권력자가 종교가 금하는 것을 명령할 때는 적극적으로 복종하지 말아야 하지만, 우리 자신에게 끼치는 해악에 대해서는 그것이 제아무리 크다 해도 저항을 해서는 안 되며, 하물며 반란을 일으켜서도 안 된다. 최상의 이교도[비그리스도교] 국가들의 도덕에서, 국가에 대한 의무는 개인의 정당한 자유를 침해할 정도로 높은 지위에 있는 반면, 순수한 그리스도교 윤리에서, 이 중대한 의무의 영역은 거의 인식되지도 인정되지도 않는다. 우리는 "통치자가 어떤 사람을 공직에 임명할 때, 그의 영지 안에 그 직책에 더 적합한 인물이 남아 있다면, 그것은 신과 국가에 죄를 범하는 것이다"[41]라는 격률을 신약성서가 아닌 코란에서 읽을 수 있다.

---

41) 이 말은 코란에 있는 표현이 아니다. 이와 표현 등에서 차이가 있지만 비슷한 맥락은 Charles Hamilton, *The Hedàya or Guide: A Commentary in*

공공에 대한 의무의 개념이 근대 도덕에서 조금이라도 인정된다면, 그것은 그리스도교가 아니라 그리스와 로마에서 기원한 것이다. 심지어 개인 생활의 도덕에서 존재하는 너그러움, 고결함, 인간적 존엄, 명예와 같은 모든 것은 우리 교육의 종교적인 부분이 아니라, 순수하게 인간적인 부분에서 유래한 것으로 복종의 가치만을 유일한 가치로 공공연하게 인정하는 윤리 기준으로부터는 결코 생길 수 없다.

나는 다른 사람들과 마찬가지로 이런 결함이, 가능한 어떤 관점을 취하든, 그리스도교적 윤리에 필연적으로 내재되어 있다고 가정하는 것은 아니다. 또한 완전한 도덕적 교리에 필요한 많은 조건들이 그리스도교에 포함되지 않았다고 해도 그것들이 그리스도교와 양립 불가능하다는 것을 가정하는 것도 아니다. 하물며 그리스도 자신의 교리와 가르침이 그러하다고 암시하려는 것은 더더욱 아니다. 나는 그리스도의 말씀만이 그 말씀이 의도한 것에 대한 증거의 전부라고 믿는다. 그리스도의 말씀은 포괄적인 도덕성이 요구하는 그 어떤 것과도 조화를 이루지 못할 것이 없다고 믿는다. 윤리적 측면에서 탁월한 것들은 모두

the Mussulman Laws, 4 Vols., London: Bensley, 1791, Vol. II, p. 615에서 찾을 수 있다. 이에 대해서는 J. M. Robson ed., p. 256 참조. 찰스 해밀턴의 책에 실려 있는 내용은 다음과 같다. 누군가를 "어떤 직책에 임명하는 자는, 임명된 자보다 더 명성을 얻을 자격이 있는 사람이 남아 있다면, 하느님과 선지자와 무슬림의 권리를 침해하는 죄를 범하는 것이 분명하다." 찰스 해밀턴의 책은 비영리 전자도서관 〈인터넷 아카이브〉 누리집에서 이용할 수 있다.

그리스도의 말씀 안에 포함될 수 있는데, 이렇게 하는 것이 그리스도의 말씀으로부터 무엇이 되었든 어떤 실천적인 행동 체계를 도출해 내려고 했던 사람들이 가한 왜곡보다 덜 왜곡될 것이다. 그러나 이것은 그리스도의 말씀이 오직 진리의 일부분만을 포함하고 있고, 또한 그렇게 의도되었다는 믿음과 상당히 일치한다. 최고의 도덕을 구성하는 많은 본질적인 요소들이 그리스도교 창시자의 말씀으로 기록된 것들에는 제시되어 있지 않았고, 그럴 것으로 의도되지도 않았다. 그런 말씀에 기초해 그리스도교 교회가 정립한 윤리의 체계 속에서 그런 본질적 요소들은 전적으로 도외시되었던 것이다. 그리고 그렇기 때문에, 나는 우리를 지도할 완전한 규칙을 그리스도교 교리 안에서 한사코 찾으려 하는 것은 큰 잘못이라고 생각한다. 그리스도교 교리의 저자는 완전한 규범을 승인하고 시행하려 했지만, 그것을 오직 부분적으로만 제공했다. 나는 또한 이런 편협한 생각[그리스도교만이 완전한 규범이라는 생각]은 선의를 가진 수많은 사람이 지금도 증진하기 위해 열심히 노력하고 있는 도덕적 훈련과 가르침의 가치를 크게 훼손하고 있다는 점에서 실천적으로 커다란 해악이 되고 있다고 믿는다.

　　나는 정신과 감정을 오직 종교적 유형에만 맞춰 형성하려고 함으로써, 또한 지금까지 그리스도교 윤리와 공존하며 그것을 보완해 왔으며 그리스도교 윤리의 정신 가운데 일부를 받아들이면서 자신의 정신을 그리스도교 윤리에 주입해 왔던 세속적인 기준(더 나은 명칭을 원하지만 없어서 이렇게 부른다)을 버림으로써, 저열하고, 비굴하고 무기력하며, 노예근성을 가진 유형의 인간이 장차 생길 것이, 심지어 지금 그런 유형의 인간이 만들어지고 있다는 것이 몹시 두렵다. 이런 인간은 자신이 최고 의지라고 여기는 것을 따를 수는 있지만, 최고선이라는 개념에 도달하거나, 그것에 공감할 수는 없을 것이다. 나는 인류의 도덕적 부활을 위해서는 그리스도교적인 기원으로부터 발전할 수 있는 윤리 이외의 다른 윤리 역시 그리스도교 윤리와 공존해야 한다고 믿는다. 또한 나는 인간의 정신이 불완전한 상태에서는 진리를 위해 의견의 다양성이 요구된다는 원칙에 대해 그리스도교 체계 역시 예외가 아니라고 믿는다. 그리스도교에 포함되지 않은 도덕적 진리들을 무시하지 않게 되었다고 해서 그리스도교에 포함된 도덕적 진리를 무시할 필요는 없다. 이런 편견이나 실수가 발생한다면 그것은 전적으로 해로운 일이다. 하지만 그것은 우리가 언제나 모면할 수 있기를 바랄 수 있는 해악이 아니다. 오히려 그것은 더할 나위 없이 고귀한 선[좋음]을 위해 지불해야 할 대가로 간주되어야 한다. 진리의 일부를 진리의 전부라고 주장하는 배타적인 입장에 대해서는 반드시 이의를 제기해야 하며, 이의를 제기하는 것은 당연한 것이다. 배타적인 입장에 반발하려는 충동 속에서 항의하려는 측이 이번에는 부당하게 행동할 수도 있다. 그러나 이런 일면성은 다른 일면성처럼 한탄스러운 것이기는 해도 반드시 관용되어야 한다. 만약 그리스도교인들이 불신자들에게 그리스도교에 공평하라고 가르치려 한다면, 그들 스스로도 그리스도교를 믿지 않는 사람들에게 공평해야만 한다. 문학사에 대해 가장 보통의 지식을 가진 사람들에게 알려져 있는 사실, 즉 가장 고귀하고 가치 있는 도덕적 가르침의 상당 부분은 그리스도교 신앙을 몰랐던 사람들뿐만 아니라 그리스도교 신앙을 알았지만 거부했던 사람들로부터 나온 것이라는 사실을 못 본 체하는 것은 진리에 전혀 도움이 되지 않는다.

나는 가능한 모든 의견을 표현할 수 있는 자유를 최대한 제한 없이 사용하게 되면, 종교나 철학에서 종파주의의 해악이 사라지리라고 주장하는 것이 아니다. 지력이 편협한 사람은 자신이 열렬하게 주장하는 모든 진리를 마치 세상에 그 밖의 다른 진리는 존재하지 않는 것처럼, 또는 어떤 경우에도 자신이 주장한 진리를 제한하거나 한정할 다른 진리가 없는 것처럼 주장하고 가르치며, 심지어 다양한 방식으로 실행한다. 나는 모든 의견이 종파화되는 경향은 가장 자유로운 토론에 의해 치유되는 것이 아니라, 오히려 그로 인해 종종 고조되고 악화되기도 한다는 것을 인정한다. 그리고 알려졌어야 하지만, 반대자들로 간주되는 사람들에 의해 선언되었기 때문에 더욱 맹렬하게 거부되어 알려지지 않은 진리가 있다는 것도 인정한다. 그러나 이 같은 의견 충돌로 인해 생긴 유익한 효과를 이용하는 쪽은 열성적인 당파주의자가 아니라 좀 더 차분하고 이해관계가 없는 방관자이다. 부분적인 진리들 사이에서 벌어지는 격렬한 갈등이 아니라, 진리의 나머지 절반을 조용히 억압하는 것이 우리가 정작 두려워해야 할 해악이다. 사람들이 양쪽 모두의 입장을 경청할 수밖에 없을 때에는 언제나 희망이 있다. 하지만 사람들이 한쪽만을 경청할 때, 오류는 편견으로 굳어지고 진리 그 자체가, 과장되어 거짓이 됨에 따라, 진리의 효과를 더는 갖지 못하게 된다. 어떤 문제의 양 측면 가운데 어느 한쪽만 그 옹호자가 대변할 때, [이런 상황에서도] 문제의 양 측면 사이에서 [양 측면을 살피며] 지성적인 판단을 내릴 수 있는 판단 능력만큼 드문 것은 없다. 따라서 진리의 모든 측면이 균형 있게, 즉 진리의 한 부분을 담고 있는 모든 의견이 그 옹호자를 찾을 수 있을 뿐만 아니라 그의 옹호를 통해 경청의 대상이 되지 않는다면 [온전한] 진리를 얻을 수 있는 기회 역시 얻지 못한다.

우리는 네 가지 뚜렷한 근거에 따라 의견의 자유와 의견을 표현할 자유가 인류의 정신적 행복(다른 모든 행복이 의존하는)에 필수적이라는 것을 알게 되었다. 이제 간단하게 다시 요약해 보자.

첫째, 어떤 의견이 침묵을 강요당한다 해도, 그 의견이 어쩌면 진리일 수 있다. 이것을 부정하는 것은 우리 자신의 무오류성을 가정하는 것이다.

둘째, 침묵을 강요당한 의견이 비록 오류이더라도, 진리의 일부를 담고 있을 수 있는데, 이런 경우는 매우 흔하다. 그리고 어떤 주제에 대한 일반적이거나 지배적인 의견이 온전한 진리인 경우는 없거나 드물고, 진리의 나머지 부분을 보완할 수 있는 기회를 제공하는 것은 바로 서로 반대되는 의견들의 충돌뿐이다.

셋째, 설령 널리 받아들여진 의견이 진리일 뿐만 아니라, 온전한 진리일지라도, 그것에 대한 활발하고 진지한 논쟁이 허용되지 않고, 실제로도 그렇게 되지 않는다면, 그 의견을 받아들이는 사람들은 대부분 그것의 합리적 근거에 대해 거의 이해하지 못하거나 실감하지 못하면서 편견의 형태로 그 의견을 유지하게 될 뿐만 아니라, 넷째, 교리 그 자체의 의미도 상실되거나 약화되어, [사람들의] 인격과 행동에 중요한 영향을 미치지 못할 위험이 있다. 즉, 교의는 좋음[선]에 아무런 효과가 없는 그저 형식적인 선언이 되며, 오히려 이성이나 개인적 경험으로부터 나오는 진정하면서도 진심에서 우러난 확신이 성장하는 것을 막고, 그 근거를 방해할 것이다.

　의견의 자유라는 주제에 대한 논의를 끝내기 전에, 모든 의견의 자유로운 표현은 그 방식이 절제 있는 공정한 토론의 범위를 넘어서지 않는 것을 조건으로 허용되어야 한다고 말하는 사람들에게 잠깐 주목할 필요가 있다. 이 같은 한계를 두는 것은 대체로 불가능하다고 말할 수 있다. 왜냐하면 만약 그 기준을 공격받는 의견을 가진 사람이 느끼는 불쾌함으로 삼는다면, 이런 불쾌함은 경험에 비추어 볼 때 그 공격이 효과가 있고 강력할 때마다 생길 것이기 때문이다. 마찬가지로, 답하기 어려운 문제로 상대방을 강하게 밀어붙이는 논적이, 만약 그가 그 주제에 관해 자칫 강한 감정을 드러낼 경우, 그는 자신을 절제하지 못한 적으로 비칠 것이기 때문이다. 그러나 이런 반론은 실천적인 관점에서 중요하게 고려해야 할 사항이지만, 좀 더 근본적인 반론에 통합될 수 있다. 의심의 여지 없이, 어떤 의견이 설령 참된 의견이라고 해도 그것을 주장하는 방식에 [문제가 있어] 이의를 제기할 수 있고, 맹렬한 비난을 받아 마땅할 수도 있다. 하지만 그런 [의견 주장 방식] 종류 가운데 가장 커다란 불쾌감을 주는 것은, 우연히 그 자신이 드러내지 않는 한, 잘 알기 어려운 것이다. 그중 가장 심각한 것은 궤변을 늘어놓고, 사실이나 논증을 억압하고 은폐하며, 문제의 몇몇 원리들에 대해 허위 진술을 하거나 반대 의견을 왜곡해 전달하는 것이다. 그러나 이 모든 것이, 무지하거나 무능하다고 간주되지 않으며, 다른 많은 측면들에서 그런 대접을 받아야 할 이유가 전혀 없는 사람들에 의해, 가장 악질적인 정도로까지 계속해서 실행되어 왔다. 그것도 완벽한 선의로 말이다. 그렇기 때문에 적절한 근거 위에서 양심의 명령에 따라 이 같은 왜곡을 도덕적으로 비난받을 만하다고 공격하는 것은 가능하지 않다. 더더군다나 논쟁 과정에서 나타나는 이런 종류의 부정행위에 법이 개입하는 것은 불가능하다. 절제되지 않은 토론이 일반적으로 의미하는 것, 즉 비방, 빈정거림, 인신공격 등과 관련해, 이런 공격 수단을 양측 모두 사용하지 못하도록 했다면, 이런 식으로 공격하는 것에 대한 공공연한 비난은 더 많은 공감을 얻었을 것이다. 그러나 그런 비난은 우세한 의견에 반대하는 사람이 이와 같은 방식으로 [우세한 의견을] 공격하는 걸 제한하기 위해서만 사용된다. 즉, 우세하지 않은 의견에 이 같은 공격 방식이 사용될 경우, 그런 방식은 일반적인 비난을 받지 않을뿐더러, 그렇게 공격하는 사람은 성실한 열정과 의로운 분노를 가진 것으로 칭송받을 가능성이 있다. 그러나 그런 방식의 공격으로부터 발생하는 해악은 그것이 무엇이든 상대적으로 방어 능력이 없는 사람들에게 적대적으로 사용될 때 가장 크다. 그리고 이런 방식으로 의견을 주장함으로써 발생할 수 있는 부당한 이익은 거의 전적으로 널리 받아들여진 의견을 가진 쪽에 쌓인다. 이런 방식의 공격 가운데 한 논객이 할 수 있는 최악의 공격은 반대 의견을 주장하는 사람들을 나쁘고 부도덕한 사람들이라고 낙인찍는 것이다. 인기가 없는 의견을 주장하는 사람들이 특히 이런 종류의 비방에 노출된다. 왜냐하면 그들은 일반적으로 극히 소수이고 영향력이 별로 없으며, 그들 자신을 제외한다면 그 누구도 그들에게 정의가 행해지는지 여부에 관심을 갖지 않기 때문이다. 그러나 우세한 의견을 공격하는 사람들은 근본적으로 이런 공격 방식을 사용할 수 없다. 그들은 이런 공격 수단을 자신에게 안전한 방식으로 사용할 수 없을뿐더러, 설령 안전하게 사용할 수 있다 해도, 그런 방식의 공격은 그들이 주장하는 대의에 대한 반발만 초래할 뿐이다. 일반적으로, 널리 받아들여진 의견에 반대하는 의견을 가진 사람이 자신의 목소리를 [다른 사람들에게] 들려줄 수 있는 경우는 신중히 검토된 부드러운 언어를 사용하고 불필요한 불쾌감이 생기는 것을 미연에 방지하기 위해 최대한 조심할 때뿐이다. 여기서 아주 조금이라도 벗어난다면 [호의나 지지를 상실하고] 패배할 수밖에 없다. 반면 우세한 의견을 가진 사람들이 우세하지 않은 의견을 가진 사람들을 과도하게 질책할 경우, 사람들은 우세한 의견에 반하는 의견을 제시하는 걸 단념하게 되고, 우세한 의견에 반하는 의견을 제시하는 사람들에게 귀를 기울이지도 않게 된다. 따라서 진리와 정의를 위해서는, 대중적이지 않은 의견에 독설을 퍼붓는 언어의 사용을 금하는 것이 훨씬 더 중요하다. 예를 들어, 만약 어느 한쪽을 선택할 필요가 있다면, 종교에 대한 모욕적인 공격보다 그리스도교에 대한 믿음이 없는 사람들에 대한 모욕적인 공격을 막는 것이 훨씬 더 필요할 것이다. 그러나 분명한 것은 법과 권력[당국]이 나서서 어느 쪽이든 제지해서는 안 된다는 것이다. 반면, 모든 경우에서 개별적인 경우의 상황에 맞춰 판결을 내리는 것은 여론이다. 자신의 의견을 개진하는 방식에서 공정성이 부족하거나, 악의, 편협, 불관용을 드러내는 사람이 있다면, 그가 논쟁에서 어떤 입장에 서있든, 그 사람을 비난해야 한다. 그러나 비록 그 사람의 입장이 그 문제에 대해 우리와 반대 입장을 갖고 있다고 해도 이런 악덕들이 그 사람이 취하는 입장으로부터 나온다고 추론해서는 안 된다. 자신의 논적이 누구이고 그들의 의견이 진정 무엇인지 냉정하게 지켜보고 정직하게 말하는 사람, 상대방의 신빙성을 떨어뜨리기 위해 과장하지 않고 상대방에게 유리하거나 유리할 수 있는 것을 숨기지 않는 사람에게는, 그가 주장하는 의견이 무엇이든 그에 상응하는 명예를 제공해야 할 것이다. 이것이 공개적 토론의 진정한 도덕이다. 즉, 이 같은 도덕이 종종 지켜지지 않는다고 해도, 나는 그것을 준수하며 논쟁에 참여하는 사람들이 많이 있고, 그것을 지키기 위해 성실하게 노력하는 사람은 더 많다는 생각에 행복하다.

3장
행복의 한 요소로서 개별성

  사람들이 자유롭게 의견을 형성하고 자신의 의견을 거리낌 없이 표현하는 것이 긴요한 이유는 바로 이 때문이다. 이런 자유가 허용되지 않는다면, 또는 금지됨에도 불구하고 옹호[요구]되지 않는다면, 인간의 지적 본성에 그리고 이를 통해 인간의 도덕적 본성에 해로운 결과를 가져올 것이다. 이제부터 동일한 이유로 인간은 그들 자신의 의견에 따라 자유롭게 행동할 필요가 있는지 여부를 검토해 보자. 다시 말해, 인간이 자신의 행동이 초래할 위험에 대해 스스로 책임지는 한, 동료들로부터 물리적인 방해든 도덕적인 방해든 아무런 방해도 받지 않고 일생 동안 자신의 의견에 따라 자유롭게 행동할 자유가 있다고 요구할 수 있는지 탐구할 것이다. 물론, 바로 앞에 붙어 있는 단서[즉, 자신의 행동이 초래할 위험에 대해 스스로 책임져야 한다]는 필수 불가결하다. 그 누구도 행동이 의견만큼 자유로워야 한다고 주장하지는 않는다. 반대로, 해당 의견을 표현하는 것이 어떤 해로운 행동을 적극적으로 부추기는 상황이 될 때에는, 의견[의 자유] 역시 책임을 면할 수 없다. 곡물상들이 가난한 사람들을 굶주리게 하는 사람들이라거나, 사유재산은 약탈[1]이라는 의견이 그저 언론을 통해 유포될 때에는 이를 방해해서는 안 된다. 그러나 곡물상의 집 앞에 모여 있는 흥분한 군중들에게 [누군가가 그 의견을 큰 소리로] 말하거나, 이를 전단지에 써서 배포한다면 당연히 처벌을 받는다. 정당한 이유 없이 타인에게 해를 가하는 행위는 그것이 어떤 것이든 그것에 찬성하지 않는 감성에 의해, 그리고 필요한 경우에는 인류의 적극적인 간섭에 의해 통제될 수 있다. 그리고 좀 더 중대한 경우 이 같은 통제가 절대적으로 요구될 수 있다. 이런 식으로 개인의 자유는 제한을 받아야만 한다. 개인은 다른 사람에게 해를 끼쳐서는 안 된다. 그러나 만약 그가 타인과 관련된 일에서 다른 이들을 방해하지 않고 그저 자기 자신과만 관련된 일에서 자신의 성향과 판단에 따라 행동한다면, 의견을 자유롭게 개진할 수 있어야 하는 것과 동일한 이유로, 자기 책임하에 방해받지 않고 자신의 의견을 행동으로 옮기는 것이 허용되어야 한다. 인간은 오류가 없는 존재가 결코 아니다. 그들의 진리는 대체로 반쪽짜리 진리일 뿐이며, 의견의 통일은 그것이 상반되는 의견들을 최대한 충분히 그리고 최대한 자유롭게 비교한 결과가 아닌 한, 바람직하지 않다. 그리고 인간이 진리의 모든 측면을 지금보다 훨씬 더 잘 인식할 수 있을 때까지 다양성은 나쁜 것이 아니라 좋은 것이며, 이는 인간의 의견 못지않게 행동 양식에도 적용되는 원칙이다. 인간이 완전하지 않은 한 서로 다른 의견이 존재하는 것이 유용한 것처럼, 각기 다른 방식으로 살아가는 실험이 존재하는 것이 유용하다. 또한 다른 사람에게 피해를 주지 않는 한, 다양한 성격

---

1) "사유재산은 도둑질이다"라는 표현은 피에르 조제프 프루동Pierre Joseph Proudhon의 표현이다. "그런데 나는 왜 '소유란 무엇인가?'라는 또 하나의 질문에 대해 '그것은 도둑질이다'라고 마찬가지로 답할 때마다, 내 답변이 잘 전달되지 못했다는 노파심에 시달려야 하는 것일까?" 피에르 조제프 프루동, 『소유란 무엇인가』, 이용재 옮김, 아카넷, 2003, 31쪽.

[개성]을 실험할 기회가 존재하며, 누구든 상이한 삶의 방식을 시도해 보는 것이 적절하다고 생각할 때는 그런 삶의 양식이 가진 가치를 실제로 입증해 보는 것이 유용하다. 간단히 말해, 다른 이들과 관련되지 않은 사안에서는 개별성을 발휘할 수 있도록 하는 것이 바람직하다. 그 사람의 성격이 아니라, 전통이나 다른 사람들의 관습이 행동의 규칙이 되는 곳에서는 인간 행복의 주요한 요소 가운데 하나이자 개인적·사회적 진보의 주요 요소 가운데 하나[개별성]가 결여되어 있는 것이다.

이런 원칙을 주장할 때 부딪히는 가장 큰 어려움은 알려진 목적을 성취하기 위한 수단들[이 적절한지]을 평가하는 데 있는 것이 아니라, 대체로 사람들이 그 목적 자체에 무관심하다는 데 있다. 만약 개별성의 자유로운 발달이 행복의 주요한 본질적 요소 가운데 하나이고, 문명, 훈련, 교육, 문화라는 용어들이 가리키는 모든 것과 동등한 요소일 뿐만 아니라, 이런 것들의 필수적인 부분이자 조건이라는 것을 깨닫게 되면, 자유가 경시될 위험은 없을 것이고, 자유와 사회적 통제 사이의 경계를 조정하는 일이 특별히 어렵지도 않을 것이다. 그러나 불행한 일은 개인의 자발성이 고유한 가치를 가지고 있으며, 그 자체로 존중받을 만한 가치가 있다는 것이, 일반적인 사고방식에서는 거의 인정되지 않는다는 점이다. 대다수의 사람들, 곧 인류가 살아가는 현 모습에 만족하는 사람들(왜냐하면 자신의 현 모습을 만드는 사람은 바로 그 자신들이기 때문이다)은, 자신들이 살아가는 방식이 왜 모든 사람에게 반드시 좋은 것이 아닌지 이해하지 못한다. 더욱이 도덕과 사회를 개혁하려는 사람들 가운데 대다수는 자발성을 자신들이 생각하는 이상에 포함하지 않는다. 오히려 이런 개혁가들은 자신들이 인류에게 최선이라고 판단한 것을 일반인들이 받아들이지 못하도록 막는 성가시면서도 반항적인 장애물로 생각하며, 자발성을 경계한다. 저명한 학자이자 정치가인 빌헬름 폰 훔볼트는 자신의 저서에 다음과 같이 주장했는데, 그 의미를 이해하는 사람은 독일 밖에서는 거의 없었다. 즉, "인간의 목적, 곧 막연하고 일시적인 욕망에 의해서가 아니라 이성의 영원불변한 지시에 의해 규정된 목표는 인간의 다양한 능력을 완전하고 일관된 전체로 가장 높고 조화롭게 발전시키는 것이다." 따라서, "모든 인간이 끊임없이 자신의 노력을 경주해야만 하는, 또한 특히 자신의 동포에게 영향을 주고자 하는 사람들이 언제나 주시해야만 하는" 목표는 "바로 능력과 발전의 개별성이다." 이를 위해 "자유와 다양한 환경"이라는 두 가지 요건이 필요한데, 이것들의 결합으로부터 "개별적인 활력과 풍부한 다양성"이 발생하며, 이것들은 다시 결합해 "독창성"을 형성한다.[2]

그러나 사람들은 폰 훔볼트가 제시하는 것과 같은 교리에 익숙하지 않았고, 그래서 그렇게 높은 가치가 개별성에 부여되었다는 사실을 발견하고 놀랄 수 있다. 그러나 그것은 단지 정도의 문제일 뿐이라고 생각해야 한다. 탁월한 행동에 대해 생각해 본 사람은 누구라도 사람들이 서로 모방하는 것 외에 다른 행동은 절대로 하지 말아야 한다고 생각하지 않을 것이다. 그

---

*2) [저자의 주] 훔볼트 남작의 독일어 본을 [영어로] 옮긴, *The Sphere and Duties of Government*, pp. 11–13[존 스튜어트 밀은, 조지프 쿨타드Joseph Coulthard가 영역한 책에서 이를 인용하고 있는데, 이 영역본은 〈리버티 펀드〉Liberty Fund 누리집(https://www.libertyfund.org)에서 전문을 볼 수 있다].

누구도 사람들이 자신의 삶의 방식에 그리고 자신과 관련된 행위에, 그들 자신의 판단이나, 그들 자신의 개별적인 성격이 가진 어떤 특징을 부여해서는 안 된다고 주장하지 않을 것이다. 다른 한편으로, 자신이 태어나기 이전 세상에 대해 아무것도 알지 못하는 것처럼, 그래서 어떤 존재 방식이나 행동 방식이 다른 방식보다 더 낫다는 것을 보여 주는 경험이 전혀 없었던 것처럼, 살아야 한다고 주장하는 것은 불합리한 일일 것이다. 사람들이 경험한 것들을 통해 확인된 결과를 알고 그것으로부터 이익을 얻을 수 있도록 어린 시절에 교육과 훈련을 받아야 한다는 것을 부정하는 사람은 없다. 그러나 인간의 능력이 성숙해지면 자신만의 방식대로 경험을 사용하고 해석하는 것은 인간의 특권이자 고유한 조건이다. 기록된 [과거의] 경험 가운데 어떤 부분을 자신의 상황과 성격에 적절하게 적용할 수 있는지를 찾아야 하는 것은 바로 그 자신이다. 다른 사람들의 전통과 관습은 경험이 그들에게 가르쳐 준 것이 무엇인지를 보여 주는 증거이다. 그 증거는 추정적인 것이지만, 그 자체로, 그에게 존중을 요구할 수 있다. 그러나 첫째, 그들의 경험은 너무 협소할 수 있다. 또는 그들이 경험을 정확히 해석하지 못했을 수도 있다. 둘째, 경험에 대한 그들의 해석이 맞을지라도, 그에게 적합하지 않을지도 모른다. 관습은 관습적인 상황과 관습적인 성격에 적합하게 만들어졌지만, 그의 상황과 성격은 관습적이지 않을 수 있다. 셋째, 비록 관습이 관습으로서 좋고 그에게 적합하다고 해도, 그저 관습이라는 이유로 관습에 동조하는 것을 통해서는, 인간에게 독특하게 부여된 다양한 자질 가운데 그 어느 것도 그 자신 안에서 육성하거나 발전시킬 수 없다. 지각, 판단, 판별 감각, 지적 활동, 심지어 도덕적 선호를 비롯한 인간의 능력은 오직 선택을 할 때만 발휘된다. 관습이기 때문에 뭔가를 하는 사람은 아무런 선택도 하지 않는 것이다. 그의 그런 행동은 최선의 것을 분별하거나 욕망하는 훈련에 아무런 도움도 되지 않는다. 근력과 마찬가지로, 정신적 힘과 도덕적 힘은 오직 그것을 사용할 때만 향상된다. 이런 능력들은, 다른 사람들이 믿는 것을 따라 믿는 것처럼, 다른 사람들이 하고 있는 것을 따라 하는 것으로써는 훈련되지 않는다. 만약 어떤 의견의 근거가 그 자신의 이성에 비추어 보았을 때 결정적이지 않다면, 그 근거를 채택한다고 해도 그의 이성은 강화되지 않는다. 오히려 약화될 가능성이 있다. 그리고 만약 어떤 행동을 유발하는 동기가 자신의 감정과 성격(다른 사람의 권리나 감정이 관계되지 않는 점에서)에 맞지 않는 것이라면, 그것은 자신의 감정과 성격을 적극적이고 활동적이게 하기는커녕 적극적이지 않고 활기가 없게 할 것이다.

세상 또는 세상의 일부가 자신의 인생 계획을 선택하도록 놔두는 사람은 원숭이처럼 흉내를 내는 능력 말고는 그 어떤 능력도 필요하지 않다. 스스로 자신의 계획을 선택하는 사람은 자신의 모든 능력을 사용하는 것이다. 그는 보기 위해서는 관찰을 해야 하고, 예측하기 위해서는 추론과 판단을 사용해야만 한다. 결정에 필요한 자료를 모으기 위해 활동력을 발휘하고, 결정을 내리기 위해 판별력을 사용한다. 결정을 내리고 나서 숙고 끝에 자신이 내린 결정을 믿고 나가기 위해서는 결의[굳은 마음]와 절제력을 발휘해야만 한다. 이런 자질들은 자신의 행위 가운데 자신의 판단과 감정에 따라 결정된 부분이 클수록 그것에 정확히 비례해 [그만큼 더] 필요하고 행사된다. 물론 이런 자질들 없이

도 그가 화禍를 피해 좋은 길로 인도될 수 있다. 하지만 인간으로서 그 사람의 비교 가치는 무엇일까? 그 사람이 무엇을 하는지도 중요하지만, 그것을 하는 사람이 어떤 사람인지 역시 정말 중요하다. 인간이 [자신의] 삶을 올바로 사용해 완성하고 아름답게 가꿔야 할 작품 가운데 가장 중요한 것은 분명 인간 자신이다. 설령 기계, 곧 인간의 형상을 한 자동기계가 집을 짓고, 곡식을 재배하며, 전쟁터에서 싸우고, 재판을 하며, 심지어 교회를 세우고 기도문을 읽는다고 해도, 오늘날 문명 세계에 살고 있는 남자들과 여자들을, 심지어 남자와 여자가 자연이 만든 본보기 가운데 분명 빈약한 것일지라도, 이런 자동인형으로 대체하는 것은 의심할 여지 없이 상당한 손실일 것이다. 인간의 본성은 모형을 본떠 만들어져 정해진 일을 정확히 하도록 설정된 기계가 아니라 나무와 같은데, 그것[나무, 곧 인간의 본성]은 자신을 살아 있는 존재로 만드는 내적 힘의 경향에 따라 사방으로 성장하고 발전할 것을 요구한다.

사람들은 자신의 이해력을 발휘하는 것이 바람직하다. 관습을 따르더라도 영리하게 따르거나, 때로는 영리하게 따르지 않는 것이 그것을 맹목적으로 또 단순히 기계적으로 고수하는 것보다 낫다. 이는 아마도 대부분 인정할 것이다. 우리의 이해력은 우리 자신의 것이 되어야 한다는 것도 어느 정도 대체로 수긍할 것이다. 그렇지만 우리의 욕망과 충동도 마찬가지로 우리 자신의 것이어야 한다거나, 우리 자신의 것으로서 어떤 강한 충동을 소유한다는 것이 결코 위험하거나 올가미가 될 수 없다는 것에 대해서는 앞서와 마찬가지로 적극적으로 수긍하려 하지는 않는다. 그러나 욕망과 충동은 신앙이나 자제력만큼이나 완벽한 인간 존재의 한 부분으로 중요하다. 강한 충동은 적당하게 균형이 잡히지 않을 때에만 위험하다. 다시 말해, 일단의 목표와 성향이 강하게 발달하는 반면, 또 그것과 공존해야 하는 또 다른 목표와 성향이 약하고 비활동적이게 될 때 그러하다. 인간이 나쁜 짓을 하는 것은 욕망이 강하기 때문이 아니라, 양심이 약하기 때문이다. 강한 충동과 약한 양심 사이에는 그 어떤 자연적인 연관성도 없다. 자연적인 연관성은 그 반대다. 어떤 사람의 욕망과 감정이 다른 사람의 욕망과 감정보다 더 강하고 다양하다고 말하는 것은 그가 인간 본성의 소재를 더 많이 가지고 있다고 말하는 것뿐이며, 따라서 더 많은 악을 행할 수도 있지만 확실히 더 많은 좋음[선]을 행할 수도 있다고 말하는 것과 같다. 강한 충동은 그저 활력의 또 다른 이름이다. 활력은 악한 용도로 쓰일 수 있지만, 활력이 있는 사람이 게으르고 감정이 없는 사람보다 선한 일을 더 많이 할 수도 있다. 본연의 감정을 많이 가진 사람들은 함양된 감정 역시 가장 강해질 수 있는 사람들이다. 개인적인 충동을 생생하고 강력하게 만드는 강력한 감수성들은 또한 덕에 대한 가장 열정적인 사랑과 가장 엄격한 자기 통제력의 원천이기도 하다. 사회는 이런 것들의 함양을 통해 자신의 의무를 행하고 자신의 이익을 보호해야 하는 것이지, 영웅을 만드는 방법을 모른다는 이유로 영웅을 만드는 재료를 거부해서는 안 된다. 자기 자신의 욕망과 충동 — 그 자신의 훈련에 의해 발달되고 변형되었기에 그 자신의 본성의 표현인 — 을 가진 사람은 성격[3]을 갖고 있다고 말할 수 있다. 욕망과 충동이 자신의 것이 아닌 사람은 증기기관차가 성격을 갖지 않는 것과 마찬가지로 그 어떤 성격도 갖고 있지 않다. 만약, 충동이 그 자신의 것일 뿐만 아니라 자신의 강렬하고 강력한 의지의 통제 아래에 있다면, 그는 활력 있는 성격을 지니고 있는 것이다. 욕망과 충동의 개별성이 확대되는 것을 권장해서는 안 된다고 생각하는 사람이 있다면 그 누구든 틀림없이 사회는 강한 본성들을 필요로 하지 않는다고 — 다양한 성격을 가진 다수의 개인이 존재하는 것이 사회에 유리하지 않다고 — 그리고 일반적으로 활력의 평균이 높아지는 것은 바람직하지 않다고 주장하는 것이다.

초기 상태에 있는 사회들에서 [인간의 욕망과 충동이 가진] 힘들이 당시 사회가 가지고 있던 권력[힘]으로 통제하고 훈육하기에는 너무 강했을 수 있고, 실제로도 그랬다. 자발성과 개별성의 요소가 과도해 사회적 원칙이 그것과 힘겨운 투쟁을 벌여야 했던 적이 있었다. 강력한 신체나 정신을 가진 사람들이 그들의 충동을 통제하도록 요구하는 규칙에 복종하도록 유도하는 것이 매우 어려웠다. 이런 어려움을 극복하기 위해, 법과 규율은 황제에 맞서 싸우는 교황처럼 전 인격에 대한 권력을 주장했고, 성격을 통제하기 위해 모든 삶을 통제해야 한다고 주장했다. 그러나 오늘날 사회는 개별성의 힘을 능가하고 있다. 따라

---

3) 『옥스퍼드 영어 사전』*OED*은, 'character'의 의미 가운데 하나로 "강력하게 발달된, 또는 현저히 드러나는 도덕적·정신적 자질; 구별되는 또는 두드러진 인격성"Moral and mental qualities strongly developed or strikingly displayed; distinct or distinguished personality이라는 설명을 제시하며, 그 용례로 이 문장을 인용하고 있다(*OED* 온라인에서 검색). 이에 대해서는, 関口正司 訳, 265쪽 참조.

서 인간 본성을 위협하는 위험은 개인의 충동과 선호의 과잉이 아니라 오히려 결핍에 있다. 과거에는 지위나 개인적 재능 덕에 강자가 된 사람들의 정념은 법과 명령에 대해 상습적으로 반항을 했고, 이런 강자들의 통제 아래에 있던 사람들이 조금이나마 안전을 누리기 위해서는 강자들의 정념을 엄격하게 구속해야 했다면, 이후 상황은 크게 변화하고 있다. 우리 시대에는, 사회의 최상류층에서부터 최하층에 이르는 모든 사람이 적대적인 시선과 무서운 검열 아래에서 살고 있다. 다른 사람들과 관련된 것들뿐만 아니라 오직 그들 자신과만 관련된 것들에서도, 개인이든 가족[과 같은 집단]이든 다음과 같이, 곧 내가 더 좋아하는 것은 무엇인가, 내 성격과 기질에 맞는 것은 무엇인가, 무엇이 내 안에 있는 최고의 것과 최상의 것이 충분히 발휘되게 하고, 그것들이 성장하고 번영할 수 있도록 하는가라고 자문하지 않는다. [이와 달리] 사람들은 이렇게 자문한다. 내 지위에 적합한 것은 무엇인가? 나와 비슷한 직위와 재정 상황에 놓여 있는 사람들은 대체로 무엇을 하는가? 아니면 (더 나쁜 질문이지만) 보통 나보다 지위가 높거나 나은 상황에 있는 사람들은 무엇을 하는가? 나는 사람들이 그들 자신의 취향에 맞는 것보다 관습적인 것을 더 좋다고 생각해 선택한다는 것을 말하는 것이 아니다. 그들에게 관습적인 것을 제외하고는 그 어떤 취향도 떠오르지 않는다는 것이다. 정신 그 자체에도 족쇄가 채워질 수 있다. 심지어 사람들이 재미 삼아 뭔가를 하는 것에 있어서도 [다른 사람들에게] 동조[4]를 해야 한다고 제일 먼저 생각한다. 그들은 떼를 지어 있기를 좋아한다. 그들은 일반적으로 행해지는 것들 가운데 선택을 한다. 특색 있는 취미나 엉뚱한 행동은 범죄처럼 꺼려하게 된다. 그들 자신의 본성을 따르지 않음으로써, 그들이 따라야 할 본성이 사라진다. 사람들이 가진 인간적 능력들은 시들다 말라죽게 될 것이다. 대체로 그들은 간절한 소망도 가질 수 없고, 타고난 쾌락도 느낄 수 없게 된다. 그들에게는 그 자신으로부터 나온, 또는 그 자신의 것인 의견이나 감정이 없다. 이것이 오늘날 인간 본성의 바람직한 조건인가?

칼뱅주의적 이론에 따르면, 그것이 인간 본성의 바람직한 조건이다. 그 이론에 따르면, 자기 본위는 인간의 가장 큰 죄다. 인간이 할 수 있는 모든 선은 복종으로 구성되어 있다. 인간에게는 선택의 여지가 없다. 그런 까닭에 인간은 그저 해야만 한다. 다른 방법은 없다. "의무가 아닌 것은 그게 무엇이든 죄악이다." 인간 본성은 근본적으로 타락해 있기 때문에 인간 본성이 인간 안에서 사멸되기 전에는 그 누구에게도 구원은 없다. 이런 인생론을 고수하는 사람들에게 인간적 재능, 능력 그리고 감수성을 모두 폭력적으로 억압하는 것은 악한 것이 아니다. 인

4) 이 번역본에서는 사회심리학의 용례를 감안해 'conformity'와 그것의 동사형인 'conform'을 일관되게 '동조', '동조하다'로 옮기고 있다. 사회심리학적 맥락에서 동조는 한 집단 내의 구성원들이 실제 또는 가상의 인물이나 집단의 압력을 받아들여 자신의 행동과 의견을 바꾸는 것을 말한다. 대체로 동조라는 용어는 부정적인 의미로 사용되지만, 동조 행위가 반드시 부정적인 것만은 아니다. 동조는 도로에서 무단 횡단을 하는 무리를 따라 무단 횡단을 하는 사람의 경우처럼 부정적인 상황을 가리키기도 하지만, 버스 정류장에서 사람들이 차례로 줄을 서 승차하는 경우처럼 긍정적인 상황을 가리키기도 한다. 이런 다양한 사례들에 대해서는, 카스 선스타인, 『왜 사회에는 이견이 필요한가』, 박지우·송호창 옮김, 후마니타스, 2015 참조.

간에게는 신의 의지에 순응하는 능력 외에 그 어떤 능력도 필요 없다. 그리고 만약 인간이 신의 의지라고 생각되는 것을 좀 더 효과적으로 행하려는 목적 외에 다른 목적을 위해 자신의 재능을 사용한다면, 그에게 그런 재능은 없는 것이 더 낫다. 이것이 칼뱅주의 이론이다. 그리고 스스로를 칼뱅주의자라고 여기지 않는 상당수의 사람도 이런 [인생론을] 완화된 형태로 견지하고 있다. 이런 완화된 형태는 신의 의지라고 일컬어지는 것에 대한 덜 금욕적인 해석을 제공하는데, 신의 의지에 따라 인간은 그들이 가진 취향가운데 일부만을 충족해야만 한다고 주장하는 것이다. 물론 그들 자신이 선호하는 방식이 아니라 복종의 방식으로, 즉 권위자가 규정한 방식에 따라 충족해야 한다. 따라서 이 사례의 필연적 조건[신의 의지에 복종하는]에 의해, 모든 사람에게 동일한 방식이 적용되어야 한다.

이런 편협한 인생론과 그것이 후원하는 기죽고 편협한 유형의 인간 성격을 따르려는 강한 경향이 오늘날에도 은밀한 형태로 존재한다. 의심의 여지 없이, 많은 사람이 이처럼 쪼그라들고 왜소해진 인간이 그들의 창조주가 계획한 바라고 진지하게 생각한다. 마치 많은 사람이 나무는 자연이 만든 모습보다 뽑잘린 동물처럼 가치를 치거나 동물 모양으로 잘라 줄 때 훨씬 더 좋은 것이라고 생각해 왔던 것처럼 말이다. 만약 인간이 선한 존재에 의해 창조되었다는 믿음이 종교의 한 부분이라면, 이 선한 존재는 모든 인간에게 근절되고 소멸될 능력을 부여한 것이 아니라, 함양하고 확대될 수 있는 능력을 부여했다고 믿고, 자신의 창조물이 그들 속에 구현된 이상적 모습에 더 가까이 다가가는 것, 즉 이해력, 행동 능력의 모든 것을 증가시키는 것이

창조주를 기쁘게 하리라고 믿는 것이 이 신앙에 더 잘 부합할 것이다. 칼뱅주의적 유형과는 다른 유형의 인간 탁월성이 있다. 인간의 본성은 부정하기 위해 부여된 것이 아니라, 다른 목적을 위해 부여된 것이라는 인간에 대한 관점이다. "그리스도교적 자기 부정"뿐만 아니라 "이교도의 자기 긍정"[5] 역시 인간적 가치를 구성하는 요소들 가운데 하나다. 자기 개발이라는 [고대] 그리스적 이상이 있는데, 플라톤적·그리스도교적인 자기 통제의 이상은 그것과 뒤섞여 조화를 이루는 것이지 그것을 대체하는 것은 아니다. 알키비아데스보다 존 녹스가 되는 것이 더 나을지도 모르지만, 둘 중 하나가 되는 것보다는 페리클리스[6]가 되는 것이 낫다. 만약 오늘날 페리클레스와 같은 사람이 있다면, 그는 존 녹스가 가진 좋은 점 역시 가지고 있을 것이다.

인간이 고귀하고 아름다운 사색의 대상이 된다는 것은 그들 자신 안에 있는 개별적인 것을 약화해 획일적인 것으로 만드는 것에 의해서가 아니라, 타인의 권리와 이익에 의해 부과되는

---

*5) [저자의 주] Sterling's *Essays*[밀이 인용하고 있는 문헌의 정확한 서지 사항과, "그리스도교적 자기 부정"Christian self-denial 및 "이교도의 자기 긍정"Pagan self-assertion이라는 표현이 나오는 쪽수는 다음과 같다. John Sterling, "On Simonides", *Essays and Tales*, Julius Charles Hare ed., London, 1848, p. 190. 여기서 말하는 이교도는 고대 그리스인들을 말한다. 이 책은 구글 도서에서 볼 수 있다. 존 스털링(1806~44년)은 스코틀랜드 출신 문인으로 존 스튜어트 밀과 친구 사이였다].

6) 알키비아데스(c. 450~404 BCE)는 아테네 정치인이자 선동가로 연설에 능했고 뛰어난 전략을 구사할 줄 알았지만, 지나친 야심과 오만으로 아테네를 위기에 빠뜨렸다. 페리클레스(c. 495~429 BCE)는 아테네의 전성기를 이끈 정치 지도자이다.

제약 안에서 개별적인 것을 함양하고 이끌어 내는 것에 의해서다. 창작물이 그것을 생산하는 사람들의 성격을 나타내는 것과 마찬가지로, 동일한 과정에 의해 인간의 삶 또한 풍부해지고 다양해지며 생동감 있게 되며, 이는 고매한 생각과 고상한 감정에 더 풍부한 자양분을 공급하고 인류의 구성원이 되는 것에 훨씬 더 많은 가치를 부여함으로써, 모든 개인을 인류와 연결하는 유대를 강화한다. 각 개인은 자신이 가진 개별성의 발전에 비례해, 스스로에게 좀 더 가치 있는 존재가 되며, 그러므로 타인에게도 좀 더 가치 있는 존재가 될 수 있다. 각 개인의 존재에 생명력이 더욱 충만하고, 각 단위들 안에 더 많은 생명력이 존재할 때, 각 단위들로 구성된 집단에도 더 많은 생명력이 존재하게 된다. 좀 더 강한 인간 본성을 가진 사람들이 다른 사람의 권리를 침해하는 것을 막기 위해 필요한 정도의 억제는 없을 수 없다. 그러나 인간 발전의 관점에서 보더라도 이런 억제는 충분한 보상을 받는다. 다른 사람들에게 해악을 끼치려는 그의 성향을 만족시키지 못하게 됨으로써 그 사람은 발전의 수단을 상실하지만, 그런 발전 수단은 대체로 다른 사람의 발전을 [그만큼] 희생시킨 대가로 획득하는 것이다. 심지어 그 자신은 이기적인 부분을 억제한다 해도 그의 본성 가운데 사회적 부분을 더 많이 발전시킬 수 있으므로, 그에 상응하는 충분한 보상을 받는다. 타인을 위해 정의의 규칙을 엄격히 준수하는 것은 다른 사람의 좋음[선]을 자신의 목적으로 삼는 감정과 능력을 개발시키는 것이다. 다른 사람의 좋음[선]에 영향을 미치지 않음에도 다른 사람이 불쾌해한다는 이유로 누군가의 본성에 제약이 가해지면, 그 제약을 견딤으로써 드러날 수 있는 성격의 힘을 제외하고는 그 어떤 가치 있는 것도 개발되지 않는다. 만약 이를 묵인하면, 본성 전체는 무뎌지고 둔해진다. 각자의 본성을 공평하게 발휘하기 위해, 각기 다른 사람들이 각기 다른 삶을 살 수 있도록 허용하는 게 필수적이다. 어느 시대든 다양한 삶의 방식이 제약 없이 어느 정도까지 받아들여지는지 그 정도에 비례해 그 시대는 후대에 주목할 만한 시대가 되었다. 개별성이 그 아래에 존재하는 한, 전제정조차 최악의 결과를 낳지 않는다. 그리고 개별성을 탄압하는 것은 그것이 무슨 이름으로 불리든, 또 그것이 신의 뜻이나 인류의 명령을 집행한다고 공언한다 해도, 모두 전제정이다.

이상에서 언급했듯, 개별성은 발달과 동일한 것이고 잘 발달된 인간 존재를 만들거나 만들 수 있는 것은 오직 개별성의 함양뿐이다. 나는 이 정도 선에서 논변을 마무리하려고 한다. 인간 스스로를 최상의 상태에 가깝게 만드는 것보다 인간사의 조건 가운데 더 고귀하고 더 좋은 것이 있을까? 또는 개별성을 방해함으로써 좋음[선]을 방해하는 것보다 더 나쁜 것이 있을까? 그러나 의심할 바 없이, 이 같은 숙고만으로는 가장 설득이 필요한 사람들을 충분히 납득시킬 수 없을 것이다. 그리고 더 나아가 이런 자유를 통해 발달된 인간이 발달되지 않은 자들에게 어떤 쓸모가 있다는 것을, 즉 자유를 원하지 않고 자유를 활용할 의사가 없는 사람들에게도 다른 사람들이 자유를 방해받지 않고 활용할 수 있도록 허용함으로써 자신들 역시 어떤 이해할 수 있는 방식으로 보상을 받을 수 있다는 것을 보여 줄 필요가 있다.

우선 첫째로, 나는 자유를 활용할 의사가 없는 사람들도 자유를 활용하는 사람들로부터 무엇인가를 배울 수 있다고 말하고 싶다. 누구도 인간사에서 독창성이 소중한 요소라는 것을 부정하지 않을 것이다. 새로운 진리를 발견하고 한때 진리였던 것이 더는 진리가 아님을 지적하는 사람뿐만 아니라, 새로운 일을 시작하고, 좀 더 계몽된 행동에 대한 본보기를 세우며, 인간의 삶에서 더 나은 취향과 감각을 보여 주는 사람들도 필요하다. 세상이 관습이나 관행에서 이미 완벽에 도달했다는 것을 믿지 않는 사람이라면 누구도 이것을 부정할 수 없을 것이다. 이런 선행은 모든 사람이 똑같이 할 수 있는 것이 아니라는 것도 사실이다. 기존의 관행을 개선할 가능성이 있는 실험을 할 수 있다면 그런 실험을 할 수 있는 사람은 인류 전체의 수와 비교했을 때 극소수의 사람들이다. 단연 이런 극소수의 사람들은 세상의 소금[7]과 같은 존재다. 그들이 없다면, 인간 삶은 정체된 웅덩이가 될 것이다. 이들은 이전에 존재하지 않았던 좋은 것을 도입하는 사람들일 뿐만 아니라 이미 존재하는 좋은 것의 생명력을 유지하는 사람들이다. 만약 세상에 새롭게 해야 할 일이 없다면, 인간의 지성은 이제 불필요하지 않을까? 이것이 예전부터 하던 일을 답습하는 사람들이, 왜 자신들이 그 일을 해왔는지 잊고 그들이 그 일을 인간이 아니라 가축처럼 행하는 것에 대한 핑계가 될 수 있을까? 최선의 신념과 관행 역시 기계적인 것으로 변질될 경향이 너무 만연해 있다. 끊임없는 독창성으로 그런 신념과 관행의 토대가 관습적인 것이 되는 것을 막는 사람들이 계속

---

7) "세상의 소금"이라는 표현은 「마태복음」 5장 13절에 나오는 표현이다.

해서 존재하지 않는다면, 죽은 것이 되어 버린 이런 신념과 관행은 실제로 살아 있는 어떤 것으로부터 오는 작은 충격에도 저항할 수 없을 것이며, 비잔틴제국의 문명처럼 멸망하지 않을 이유가 없을 것이다. 물론 천재적인 사람들은 언제나 극소수로 존재하며, 앞으로도 그럴 것이다. 그러나 그들을 갖기 위해서는, 그들이 성장할 수 있는 토양을 보호해야 한다. 천재는 오직 자유로운 공기[대기] 속에서만 자유롭게 숨 쉴 수 있다. 천재적인 사람들은, 그 단어의 의미에 의해,[8) 다른 어떤 사람들보다 훨씬 개별적이다. 그 결과 그들은 사회가 그 구성원들에게 그 자신만의 성격을 형성하는 데 따른 어려움을 덜어 주기 위해 제공하는 소수의 몇 가지 틀에 자신을 끼워 맞추는 능력이 떨어지며, 그 같은 억제에 상처를 받는다. 만약 그들이 두려움 때문에 이런 틀 가운데 하나에 억지로 자신을 끼워 맞추는 데 동의하고, 그런 압력 아래서는 뻗어 나갈 수 없는 그들의 모든 부분을 뻗어 나가지 못하도록 그대로 방치한다면, 사회는 그들이 가진 천재성으로부터 아무런 혜택을 누리지 못할 것이다. 만약 천재들이 강인한 성격으로 자신들의 족쇄를 풀어 버린다면, 이들을 평범한 사람으로 만들지 못한 사회는 그들에게 엄중한 경고와 함께 '난폭하다', '유난을 떤다'고 비난하며 그들을 사회의 표적으로 삼을 것이다. 이는 마치 나이아가라강이 네덜란드 운하처럼 제방을 따라 조용히 흐르지 않는다고 불평하는 것과 같다.

---

8) 라틴어 "ex vi termini"는 '그 단어의 의미에 의해'by the meaning of the word 를 의미한다.

따라서 나는 천재성이 중요할 뿐만 아니라 그것을 사상과 실천에서 자유롭게 펼칠 수 있도록 하는 것이 필요하다고 단호하게 강조한다. 이는 이론적으로는 누구도 이 같은 입장을 부정하지 않겠지만, 현실에서는 거의 모든 사람이 이 같은 사실에 전적으로 무관심하다는 것 역시 잘 알고 있기 때문이다. 사람들은 천재성으로 말미암아 누군가가 감동적인 시를 쓰거나 그림을 그릴 수 있다면, 천재성은 좋은 것이라고 생각한다. 그러나 그 말의 진정한 의미에서, 즉 생각과 행동의 독창성이라는 의미에서 천재성은 존경할 만한 것이 아니라고 겉으로 말하는 사람은 없지만 거의 모든 사람이 내심으로는 그것 없이도 아주 잘 살 수 있다고 생각한다. 불행하게도, 이런 태도는 너무 자연스러워 아무도 이상하게 생각하지 않는다. 독창성은 독창적이지 않은 사람들에겐 쓸모가 없는 것으로 느껴지는 것이다. 그들은 독창성이 자신들에게 어떤 도움을 주는지 알 수 없다. 그들이 어떻게 그것을 알 수 있겠는가? 만약 그들이 독창성이 그들에게 어떤 도움을 주는지 알 수 있다면, 그것은 독창성이 아닐 것이다. 독창성이 이들을 위해 해야 할 첫 번째 일은 그들이 눈을 뜨게 하는 것이다. 그들이 눈을 완전히 뜨게 되면, 그들은 그들 스스로 독창적일 수 있는 기회를 갖게 될 것이다. 그러기 위해서는, 누군가가 처음으로 하지 않은 일은 이제껏 없었다는 것, 또 모든 좋은 것은 독창성의 결실이라는 점을 상기시킴으로써, 독창성이 왜 중요한지 이해하지 못하는 사람들이 겸손해지도록 해야 하며, 이를 통해 그들이 독창성을 통해 [인류가] 성취해야 할 무언가가 아직 많이 남아 있다고 믿고, 나아가 그들이 독창성의 결핍을 의식하지 못하면 못할수록 그만큼 더 그들이 독창성을 필요로 하고 있는 것임을 확신하도록 해야 한다.

냉정하게 사실을 말하면, 우리가 정신적인 능력이 실제로 우월하거나 우월하다고 추정되는 사람에게 어느 정도 경의를 표하기는 하지만, [현실] 세계에서는 일반적으로 범용함[9]이 사람들 사이에서 지배적인 권력[힘]을 가지는 경향이 있다. 고대와 중세에는, 그리고 봉건시대에서 현시대로의 긴 전환기 동안 그 정도가 점진적으로 약화되긴 했지만, 각 개인은 그 자체로 하나의 권력이었으며, 게다가 그가 만약 대단한 재능이나 높은 사회적 지위를 가지고 있다면 그는 상당한 권력이었다. 오늘날 개인들은 군중 속으로 사라져 버렸다. 여론이 세상을 지배한다고 말하는 것은 정치에서는 너무 진부한 일이 되었다. 권력이라는 명칭에 걸맞은 유일한 것은 대중들의 권력이고, 또한 스스로를 대중들의 성향과 본능을 가진 기관으로 만들고 있는 정부의 권력이 그러하다. 이는 공적인 사안에서 그런 것처럼 개인적인

---

9) 여기서 "범용함"으로 옮긴 표현은 'Mediocrity'이다. 새뮤얼 존슨의 『영어 사전』과 『옥스퍼드 영어 사전』에 따르면, 'Mediocrity'는 일반적으로 적당한 정도moderate degree, 중간 비율middle rate, 양극단의 가운데, 평균 등을 의미한다. 그러면서도 또한 비유적으로 탁월함이나 우월함과 대조되어 폄하하는 의미에서 '보통 이하의', '썩 뛰어나지 않은', '열등한' 등의 함의를 담고 있다(*OED* 온라인 검색). 이 점에서 한국어에서 "뛰어나거나 색다른 점이 없이 보통임"을 뜻하는 '평범'보다는, "평범하고 '변변하지 못함'"을 의미하는 '범용'凡庸이 가장 비슷한 함의를 담고 있다고 할 수 있다(국립국어원 표준국어대사전 온라인 참조). '그저 그런', 또는 '그저 그런 사람' 역시 비슷한 의미를 담고 있다. '범용'이라는 번역어에 대해서는, 박동천, 「명예훼손과 표현의 자유」, 『동향과 전망』 90호(2014년 봄호), 46쪽 참조.

삶의 도덕적이고 사회적인 부분에서도 사실이다. 여론이라는 이름으로 의견을 표명하는 사람들이 항상 동일한 종류의 공중은 아니다. 미국에서 공중은 백인 전체이다. 영국에서 공중은 주로 중산층이다. 그러나 그들은 항상 대중, 다시 말해 집단적으로 범용한 사람들이다. 더 새로운 사실은 대중이 교회나 국가의 고관들, 이른바 표면상의 지도자들이나 책들로부터 자신들의 의견을 구하지 않는다는 것이다. 대중의 생각은 그들과 아주 비슷한 사람들에 의해 그들 대신 행해진다. 예를 들어, 그들은 순간적인 충동으로 신문을 통해 대중을 향해 말하거나 대중의 이름으로 말한다. 나는 이것에 대해 불평하고 있는 것이 아니다. 나는 더 나은 무언가가 대체로 현재와 같은 인간 정신의 저열한 상태와 양립할 수 있다고 주장하는 것이 아니다. 그것[더 나은 무언가와 인간 정신의 저열한 상태의 양립]은 범용한 사람들의 정부가 범용한 정부가 되는 것을 막지 못한다. 주권적 다수가 자신들이 보기에 더 뛰어난 재능을 지니고 있고 교육을 받은 한 사람이나 소수의 조언과 영향력의 인도를 받아들였던 경우(주권적 다수가 최상의 시기에 있을 때, 주권적 다수는 항상 이렇게 했다)를 제외하면, 민주정이나 다수의 귀족정에 의한 그 어떤 정부도 정치 행위들의 측면에서나 그런 정부가 조성하는 의견들, 자질들, 정신의 성향들 등에서 결코 범용함을 넘어서거나 넘어설 수 있던 적이 없었다. 현명하거나 고결한 것은 모두 개인으로부터 시작되며 그럴 수밖에 없는데, 일반적으로 처음에는 어떤 한 개인으로부터 시작된다. 그런 첫 발걸음을 따를 수 있고, 현명하고 고귀한 일에 지성적으로 응답할 수 있으며, 눈을 뜨고 그것들의 인도를 받을 수 있는 평균적인 사람은 명예와 영광을 누릴 수 있다. 나는 천재성을 지닌 강한 인간이 세상의 정부를 힘으로 장악하고, 세상의 의사에 반해 자신의 명령을 따르게 하는 것을 칭찬하는 것 같은 종류의 "영웅 숭배"[10]를 지지하는 것이 아니다. 이런 강자가 요구할 수 있는 것은, 길을 가리킬 수 있는 자유뿐이다. 다른 사람들에게 그 길로 가도록 강요하는 권력은 나머지 모든 사람의 자유 및 발전과 양립할 수 없을 뿐만 아니라 강한 사람 그 자신도 타락시키는 것이다. 그러나 그저 평균적인 인간으로 이루어진 대중들의 의견이 도처에서 지배적인 권력이 되었거나 되고 있을 때, 더 뛰어난 사상의 언덕 위에 서 있는 사람들의 점점 더 뚜렷해지는 개별성이 그런 경향을 상쇄하고 교정할 수 있다. 특히 이런 상황에서 예외적인 개인들은 대중과 다르게 행동하도록 장려되어야 하며 제지되어서는 안 된다. 이전에는 대중과 다르게 행동할 뿐만 아니라 더 잘 행동하지 않는 한, 그들의 그런 행동은 아무런 이득도 제공하지 않았다. 오늘날에는 동조하지 않는 모범을 보이는 것만으로도, 관습에 복종하지 않는 것만으로도 인류에게 도움이 된다. 정확히 말하자면 여론의 폭정은 유별난 것을 책망하는 것과 같은 것이기 때문에, 그 폭정을 타개하기 위해서는 사람들이 유별나게 행동을

---

10) 여기서 밀은 토머스 칼라일의 『영웅과 영웅 숭배에 대하여』*On Heroes, Hero-Worship and the Heroic in History*(London: Fraser, 1841)를 염두에 두고 있다. 밀과 칼라일은 모두 평범화·획일화된 시대에 대해 비판적이었다. 하지만 밀은 칼라일의 권위주의적 태도에 반발했고 양자의 교류는 끊어졌다고 한다. 이에 대해서는, 関口正司 訳, 268쪽의 옮긴이 주와 J. M. Robson ed., p. 269의 편집자 주 참조.

하는 것이 바람직하다. 강인한 성격이 넘쳐 났을 때 그리고 그런 곳에는 언제나 유별난 사람도 많았다. 그리고 한 사회의 유별남의 정도는 일반적으로 그 사회가 포함하고 있는 천재성, 정신적 활력, 도덕적 용기의 양에 비례해 왔다. 대담할 정도로 유별나게 행동하는 사람이 너무 적다는 것이 오늘날의 큰 위험이다.

나는 관습적이지 않은 것들에 가능한 한 자유로운 범위를 넓게 제공하는 것이 중요하다고 말했는데, 이는 이들 가운데 관습으로 전환하기에 적합한 것이 어느 것인지 제때에 나타날 수 있도록 하기 위해서다. 그러나 독립적인[자유로운] 행동과 관습에 얽매이지 않는 것이 단지 그것들이 더 나은 행동 방식과 일반적으로 채택할 만한 가치가 있는 관습을 찾을 수 있는 기회를 제공하기 때문에 장려될 만한 가치를 갖는 것은 아니다. 자신만의 방식으로 삶을 영위할 것을 정당하게 요구할 수 있는 사람은 확실한 정신적인 우월성을 가진 사람들만이 아니다. 모든 인간 존재의 삶이 한 가지 또는 몇 가지 유형에 맞춰 형성되어야 할 그 어떤 이유도 없다. 만약 어떤 사람이 웬만큼 괜찮은 정도의 상식과 경험을 가지고 있다면, 자신의 존재를 드러내는 자신만의 방식으로 사는 게 최선일 수 있다. 그 방식이 그 자체로 최선이어서가 아니라, 그것이 자신만의 방식이기 때문이다. 인간은 양과 같지 않다. 게다가 양조차도 구별할 수 없을 정도로 닮지 않았다. 한 사람이 자신에게 맞는 외투와 장화를 구할 수 있으려면, 외투와 장화가 그 사람의 치수에 맞게 만들어지거나, 맞는 걸 골라 입을 있도록 그것들로 가득 찬 창고를 가지고 있어야 한다. 삶을 그에게 맞게 만드는 것이 외투를 그의 치수에 맞게 만드는 것보다 쉬운 일은 아니다. 하물며 사람들의 발 모양보다 몸과 정신의 전체 형태가 더 많이 닮는 것도 아니다. 만약 사람들이 다양한 취향을 가지고 있다면, 이것은 모든 사람을 한 가지 모델에 맞추려 해서는 안 될 충분한 이유가 된다. 그러나 서로 다른 사람들은 또한 그들의 정신적 발달을 위해 서로 다른 조건들을 요구한다. 그리고 모든 다양한 식물들이 동일한 물리적 대기[공기]와 기후에서 존재할 수 없는 것과 같이, 서로 다른 사람들도 동일한 도덕적 대기[공기]와 기후 속에서 건강하게 존재할 수 없다. 누군가에게 좀 더 고상한 본성을 함양하는 데 도움이 되는 것이 다른 사람에게는 방해가 되기도 한다. 동일한 삶의 방식이 누군가에게는 건강한 자극이 되어 그의 행위 능력과 향유 능력을 모두 최상의 상태로 유지해 주는 반면, 다른 이들에게는 혼란을 야기하는 고통스러운 짐이 되어, 모든 내적인 삶을 중단시키거나 짓누른다. 사람들마다 쾌락의 원천, 고통에 대한 민감성, 그리고 인간들에게 작동하는 물리적·도덕적인 작용들도 매우 다양해서, 그들 삶의 방식에 상응하는 다양한 삶의 방식이 존재하지 않으면 그들은 행복의 몫을 공정하게 획득하지 못하며, 그들의 본성이 도달할 수 있는 정신적·도덕적, 그리고 미적 수준까지 성장할 수 없다. 그렇다면 공중의 정서에 관한 한 이런 관용은 어째서 다수의 지지자가 [다른 이들의] 묵인을 요구하는 취향과 삶의 방식에만 적용되어야 하는가? 취향의 다양성을 전혀 인정하지 않는 곳은 (수도원 같은 시설들을 제외한다면) 없다. 누구든 비난을 살 일 없이 뱃놀이, 흡연, 음악 연주, 운동 경기, 체스, 카드놀이나 공부 등을 좋아하거나 싫어할 수 있다. 왜냐하면 이런 각각의 것들을 좋아하는 사람이나 싫어하는 사람 모두 너무 많아서 이를 막을 수 없기 때문이다. 그러나 어떤 남자가, 더더군다나 어떤 여자가 '아무도 하지 않는 것을 한다'거나 '남들이 다 하는 것을 안 한다'고 비난받을 경우, 그녀는 마치 상당히 심각한 도덕적 잘못을 저지른 것처럼 경멸적인 비난을 받는다. 사람들이 자신의 평판을 손상하지 않은 채 자신이 좋아하는 일을 하는 사치를 어느 정도 누리려면 어떤 직함이나, 지위를 나타내는 표식을 가지거나, 또는 상당한 지위에 있는 사람들의 배려를 필요로 한다. 다시 말하지만, 이는 어느 정도 누리기 위해서다. 왜냐하면 너무 많이 누리려 하는 사람들은 비난 이상의 더 나쁜 위험에 처할 수 있기 때문이다. 그들은 미치광이로 여겨져 정신착란판정위원회에 회부되어 자신의 재산을 몰수당한 후 친척들에게 분배될 위험에 직면할 것이다.[11]

*11) [저자의 주] 어떤 종류의 증거들은 한심하면서도 경악할 만한데, 최근 몇 년 동안 이런 증거를 토대로 [누군가 소송을 걸어] 어떤 사람을 금치산자로 법적으로 선언할 수 있게 되었고, 그가 사망한 후에는, 망자가 남긴 재산이 소송비용 — 이 비용은 그의 재산에 부과된다 — 을 충당하고도 남을 경우, 해당 재산에 대한 그의 처분을 무효화할 수도 있게 되었다. 그의 일상생활의 모든 세세한 사항들을 철저히 들여다본 뒤, 세상에서 가장 비열한 사람들의 이해력과 설명 능력을 통해 보았을 때, 절대적으로 평범한 것과 다르게 보이는 것은 무엇이든 정신착란의 증거로 배심원들 앞에 제시되고, 이런 것들이 대체로 재판에서 증거로 채택되는 것이다. 배심원들도 저속하고 무지하다는 점에서는 증인과 별반 다르지 않다. 반면 판사들은, 영국에서 법조인들이 우리를 계속 놀래듯, 인간의 본성과 삶에 대한 지식이 너무나 부족해 배심원들을 잘못된 방향으로 인도하는 경우가 많다. 이런 재판은 저속한 사람들이 인간의 자유에 대해 품고 있는 감정과 의견의 상태에 대해 잘 보여 준다. 개별성에 그 어떤 가치도 부여하지 않는다 — 다른 사람과 무관한 일에서, 본인의 판단과 취향에 따라 행동할

현재 여론의 방향에서 나타나는 한 가지 특징이 있는데, 뚜렷한 개별성의 표현을 관용하지 않는 것이다. 평균적인 대부분의 사람은 지적 능력에서뿐만 아니라 성향에서도 평범하다. 즉, 그들은 흔하지 않은 어떤 것을 하고 싶을 만큼의 강한 취향이나 간절한 바람을 가지고 있지 않으며, 결과적으로 그들은 그런 취향이나 간절한 바람을 가진 사람들을 이해하지 못하고, 그런 사람들을 모두 그들이 경멸하는 데 익숙한 미개하고 무절제한 사람들로 분류한다. 이런 일반적인 사실 외에 추가적으로 우리는 도덕 개선을 위한 강력한 움직임이 시작되었다고 생각할 수 있

수 있는 각 개인의 자유를 전혀 존중하지 않으며, 판사들과 배심원들은 심지어 제정신인 사람이 그런 자유를 원할 수 있다는 것을 생각할 수조차 없다. 과거에 무신론자들을 화형에 처하자는 제안이 나왔을 때, 자비로운 사람들은 그 대신 그들을 정신병원에 넣자고 제안하곤 했다. 오늘날에도 이런 일이 벌어지고 있으며, 그런 일을 벌이는 사람들이 이 불행한 사람들을 종교적으로 박해하는 대신 인도주의적이고 그리스도교적으로 대했다고, 또 그렇게 함으로써 그들이 응분의 처분을 받게 했다고 조용히 만족해하며, 자화자찬하는 모습을 우리가 목도한다 해도 하등 놀랍지 않다.

　[당시 법률에 따르면, 어떤 사람의 친척이나 친구가 그 사람을 정신병자라 주장하며 정신병원에 입원시켜 달라고 치안 판사에게 신청하기 위해서는 의학적 자격을 갖춘 남성 두 명의 서명을 받으면 되었다고 한다. 이 같은 상황에 대해, 밀은 『데일리 뉴스』*Daily News*(1858년 7월 31일)에 편지를 보내, "전적으로 무고한 사람이 두 명의 이른바 의사 양반들 때문에 부정한 방법으로 납치되고, 붙잡혀서, 정신병원에 끌려갈 수 있다. …… 범죄를 저지른 죄수들은 부당한 처우에 항소라도 할 수도 있지만, 이 불행한 자들은 평범한 언어조차 사용할 수 없다. 사실에 대한 명정한 진술은, 더더군다나 불의에 대해 열정적으로 항의하는 것은 미친 망상의 사례로 간주되고 있다"고 썼다. 이에 대해서는, Bromwich and Kateb eds., pp. 132, 133 참조].

는데, 우리가 예상하는 바는 분명하다. 이런 운동이 근래에 시작되었지만, 행동의 규칙성[획일성]을 증진하고 과잉을 억제하는 방식에서 상당한 효과를 거두고 있다. 박애주의적 정신 역시 널리 퍼져 있었는데, 이 같은 정신을 발휘하는 데 있어 동포들의 도덕이나 분별력을 개선하는 것만큼 매력적인 분야는 없다. 이 같은 시대적 경향들은 공중으로 하여금 일반적인 행동 규칙을 규정하고 모든 이들이 공인된 기준에 동조하도록 하기 위해, 과거 그 어느 때보다 더 많은 애를 쓰도록 한다. 여기서 이런 기준이란 명시적이든 암묵적이든 어느 것도 강하게 욕구하지 않는 것이다. 이런 기준이 이상적인 것으로 삼는 성격은 그 어떤 뚜렷한 특징이 없다는 것이다. 눈에 띄게 두드러져서, 그 사람을 보통 사람과 현저하게 다르게 만드는 인간 본성의 모든 부분을, 중국 여인의 전족처럼 억눌러 불구로 만들어 버린다.

바람직한 것의 절반을 배제한 이상들ideals이 흔히 그러하듯, 오늘날 사람들이 찬양하는 기준은 나머지 절반에 대한 열등한 모방만을 만들어 낼 뿐이다. 강력한 이성의 인도를 받는 풍부한 활력과 양심적인 의지에 의해 확고하게 통제를 받는 강력한 감정이 아니라, 결과적으로 쇠약한 느낌과 쇠약한 에너지만 남게 되고, 그로 인해 의지나 이성의 힘이 결여된 상태에서 겉으로만 규칙에 동조하게 될 것이다. 활력적인 성격은 대체로 이미 옛말이 되어 가고 있다. 영국에서는 상업 말고는 에너지를 배출할 수 있는 출구가 거의 없다. 상업에 쏟아부어진 에너지는 여전히 상당할 것으로 간주된다. 이렇게 사용하고 남은 에너지는 어떤 취미, 즉 유용할 수도 있고, 심지어 박애적인 것일 수도 있지만, 그 취미는 언제나 그저 취미에 그칠 뿐이고, 일반적으로 대수롭지 않은 차원의 것이 될 것이다. 영국의 위대함은 이제 모두 집단적인 것이다. 개별적으로는 대수롭지 않지만, 결합하는 습관에 의해서만 우리는 위대한 능력을 발휘할 수 있다. 영국의 도덕적이고 종교적인 박애주의자들은 이 같은 상황에 더할 나위 없이 만족해하고 있다. 영국을 지금의 영국으로 만든 이들은 이와는 다른 유형의 사람들이었다. 그리고 영국의 몰락을 막기 위해서도 이와는 다른 특성을 지닌 사람들이 필요할 것이다.

관습의 전제는 어디에서나 계속해 인간의 향상을 가로막고 있다. 이는 관습의 전제가 관습보다 더 좋은 어떤 것을 지향하려는 성향에 끊임없이 적대적이기 때문인데, 이런 성향은 상황에 따라 자유의 정신, 또는 진보나 개선의 정신으로 불리기도 한다. 개선의 정신이 항상 자유의 정신은 아니다. 개선을 원치 않는 사람들에게 개선을 강요하려 할 수도 있기 때문이다. 자유의 정신은, 이런 시도에 저항하는 한에서, 개선을 반대하는 사람들과 국지적으로 그리고 일시적으로 연합할 수 있다. 그러나 개선이 한결같고 영구적으로 이루어질 수 있게 하는 원천은 오직 자유뿐이다. 왜냐하면 자유에 의해서만 개인의 수만큼 많은 개선의 중심들이 독립적으로 존재할 수 있기 때문이다. 그러나 진보의 원칙은, 그것이 자유에 대한 사랑이든 개선에 대한 사랑이든 어떤 형태로든, 관습의 지배에 반대하는 것이며, 적어도 속박으로부터의 해방을 포함한다. 그리고 진보와 관습 사이의 다툼이 인류 역사의 주요한 문제[관심사]이다. 그런데 엄밀히 말하면, 대부분의 세계에 이 같은 역사는 없다. 왜냐하면 관습의 전제가 철저히 관철되었기 때문이다. 동양 전체가 바로 그러하다. 동양에서 관습은 모든 것에서 최종심이다. 정의와 올바름은 관습에 동조하는 것을 의미한다. 권력에 도취된 폭군이 아니라면, 어느 누구도 관습에 근거한 논변에 반대할 생각을 하지 못한다. 우리는 그 결과를 알고 있다. 그런 나라들에도 한때 독창성이 있었을 것이다. 그런 나라 사람들이 처음부터 인구가 많고, 학문적 소양이 높으며, 수많은 생활 기술에 숙달된 상태에서 출발했던 것은 아니다. 이 국가들이 모든 것을 스스로 일구었고, 당시에는 세계에서 가장 위대하며 가장 강력한 국가였다. 그런 국가들[국민들]이 지금 어떤가? 그들은 [서양] 가문들의 신민이나 종속민이 되어 있는데, 이 [서양] 가문들의 조상은 동양의 국가들이 웅장한 왕궁과 호화로운 사원을 가지고 있을 때 숲속을 헤매고 다녔었다. 하지만 그들[서양 여러 가문들]의 경우 관습은 자유 및 진보와 더불어 분할 지배를 하고 있었다. 어떤 인민[민족]은 일정 기간 진보적일 수 있다가, 그다음에는 더는 진보적이길 멈추는 것처럼 보인다. 언제 진보는 멈추는가? 그것은 개별성을 더는 갖지 않을 때이다. 만약 비슷한 변화가 유럽의 국가들에서 발생한다면, 그것은 정확히 동일한 형태는 아닐 것이다. 왜냐하면 유럽 국가들을 위협하는 관습의 전제는 정확히 [진보가] 정체된 상태가 아니기 때문이다. 관습의 전제는 특이성을 금지하지만, 변화를 배제하지 않는다. 모두가 함께 변화한다면 말이다. 우리는 우리 선조들이 한결같이 입었던 복장을 폐기해 왔다. 여전히 모든 사람이 다른 사람들과 같은 옷을 입어야 하지만, 유행은 1년에 한두 번 변할 수도 있다. 따라서 우리는 어떤 변화가 있을 때, 그것이 아름다움이나 편리함이라는 생각으로부터 초래된 것이 아니라 변화 그 자체를 위한 것이라는 점에 주의해야 한다. 왜냐하면 아름다움이나 편리함에 대한 동일한 생각이 어느 날 갑자기 전 세계적으로 동시에 받아들여지지는 않을 것이고, 또 다른 어느 날 갑자기 모든 사람이 동일한 생각을 동시에 폐기하지는 않을 것이기 때문이다. 우리는 변화할 수 있을 뿐만 아니라 진보적일 수도 있다. 우리는 끊임없이 새로운 기계 발명품들을 만들고 그것들이 더 나은 것으로 대체될 때까지 그 발명품을 유지할 것이다. 우리는 정치와 교육, 심지어 도덕에서도 개선을 열망한다. 비록 우리가 생각하는 도덕의 개선은 주로 다른 사람들이 우리만큼 선해지도록 설득하거나 강요하는 것이지만 말이다. 우리가 반대하는 것은 진보가 아니다. 도리어 우리는 지금껏 살아온 사람들 가운데 우리가 가장 진보적인 사람들이라고 자부한다. 우리가 맞서 싸우고 있는 것은 바로 개별성이다. 만일 우리가 우리 자신을 모두 비슷한 존재로 만든다면, 이는 우리가 놀라운 일을 해낸 것으로 생각될 것이다. 이 사람이 저 사람과 같지 않다는 사실이야말로 자기 유형의 불완전함과 다른 이의 우월성에 주의를 기울이게 하거나 아니면 그 둘의 장점을 결합함으로써 둘 중 어느 쪽보다도 더 나은 무언가를 만들어 낼 수 있는 가능성에 주의를 기울이게 하는 일반적으로 제일 중요한 요인이라는 점을 망각한 채로 말이다. 우리는 경각심을 불러일으키는 사례를 중국에서 찾아볼 수 있다. 중국의 국민은 상당한 재능과, 몇몇 측면에서 지혜까지 겸비한 이들로, 오랜 옛날부터 매우 드문 행운 덕분에 일련의 뛰어난 관습을 가지고 있었다. 어떤 면에서는, 가장 계몽적인 유럽인들조차도 이런 관습을 만들어 낸 사람들에게, 유보 조건이 있긴 하지만, 현자나 철학자라는 칭호를 부여할 수밖에 없었다. 그들은 또한 그들이 소유한 최고의 지혜를 그 사회의 모든 구성원의 마음에 새기게 하고 그것을 잘 익힌 사람들이 명예와 권력을 차지하도록 하는 우수한 수단[예컨대, 과거제도]을 가지고 있다는 점에서 주목할 만하다. 분명 이런 일을 했던 사람들은 인간 진보의 비밀을 발견했을 터이고, 따라서 세계의 움직임의 선두에 자신들이 계속해서 서있도록 했어야만 했다. 그러나 그와는 반대로 그들은 정체되어 버렸고, 수천 년 동안 그 상태로 남아 있다. 만약 그들이 좀 더 나은 방향으로 나아가게 될 것이라면, 그것은 외국인들에 의해서임이 틀림없다. 그들은 절망적이게도 영국의 박애주의자들이 달성하기 위해 열심히 노력했던 것들 — 즉, 모든 사람을 비슷하게 만드는 것, 동일한 준칙들과 규칙들로 사람들의 생각과 행위를 지배하려는 점 — 에서 성공을 거두었다. 근대적 여론 체제는 중국의 교육 및 정치제도가 조직적인 형태로 해왔던 것을 조직적이지 않은 형태로 하고 있다. 그리고 이 같은 속박에 맞서 개별성이 자기주장을 성공적으로 하지 못하는 한, 유럽 역시 훌륭한 조상들과 공인된 그리스도교적 정신에도 불구하고, 제2의 중국이 될 가능성이 있다.

무엇이 지금까지 유럽을 이런 운명으로부터 구해 낸 것일까? 무엇 때문에 유럽 국가들은 인류 가운데서도 정체되지 않고 발전해 왔는가? 그들에게 어떤 우월한 탁월성이 있기 때문이 아니다. 그런 것이 존재한다면, 그것은 진보의 원인이 아니라 결과일 뿐이다. 그 원인은 성격과 교양의 주목할 만한 다양성이다. 개인들, 계급들, 국가들[국민들] 등이 극단적으로 서로 달랐다. 즉, 그들은 매우 다양한 길을 택했고, 그 각각의 길들은 가치 있는 무언가를 향해 있었다. 그리고 비록 어느 시대에서나 다른 길을 여행하는 사람들이 서로에 대해 관용적이지 못한 태도를 취해 왔고, 각자는 다른 모든 이들을 자신이 가는 길로 강요할 수 있다면 아주 좋겠다고 생각했지만, 서로의 발전을 방해하려는 그들의 시도는 영구적인 성공을 거두지 못했고, 각자는 다른 사람들이 제공한 좋음[선]을 받아들이며 살게 되었다. 내가 보기에, 유럽에서 나타난 진보와 다방면에 걸친 발전은 이같은 경로의 복수성에 빚지고 있다. 그러나 유럽이 누리던 이점들은 이미 상당히 줄어들기 시작했다. 확실히 유럽은 모든 사람을 동일하게 만들려는 중국의 이상을 향해 나아가고 있다. 토크빌은 그의 마지막 중요한 작품[12])에서, 오늘날의 프랑스 사람들이 한 세대 전의 사람들보다 서로 얼마나 많이 닮아 있는지에 대해 논평했다. 동일한 논평이 영국 사람들에게 훨씬 더 강하게 적용될 수 있을 것 같다. 앞서 인용한 것처럼, 훔볼트는 인간 발달의 필요조건으로 두 가지, 즉 자유와 환경의 다양성을 지적했는데, 이는 사람들을 서로 다르게 만들기 위해 필요한 것들이

12) 알렉시 드 토크빌, 『앙시앵 레짐과 프랑스혁명』, 이용재 옮김, 지식을 만드는지식, 2013. 이 책의 제2부 제8장의 제목이 바로 "어떤 면에서 프랑스는 사람들이 서로 가장 닮은 나라가 되었는가"이다. 토크빌은 여기서 다음과 같이 말한다. "18세기 말에, 귀족층의 생활양식과 부르주아지의 생활양식 사이에는 여전히 일정한 차이점이 있었음을 의심할 나위가 없다. …… 하지만 결국은 인민의 상부에 위치한 모든 사람들은 서로 닮게 되었다. 그들은 같은 생각과 같은 습성을 지녔으며, 같은 취향을 따르고, 같은 흥취에 몸을 내맡겼으며, 같은 책을 읽고, 같은 언어로 말했다. …… 이와 흡사한 정도의 평준화 현상을 다른 곳에서, 하물며 영국에서도 찾아볼 수 있는지 의문이다." 같은 책, 150쪽.

다. 환경의 다양성이라는 두 번째 조건은 영국에서 매일 감소하고 있다. 각기 다른 계급과 개인을 둘러싸고 있으며 그들의 성격을 형성하는 환경들이 매일 조금씩 더 동일해지고 있다. 이전에는 서로 다른 신분, 서로 다른 지역들, 각기 다른 업종과 직업에 종사하는 사람들이 다른 세상이라고 불리는 곳에서 살았다. 그러나 현재는 상당한 정도로 동일한 세상에 살고 있다. [예전과] 비교해 보자면, 그들은 이제 동일한 것을 읽고, 동일한 것을 듣고, 동일한 것을 보고, 동일한 장소에 간다. 동일한 대상에 희망과 두려움을 느끼며, 동일한 권리와 자유를 소유하며, 그것을 주장할 동일한 수단을 가지고 있다. 지위의 차이는 여전히 크게 남아 있지만, 사라진 차이에 비하면 아무것도 아니다. 동일화는 여전히 진행되고 있다. 이 시대의 모든 정치적 변화가 이를 촉진하고 있다. 왜냐하면 그런 모든 것들이 하위의 것을 상위의 것으로 올리고 상위의 것을 하위의 것으로 낮추는 경향이 있기 때문이다. 교육의 확대 역시 동일화를 촉진한다. 왜냐하면 교육은 사람들을 공통적인 영향력 아래에 두며, 그들이 보편적인 사실들과 보편적인 감정들에 접근할 수 있도록 하기 때문이다. 통신[교통] 수단의 개선은 서로 멀리 떨어져 있는 거주민들이 직접 만날 수 있게 하고, 한 장소에서 다른 장소로 거주지를 신속히 변경할 수 있게 함으로써 그것을 촉진한다. 상업과 제조업의 증대는 안락한 환경의 혜택을 더 널리 확산시키고, 야망이 제아무리 높더라도 공개적이고 일반적인 경쟁을 통해 추구할 수 있게 하며, 출세의 욕망이 더는 특정 계급의 성격이 아니라 모든 계급의 성격이 되게 함으로써 동일화를 촉진한다. 심지어 이 모든 것보다 훨씬 강력하게 사람들 사이에 광범위한 유사성을 낳는 요인이 있는데, 영국을 비롯한 자유국가들에서 여론이 지배적인 위치를 차지하게 되었다는 점이다. [과거에는] 사회적으로 높은 지위에 있어서, [그 지위에 있는 사람들은] 대중들의 의견을 무시할 수 있었지만, 그런 지위들은 이제 점차 평준화되고 있다. 대중의 의지에 저항해야 한다는 그 생각은, 대중이 의지를 가지고 있다는 것이 확실하게 알려지면서, 현실적인 정치인들의 마음에서 점점 더 사라지게 된다. [대중의 의사에] 동조하지 않는 것에 대한 사회적 지지는 더는 존재하지 않게 되었다. 수적 우위에 맞서 사회 안에서 다양한 의견과 성향을 보호하는 데 관심이 있는 실질적인 힘은 존재하지 않는다.

이런 모든 원인이 결합해 개별성에 적대적인 영향력을 형성하기 때문에, 개별성이 어떻게 자신의 지반을 유지할 수 있을지 전망하기 쉽지 않다. 공중 가운데 일부 지적인 사람들이 개별성의 가치를 느낄 수 없다면 — 차이들이 존재하는 것이, 비록 더 좋아 보이지 않더라도, 또 심지어 몇몇 사람들이 보기에, 더 나빠 보일 수 있더라도, 그런 차이들이 존재하는 것이 바람직하다는 것을 이해하지 못하는 한 — 어려움은 점점 더 증가할 것이다. 만약 개별성에 대한 요청이 강력히 개진되어야 한다면, 여전히 강제적인 동일화가 상당 부분 완성되지 않은 지금이 바로 그때다. [개별성의] 침해에 대한 저항이 성공할 수 있는 것은 오직 초기 단계에서뿐이다. 다른 모든 사람이 우리 자신을 닮아야 한다고 요구하는 것은 그 요구가 충족되면 될수록 더욱 강력해진다. 만약 삶이 거의 하나의 획일적인 유형으로 축소될 때까지 기다린 연후에 저항한다면, 그런 유형으로부터의 모든 일탈은 불경스럽고, 부도덕한 것으로 심지어는 망측해, 본성에

반하는 것으로 간주될 것이다. 인류가 한동안 다양성을 보는 데
익숙하지 않은 상태가 되면, 순식간에 그것을 인지할 수도 없
게 된다.

4장
사회가 개인에게 행사하는 권위의 한계에 대하여

그렇다면 개인이 그 자신에게 행사하는 주권의 정당한 한계는 어디인가? 사회의 권위가 시작되는 곳은 어디인가? 인간의 삶 가운데 어느 정도가 개인에게 속해야 하고 어느 정도가 사회에 속해야 하는가?

만약 각자[개인과 사회 각자]가 자신에게 좀 더 특별히 관련되는 부분을 갖게 된다면, 각자가 자신에게 알맞은 몫을 얻게 될 것이다. 삶에서 주로 개인의 이익과 관련된 부분은 개인에게 속해야 하고, 사회의 이익과 관련된 부분은 주로 사회에 속해야 한다.

비록 사회가 어떤 계약에 기반해 설립된 것은 아닐지라도, 또한 사회적 의무의 기원을 밝히기 위해 계약을 [허구적으로] 만들어 내 답하는 것이 효과가 없더라도, 사회의 보호를 받는 모든 사람은 그 혜택에 보답해야 한다. 그리고 사회 속에서 살아간다는 사실로 말미암아 개인은 나머지 사람들을 향해 일정한 행동 노선을 준수해야 할 의무가 있다. 이런 행동은 첫째, 서로의 이익, 다시 말해 명시적 법률 조항이나 암묵적 이해에 의해 권리로 간주되는 특정 이익을 해치지 않아야 한다. 둘째, 각각의 개인은 피해나 방해로부터 사회 또는 그 구성원들을 지키기 위해 필요한 노동과 희생을 자신의 몫만큼(이는 어떤 공평한 원칙에 따라 정해져 있다) 분담해야 한다. 이 같은 의무를 이행하지 않으려는 사람들에게 사회는 어떤 일이 있어도 이 조건들을 지키도록 강제하는 것이 정당하다. 사회가 할 수 있는 것은 이뿐만이 아니다. 개인의 행동이 법으로 보장된 다른 이의 권리를 침해할 정도는 아니지만, 타인에게 해를 끼치거나 그들의 복지를 충분히 고려[배려]하지 않을 수도 있다. 이런 일을 저지르는 사람들은 법을 통해서가 아니라 여론에 의해 정당하게 처벌받을 수 있다. 어떤 사람의 일부 행동이 다른 사람의 이익에 해로운 영향을 끼치는 순간, 사회는 즉각 이 행동에 대해 [일정한 제재를 가할지 여부를] 판단할 수 있는 권한을 갖게 되며, [뒤이어] 이 행동에 간섭함으로써 사회 일반의 복지가 증진될 것인지 여부의 문제를 둘러싼 토론이 시작된다. 그러나 어떤 사람의 행동이 자기 자신을 제외한 그 누구의 이익에도 영향을 미치지 않거나, 다른 이들이 [그 사람과 관계 맺기를] 원하지 않는 한 그들(성인과 보통의 이해력을 지닌 사람들 모두와 관련되어 있는)의 이익에 영향을 미치지 않을 때에는, 이런 [사회가 그 사람의 행동에 간섭할 필요가 있는지와 관련된] 문제를 제기할 필요가 없다. 이런 모든 경우에서, 개인은 어떤 행동을 하고 그 결과를 감수할 완전한 자유가 법적으로나 사회적으로 있어야만 한다.

이 같은 교리를 사람들은 다른 사람이 어떻게 살아가는지에 대해 관심을 가질 하등의 이유가 없으며, 자신의 이해관계와 관련이 없으면 다른 사람의 번영이나 행복에 대해 신경을 써서는 안 된다는 것을 의미하는 이기적인 무관심의 하나로 가정하는 것은 커다란 오해일 것이다. 다른 이의 좋음[선]을 증진하기 위한 사심 없는 노력을 줄이기보다는 크게 늘릴 필요가 있다. 하지만 사심 없는 자비심은 사람들이 다른 사람들의 좋음[선]을 증진하도록 설득하기 위해, 문자 그대로든 은유적 의미에서든, 채찍질이나 벌을 주는 것과는 다른 수단을 찾아낼 수 있다. 내가 자기 자신과만 관련되는 덕목을 과소평가하는 것은 결코 아니다. 자기 자신과만 관련되는 덕목은 단지 그 중요성에 있어 사회적인 덕목 다음에 놓일 뿐인데, 두 번째라 하더라도 역시 중요하다. 교육의 업무는 양쪽 모두를 동등하게 함양하는 것이다. 그러나 심지어 교육 역시 강제뿐만 아니라 확신과 설득을 통해 진행된다. 그리고 교육 기간이 지나고 나서는, 오직 확신과 설득을 통해서만 자기 자신과 관련된 덕목이 고취될 수 있다. 인간은 더 좋은 것과 더 나쁜 것을 구분하기 위해 서로 돕고, 더 나쁜 것을 피하고 더 좋은 것을 선택하기 위해 서로 격려해야 한다. 그들은 서로를 자극하고, 더 높은 수준의 능력을 발휘하며, 그들의 감정 및 의도가 지향하는 바가 어리석음이 아닌 현명함으로, 즉 목표와 계획을 타락시키는 것이 아니라 향상하도록 인도되게끔 해야 한다. 그러나 그 누구도, 그게 한 사람이든 여러 사람이든, 성년이 된 다른 사람에게 그들 자신의 이익을 위해 그들이 선택한 삶을 살아서는 안 된다고 말할 권한은 없다. 자신의 행복에 가장 많은 관심을 가진 사람은 바로 그 자신이다. 즉, 타인에게 가질 수 있는 관심은, 강력한 개인적 애착을 가진 경우를 제외하면, 당사자 본인의 관심에 비해 하찮은 것이다. 사회가 한 개인에 대해 (타인과 관련되어 있는 그의 행동을 제외하고) 개별적으로 갖고 있는 관심은 극히 단편적이며, 전적으로 간접적이다. 반면, 그 자신의 감정 및 환경과 관련해, 평범한 남성 또는 여성은 대부분 다른 사람이 아는 것보다 그들 자신의 감정과 환경에 대해 더 잘 알 수 있는 훌륭한 수단을 가지고 있다. 오직 한 개인에게만 관련된 것에서, 개인이 내린 판단과 목적을 바꾸려는 사회의 간섭은 틀림없이 일반적 추정에 근거한 것이다. 이런 추정은 전적으로 잘못된 것일 수 있으며, 설령 옳다 하더라도 그 상황을 잘 알지 못하는 사람들에 의해 또는 외부에서 단지 그 상황을 바라보기만 했던 사람들에 의해 개별적 상황에 잘못 적용될 가능성이 있다. 따라서 인간사 가운데 이 부분[그 자신에게만 관련된 영역]에서, 개별성은 자신의 고유한 행동 영역을 가진다. 상호 관련된 인간 행동에서, 사람들이 서로에게 무엇을 기대하는지 알 수 있도록 대부분의 경우 일반적인 규칙이 준수되어야 할 필요가 있다. 그러나 자신에게만 관련이 있는 일에서, 각자는 자신의 개별적인 자율성을 자유로이 행사할 권한이 있다. 그의 판단을 돕고자 하는 배려와 그의 의지를 강화하려는 격려는 다른 사람들에 의해 [그에게] 제공될 수 있고, 심지어 억지로 강요될 수도 있다. 하지만 그 자신이 최종 판단자가 되어야 한다. 다른 이의 충고와 경고를 무시함으로써 저지르는 모든 실수는 다른 사람들이 그에게 좋다고 생각하는 것을 그에게 무리하게 강요해 생기는 해악보다 낫다.

나는 누군가가 어떤 사람을 보고 갖게 되는 감정은 어떤 식으로든 그 사람[어떤 사람]과 관련되어 있는 자질이나 결함에 의해 영향받아서는 안 된다고 말하는 것이 아니다. 이것은 가능하지도 않을 뿐만 아니라 바람직하지도 않다. 만약 그가 그 자신의 좋음[선]에 이바지하는 어떤 탁월한 자질들을 가지고 있다면, 그는 칭찬받아 마땅하다. 이런 사람은 그만큼 인간 본성의 이상적인 완성[탁월함]에 훨씬 가까이 있다. 만약 그에게 그런 자질이 턱없이 부족하다면, 칭찬과는 정반대의 감성이 그를 뒤따를 것이다. 어리석다고 할 수 있고, 저급하거나 타락한 취향이라 불리는 것들(이런 표현에 문제가 없는 것은 아니지만)이 존재한다. 이런 취향을 드러내는 사람에게 해를 가하는 것이 정당화될 수는 없다. 그러나 그것은 사람들에게 반드시 그리고 당연히 어느 정도 반감의 대상이 되거나, 극단적인 경우 심지어 경멸의 대상이 되기도 한다. 그가 이런 감정[즉, 어떤 취향에 대한 반감]을 품지 않는다면, 정반대되는 자질들을 가질 수 없었을 것이다. 누구에게도 나쁜 짓을 한 것은 아니지만, 어떤 사람은 우리가 그를 어리석거나 열등한 존재로 판단하고 느끼도록 행동할 수 있다. 그리고 그런 사람도 [다른 사람들이 자신에 대해] 이런 판단과 감정을 갖는 것을 피하고 싶을 것이기 때문에, 그 사람이 대면하게 될 불쾌한 결과에 대해 미리 경고해 주는 것은 도움이 될 것이다. 실제로 만약 이 같은 조언이 현재 허용되는 예의라는 일반적인 관념이 허용하는 것보다 훨씬 더 자유롭게 주어질 수 있다면, 그리고 만약 어떤 사람이 다른 사람에게 그가 틀렸다고 자신이 생각한다고 정직하게 지적해도 그것이 건방지거나 무례한 것으로 여겨지지 않는다면, 더할 나위 없이 좋을 것이다. 또한 우리에게는 우리가 어떤 사람에 대해 갖는 호의적이지 않은 의견에 따라, 그 사람의 개별성을 억압하는 것이 아닌, 다양한 방식으로 우리의 개별성을 발휘하면서 행동할 권리가 있다. 예를 들어, 우리는 그와 가깝게 지내야 할 의무가 없다. 우리에게는 그와 교제하지 않을 권리가 있다(비록 그런 회피를 공개적으로 과시할 권리는 없지만). 왜냐하면 우리에게는 우리 자신에게 가장 적합한 교제 관계를 선택할 권리가 있기 때문이다. 만약 그의 행동이나 대화가 그와 교제하는 사람들에게 해로운 영향을 끼칠 것 같다고 생각된다면, 우리는 다른 사람들에게 그에 대해 경고할 권리가 있으며, 이는 우리의 의무일 수도 있다. 우리가 임의적으로 [누군가에게] 호의를 베풀 때, 그것이 그의 발전에 도움이 되는 경우가 아니라면, 그 사람보다 다른 사람에게 우선적으로 호의를 제공할 수 있다. 이런 다양한 방식으로 사람은 그저 자기에게만 직접적으로 관련이 있는 결함에 대해서도 다른 사람에 의해 가혹한 처벌을 받을 수 있다. 그러나 그는 오직 자연스러운 것인 한에서만 이런 처벌을 받는 것이다. 이 처벌은 [그가 범한] 과실 그 자체로부터 발생한 자연적인 결과일 뿐, 처벌을 위해 의도적으로 그에게 가해진 것이 아니기 때문이다. 경솔하고 완고하며 자기 자만심을 보이는 사람 — 수입 이상의 삶을 사는 사람, 자신을 해치는 탐닉을 억제할 수 없는 사람, 감성과 지성을 희생시키면서 동물적 쾌락을 추구하는 사람 — 은 다른 사람으로부터 좋지 못한 평판을 받을 것이고, 그들로부터 얻는 호감이 줄어들 것도 각오해야만 한다. 그러나 그는 이에 대해 불평할 권리가 없다. 자신의 사회적 관계에서 특별히 뛰어난 점으로 다른 사람들로부터 호의를 받을 만하고, 자신의 그 어떤 단점에도 구애받지 않고 사람들의 호의를 얻을 만큼의 자격을 갖추지 않는 한 말이다.

내가 주장하고 있는 바는 다음과 같다. 즉, 어떤 사람이 자신의 좋음[선]과만 관련되어 있고, 그와 관련된 다른 사람의 이익에는 영향을 미치지 않는 어떤 행위와 성격 때문에, 불편함을 겪어야 한다면, 이는 오로지 타인의 호의적이지 않은 판단과 불가분하게 연결되어 겪게 되는 불편함뿐이다. 그러나 다른 사람에게 해를 끼치는 행위들에 대해서는 완전히 다르게 대처해야 할 필요가 있다. 다른 사람의 권리에 대한 침해, 자신의 권리로도 정당화할 수 없는 손실이나 손해를 다른 사람에게 끼치는 것, 다른 사람과의 거래에서 사기를 치거나 기만을 하는 것, 다른 사람들보다 유리한 점들을 불공정하고 비열하게 사용하는 것, 심지어 손상으로부터 다른 사람을 보호해야 함에도 불구하고 이기심으로 인해 그러지 않는 것 등 — 이는 도덕적으로 비난을 받아 마땅한, 심각한 경우에는 도덕적 보복과 처벌을 받아야 하는 대상이 되기도 한다. 이런 행위들뿐만 아니라 그런 행위로 이어지는 성향도 당연히 부도덕하며 이에 따라 증오감을 일으킬 수 있는 비난의 대상이 되기도 한다. 잔인한 기질, 악의적이고 심술궂은 성격, 모든 정념들 가운데 가장 반사회적이고 가증스러운 질투심, 위선과 불성실, 사소한 일에 성급하게 화를 내는 것, 그리고 도발에 평정심을 잃고 분노하는 것, 타인을 지배하길 좋아하고, 자기 몫 이상의 이익을 챙기고자 하는 욕구(고대 그리스어로 플레오넥시아[1]이다), 다른 사람을 비하하면서 만족감을 얻는 오만함, 다른 무엇보다 자신과 자신의 이해관계만을 생각하고 의문의 여지가 있는 문제를 자신에게 유리하게 결정하는 자기중심주의 등 — 이런 것들은 모두 도덕적으로 사악하며, 악질적이며 가증스러운 성격을 만들어 낸다. 이것들은 앞서 언급한 자기 자신과 관련된 결함과는 다르다. 자기 자신과 관련된 결함은 당연히 부도덕한 것은 아니며, 그런 결함이

---

1) "플레오넥시아"pleonexia는 탐욕, 자제력의 상실을 의미한다. 이는 주로 마땅히 가져야 할 것보다 더 많이 가지려는 것이다.

어느 정도로 이행되더라도, 악의가 성립되지 않는다. 자기 자신과 관련된 결함은 얼마든지 어리석음의 증거가 될 수 있거나, 개인적 존엄성과 자기 존중이 부족하다는 증거가 될 수 있다. 그러나 이런 결함은 자기 자신을 돌보는 것이 다른 사람에 대한 의무일 때 도덕적 비난의 대상이 된다. 우리 자신에 대한 의무라고 불리는 것이 동시에 여러 가지 환경들로 말미암아 다른 사람에 대한 의무 조건이 되지 않는 한 사회적으로 지켜야 할 의무는 아니다. 자신에 대한 의무라는 용어, 그것이 분별력 이상의 어떤 의미를 가진 것이라면, 그것은 자기 존중이나 자기 발전을 의미한다. 이런 것들과 관련해 어느 누구도 그의 동료에 대해 책임지지 않는다. 왜냐하면 그 어느 것에 대해서도 그는 자신의 동료에게 책임지지 않는 것이 인류에게 이익이 되기 때문이다.

분별력이나 개인적 존엄성의 결여로 말미암아 누군가부터 존중을 받지 못하는 것과 타인의 권리를 위반함으로써 비난을 받는 것 사이의 구분은 단순한 명목상의 구분이 아니다. 우리가 그를 통제할 권한이 있다고 여겨지는 일에서 그가 우리를 불쾌하게 만드는지, 아니면 우리가 그런 권한이 없다고 여기는 일에서 그가 우리를 불쾌하게 만드는지에 따라 그에 대한 우리의 감정과 우리의 행동에 아주 커다란 차이가 발생한다. 만약 그 사람이 우리를 불쾌하게 한다면, 우리는 반감을 드러낼 수 있고 우리를 불쾌하게 하는 일이나 사람으로부터 멀어질 수 있다. 그러나 우리는 그의 삶을 불편하게 만들어야 한다고 생각해서는 안 될 것이다. 우리는 그가 이미 자신의 실수에 대한 모든 처벌을 받고 있거나 언젠가는 받을 것이라고 생각해야 한다. 만약 그의 실수로 인해 자신의 삶을 망친다면, 우리는 그런 이유로 그의 인생을 더 망치려 하지 말아야 할 것이다. 우리는 그의 처벌을 바라기보다는, 오히려 그의 행동이 그에게 초래할 악을 어떻게 피할 수 있고 고칠 수 있는지를 보여 줌으로써, 그가 받을 처벌이 경감될 수 있도록 노력해야 할 것이다. 그는 우리에게 동정의 대상이나 반감의 대상이 될 수 있지만, 노여움이나 분개의 대상이 될 수는 없다. 우리는 그를 사회의 적으로 취급해서는 안 될 것이다. 우리가 그에게 관심이나 배려를 보이며 호의적으로 간섭하는 것이 아니라면, 우리가 정당하게 할 수 있는 최악의 일은 그를 혼자 내버려두는 것이라고 생각해야 할 것이다. 만약 그가 개인적으로든 집단적으로든 자신의 동료들을 보호하는 데 필요한 규칙을 위반했다면, 이런 경우 완전히 다른 문제가 된다. 그의 행위의 악한 결과는 그 자신이 아닌 다른 사람들에게 피해를 준다. 모든 구성원의 보호인 사회는 이런 사람에게 보복을 해야 하고 명백한 처벌의 목적을 위해 그에게 고통을 가해야만 하는데, 그것은 충분히 가혹해야 한다는 점을 유념해야 한다. 이런 경우에, 그는 법정에서 범죄자가 되고, 우리는 그를 심판할 뿐만 아니라 어떤 형태로든, 우리의 판결을 집행할 필요가 있다. 이와 다른 경우에, 우리가 그에게 어떤 고통을 주는 것은 우리의 몫이 아니다. 다만 우리가 그에게 허용했던 것과 동일한 자유를 우리가 우리 자신의 일을 규제하는 데 사용하는 것에서 [그에게] 부수적으로 발생할 수 있는 고통은 제외하고 말이다.

여기서 지적한 것처럼, 즉 자기 자신에게만 관련된 삶의 부분과 다른 사람과 관련된 삶의 부분 사이의 구분을 많은 사람들은 인정하기를 거부할 것이다. 어떻게 사회 구성원의 일부 행위가 다른 구성원에게 중요하지 않은 문제가 될 수 있는가?(라고 물어볼 수 있다). 그 어떤 사람도 완전히 고립된 존재가 될 수 없다. 적어도 자신과 가까운 관계에 있는 사람들에게, 때로는 그보다 훨씬 더 멀리 떨어져 있는 사람들에게 아무런 해도 끼치지 않은 채, 자신에게만 심각한 또는 영구적인 상처를 입히는 일을 하는 것은 불가능하다. 그가 자신의 재산에 손해를 입는다면, 그는 자신의 재산을 통해 직접적이거나 간접적으로 지원을 받는 사람들에게 해를 끼칠 수 있으며, 많든 적든 일반적으로 사회 공동체 전체의 자산을 줄일 것이다. 만약 그가 자신의 육체적이고 정신적인 능력을 악화시킨다면, 그에게 행복의 일부분을 의지한 모든 사람에게 해악을 가져다줄 뿐만 아니라, 일반적으로 그가 동포들로부터 입은 은혜에 보답할 수도 없게 된다. 어쩌면 그 사람은 동포들의 호의나 자비에 의존하는 상당히 부담스러운 존재가 될 수도 있다. 만약 이런 행위가 매우 빈번하게 발생한다면, 그 어떤 위법행위보다 더 좋음[선]의 일반적 총량을 줄일 것이다. 마지막으로, 만약 자신의 악행들이나 어리석은 행동들이 다른 사람들에게 직접적으로 해악을 끼치지 않는다 해도 그가 본보기로서 해롭다(고 말할 수도 있다). 그의 행동을 보거나 알았을 때 타락할 수 있고 현혹될 수 있는 사람들을 위해 그가 스스로 자제하도록 강제해야 한다(고 말할지도 모른다).

게다가 (다음과 같이 덧붙일 수 있다) 설령 비행非行의 결과가 [그런 행위를 한] 부도덕한 개인이나 무분별한 개인에게만 국한된다 할지라도, 사회는 명백히 사회에 부적절한 이런 사람들이 자신의 마음대로 살도록 내버려둬야 하는가? 만일 사회에 아이들과 미성년자들을 그들의 의사에 반한다 하더라도 보호해야 할 분명한 의무가 있다면, 자기 일을 스스로 다스릴 수 없는 성인들 역시 동등하게 보호해야 할 의무가 있지 않은가? 도박이나 음주벽, 음란, 나태, 불결함 등이 법으로 금지된 수많은 또는 대부분의 행위와 마찬가지로 행복에 손상을 입히고, 발전에 커다란 방해가 된다면, 법이 실행 가능성과 사회적 편의에 부합하는 한에서 이런 것들 또한 억제하기 위해 노력해서는 안 되는 이유가 무엇인가?(라고 물을 수 있다). 그리고 법의 피할 수 없는 불완전성을 보완하기 위해, 적어도 여론이 이런 악덕에 대해 강력하게 단속을 하고, 그런 일을 행한 것으로 알려진 사람들을 사회적으로 엄중히 처벌해야 하지 않을까? 이런 일에서 개별성을 제한한다거나 새롭고 독창적인 삶에 대한 실험을 방해한다는 문제는 제기되지 않는다(고 말할지도 모른다). 금지하고자 하는 것들은 오로지 세상이 시작된 이래 지금까지 비난받아 온 것들이다. 그것은 경험을 통해 그 어떤 사람의 개별성에도 유용하거나 적합하지 않은 것으로 밝혀진 것들이다. 도덕적 또는 분별력 있는 진리가 확립된 것으로 간주되기 위해서는, 어느 정도의 시간과 풍부한 경험이 있어야 한다. 우리가 막고자 하는 것은 이전 세대를 파멸로 이끌었던 낭떠러지로 후속 세대가 떨어지려는 걸 막는 것뿐이다.

나는 한 개인이 자신에게 가한 위해가 동감과 이해관계를 통해 그와 긴밀하게 연결된 사람들에게, 그리고 이보다 낮은 정도이지만 사회 전반에도 영향을 미칠 수 있다는 점을 충분히 인정한다. 어떤 사람이 이런 행동으로 다른 사람이나 사람들에 대해 지고 있는 명백한 의무를 위반하게 될 경우, 그런 행동은 자기 자신과 관련된 행위의 부류에서 빠지게 되고, 진정한 의미에서 도덕적 비난을 면치 못할 것이다. 예를 들어, 어떤 사람이 무절제함과 사치[낭비벽]로 말미암아 빚을 갚지 못하거나, 동일한 이유로 가족에 대한 도덕적 책임이 있음에도 그들을 부양하거나 교육할 능력이 없다면, 그는 비난받아 마땅하고 처벌받는 것도 당연하다. 그러나 그런 비난과 처벌은 사치 때문이 아니라, 그의 가족과 빚을 진 사람에 대한 의무를 위반했기 때문이다. 만약 가족을 돌보거나 빚을 갚는 데 써야 할 자산을 아주 신중하게 고려한 후 투자를 했다고 해도, 똑같이 도덕적으로 비난받아 마땅하다. 조지 반웰[2]은 자신의 정부에게 줄 돈을 마련하기 위해 자신의 삼촌을 살해했다. 만약 그가 사업을 시작하기 위해 그 일을 했더라도, 그는 똑같이 교수형에 처해졌을 것이다. 또 한편으로는, 어떤 사람이 나쁜 습관에 깊이 빠져 그의 가족에게 슬픔을 안겨 주는 그런 흔한 경우에도, 그는 몰인정하거나 배은망덕하다는 점에서 비난받아 마땅하다. 그러나 그가 그 자체로 나쁘지 않은 습관에 빠져 있더라도, 만약 자기와 함께 사는 사람들에게 고통을 주고, 그와의 인연으로 말미암아 안락함을 얻고자 그에게 의지하는 사람들에게 고통을 준다면 비난

---

2) 조지 반웰은 조지 릴로George Lillo의 연극 〈런던 상인: 조지 반웰의 역사〉 The London Merchant: or the History of George Barnwell(1731년)에 나오는 허구적인 주인공이다. 이 연극은 조지 반웰이라는 런던의 어느 상점 점원이 정부情婦의 꾐에 넘어가 자신의 삼촌을 살해하는 이야기를 담고 있다. 영웅들의 비극을 다루지 않고, 평범한 시민들의 비극을 처음 다뤘다는 점에서, 시민 비극의 시초로 간주되고 있다.

받을 수 있다. 반드시 해야 하는 의무에 의해 강요되지 않거나, 자기 자신의 이익을 우선시할 만한 정당한 이유가 있는 것이 아님에도, 일반적으로 존중되어야 할 다른 사람의 이익과 감정을 고려하지 못하는 사람은 누구나 도덕적 비난의 대상이 될 수 있다. 그러나 그런 고려를 하지 못하게 한 원인이 비난의 대상이 되는 것은 아니며, 저 멀리서 그런 고려를 하지 못하도록 이끈, 오직 그 자신과만 관련이 있는 실수가 비난의 대상이 되는 것도 아니다. 마찬가지로, 어떤 사람이, 순전히 자기 자신과 관계된 행위이지만, 그 행위로 말미암아 그에게 부여된 일정한 의무를 사회에 이행하지 못했다면, 그는 사회에 죄를 지은 것이다. 어떤 사람도 술에 취했다는 이유로 처벌받아서는 안 된다. 그러나 군인이나 경찰관이 근무 중에 술에 취했다면 처벌받아야만 한다. 요컨대, 개인이나 공중에 명백한 손해를 입히거나 명백한 손해의 위험이 있을 경우, 그 문제는 자유의 영역을 벗어나, 도덕이나 법의 영역으로 넘어간다.

그러나 공중에 대한 특정한 의무를 위반한 것도 아니고, 자신을 제외한 누군가에게 이렇다 할 손해를 끼친 것도 아닌 행동으로 어떤 사람이 사회에 끼친 손해가 단순히 우연적인 손해, 또는 추정적인 손해라 부를 수 있는 경우, 그 불편함은 인간의 자유라는 더 큰 좋음[선]을 위해 사회가 감내할 수 있는 것이다. 만약 성인들이 스스로를 적절히 돌보지 않았다는 이유로 처벌받아야 한다면, 사회에 혜택이 되는 능력이 손상되는 것을 막기 위해서라는 핑계보다는 그들 자신을 위해 처벌받는 게 낫다고 나는 생각한다. 사실, 사회에는 그런 혜택을 [개인에게] 요구할 권리가 없다. 그러나 사회가 [스스로를 돌볼 수 없는]

취약한 구성원들이 통상적인 수준의 합리적 행동을 하도록 만들 수 있는 방법은, 그들이 불합리한 행동을 할 때까지 기다렸다가 그것에 대해 법적으로 또는 도덕적으로 처벌[함으로써, 그들이 적절하게 행동하도록]하는 것밖에 없다는 식의 주장에는 동의할 수 없다. 사회는 그들의 생애 초기부터 절대적인 권력을 가지고 있었다. 사회는 그들이 모든 유년기와 미성년기의 전 기간을 통해 그들이 삶 속에서 합리적인 행동을 할 수 있는지 여부를 시험해 왔다. 현세대는 후속 세대의 훈련과 전반적인 상황 모두를 지배하고 있다. 현세대는 사실 그들을 더할 나위 없이 현명하고 선하게 만들 수 없다. 왜냐하면 유감스럽게도 현세대는 그 자체로 선함과 지혜로움이 턱없이 부족하기 때문이다. 그리고 현세대가 최선의 노력을 한다고 해도, 개별적인 경우에서, 언제나 최대한 성공을 거두는 것도 아니다. 그러나 전반적으로 보면 젊은 세대를 현세대만큼 나아가 현세대보다 조금이라도 더 나은 세대로 만들 수는 있다. 만약 사회가 상당수의 구성원들이 앞을 내다보고 합리적인 숙고에 따라 행동할 수 없는, 그저 아이에 불과한 인간으로 자라도록 방치한다면, 사회가 전적으로 그 결과에 대해 책임져야 한다. 사회는 교육에 대한 모든 권한뿐만 아니라, 스스로 판단할 수 없는 사람들에게 널리 받아들여진 의견이라는 권위를 행사할 수 있는 지배권으로 무장하고 있다. 그리고 사회는 지인들로부터 미움과 경멸을 받는 사람들에게 반드시 내려진다고 하는 자연스러운 처벌[예컨대, 교제의 단절 같은]의 도움을 받을 수 있다. [따라서] 이모든 것을 가지고 있음에도, 사회가 사람들의 개인적인 관심사에 대해 명령을 내리고 복종을 강요할 힘이 필요하다고 주장하도록 해서는 안 된다. 왜냐하면 정의와 분별력 있는 행동³⁾의 모든 원칙에 따라, 개인적인 관심사의 결정은 그 결과를 감수하는 사람들에게 맡겨야 하기 때문이다. 누군가의 행동에 영향을 미치기 위해 나쁜 수단을 사용하는 것은 다른 무엇보다 더 나은 수단을 불신하게 하고, 그것을 좌절시키는 경향이 있다. 만약 활동적이고 독립적인 성격을 만들 수 있는 소재를 가지고 있는 어떤 사람이 분별력이나 절제를 강제하려고 하는 사람들 사이에 있다면, 이런 사람은 틀림없이 그런 속박에 대항할 것이다. 이런 사람은 자신의 관심사에 대해 다른 사람이 자신을 통제할 권한이 없다고 느끼는 것처럼, 자신이 다른 사람의 관심사에 대해 해를 끼치려고 하면 그들에게 자신을 막을 권리가 있다고 느낄 것이다. 그리하여 이런 사람들은 불법적으로 권한을 강탈해 간 자들에게 정면으로 맞서고, 그런 자들이 명령하는 것에 맞서 정반대로 행동하는 것을 기백과 용기의 징표로 간주하기도 한다. 마치 청교도들의 광적인 도덕적 불관용 이후 찰스 2세⁴⁾ 때 [이에 대한 반발로] 외설스러움이 유행했

---

3) 여기서 "분별력 있는 행동"으로 옮기고 있는 표현은 'policy'이다. 'policy'는 오늘날 정책으로 흔히 옮겨지지만, 그 외에도 행동에서의 신중함, 분별력, 사려 깊음 등을 뜻하는 'prudence'의 의미도 있다.

4) 청교도혁명으로 단두대에서 처형당한 찰스 1세Charles I의 장남으로, 청교도혁명 이후 프랑스에서 망명 생활을 하다, 왕정복고로 돌아와 찰스 2세로 즉위했다. 청교도혁명으로 권력을 장악하고 호국경에 오른 올리버 크롬웰Oliver Cromwell은 청교도 도덕성에 입각한 엄격한 금욕주의적 정책을 실시했다. 이런 엄격한 시대 분위기에 대한 반발로 왕정복고 당시 영국에서는 상류층의 불륜, 위선, 신성모독, 자유분방한 성 풍속이나, 부도

던 것처럼 말이다. 사악한 사람이나 방종한 사람이 다른 사람들에게 나쁜 본보기가 되지 않도록 사회를 보호할 필요가 있다는 이야기와 관련해 보자면, 나쁜 본보기가 유해한 영향을 끼칠 수 있다는 것은 사실이다. 특히 타인에게 그릇된 행동을 한 사람이 처벌받지 않는 경우가 그렇다. 하지만 지금 우리가 논의하고 있는 것은 다른 사람들에게 큰 잘못을 한 것은 아니지만, 행위자 자신에게 커다란 해를 끼치는 행동이다. 그리고 나는 [나쁜 본보기로부터 사회를 보호해야 한다고] 믿는 사람들이 대체로 왜 이 같은 본보기를 사회에 해로운 것이 아니라 유익한 것으로 생각할 수 없는지 이해할 수 없다. 왜냐하면 이 같은 본보기[행위자 자신에게 커다란 해를 끼치는 행위]가 비행이라는 사실을 분명히 보여 준다면, 그것은 또한 그런 비행이 정당한 비난을 받을 경우 거의 모든 사례에서 틀림없이 뒤따르는 고통스럽거나 모욕적인 결과를 생생히 보여 줄 것이기 때문이다.

순전히 개인적인 행위에 대한 공중의 간섭에 반대하는 모든 논변 가운데 가장 강력한 것은 그 간섭이 부적절한 곳에 부적절한 방법으로 행해질 가능성이 상당히 크다는 것이다. 사회 도덕, 즉 다른 사람들에 대한 의무의 문제와 관련해, 공중의 의견, 다시 말해 압도적 다수의 의견은 종종 틀린 경우도 있지만, 옳은 경우가 더 많을 것으로 보인다. 왜냐하면 이런 문제에 대해 그들은 오로지 자신의 이익만을 판단하도록 요구되기 때문

덕한 행동 등 당대를 풍미했던 사회 풍습을 여과 없이 무대에 올려 풍자한 풍습 희극 등이 사회적으로 커다란 인기를 끌었다.

으로, 만약 어떤 행동 방식이 실행된다면, 그들 자신에게 어떤 영향을 미칠지를 판단하기만 하면 되기 때문이다. 그러나 자기 자신과만 관련되는 행동의 문제에 있어서는, 소수에게 법으로 부과되는 유사한 다수의 의견이 옳을 수 있는 만큼이나 틀릴 수도 있다. 왜냐하면 이런 경우에 여론이란 기껏해야 어떤 사람들이 생각하는, 다른 사람들에게 좋은 것과 나쁜 것에 대한 의견일 뿐이기 때문이다. 여론은 심지어 그 정도까지 의미하지 않는 경우도 아주 많다. 공중은 자신들이 비난하는 행동을 하는 사람들의 의향과 사정에 대해 전적으로 무관심하기에 이를 간과하며, 오직 자신들의 선호만을 고려한다. 상당수의 사람들이 자신들에게 불쾌감을 일으키는 행동은 그들 자신에게 해가 된다고 간주하고, 그런 행위는 자신들의 감정을 모욕한다고 분개한다. 이는 완고한 종교인이 다른 사람들의 종교적인 감정을 무시한다고 누군가로부터 비난받을 때, 다른 사람들 역시 모욕적인 숭배나 교리를 고집함으로써 자신의 감정을 무시했다고 쏘아붙이는 것과 비슷하다. 그러나 어떤 사람이 자신의 의견에 대해 갖는 감정과 다른 사람이 그가 그런 의견을 가진 것에 대해 불쾌감을 느끼는 것을 동등하게 취급할 수는 없다. 그것은 그저 지갑을 훔치고 싶어 하는 도둑의 욕망과 지갑의 주인이 그것을 지키고 싶어 하는 욕망을 동등하게 취급하는 것과 마찬가지다. 그리고 한 사람의 취향은 그 사람의 의견이나 지갑만큼 특유한 관심사가 된다. 불확실한 모든 문제에서 개인의 자유와 선택을 방해하지 않고, 보편적 경험에 비추어 비난받아 온 행동 양식만 자제하도록 개인들에게 요구하는 이런 이상적인 공중[공동체, 국가]을 누구나 쉽게 상상하곤 한다. 그렇지만 자신의 감독 행위에 이 같은 한계를 스스로 설정하는 공중[공동체, 국가]을 어디서 본 적이 있는가? 아니면 언제 그런 공중이 보편적 경험을 문제 삼아 고심할 때가 있는가? 개인적 행위에 대한 간섭에서, 공중은 자신과 다르게 행동하거나 다른 감정을 갖는 것을 터무니없다고만 생각할 뿐, 달리 생각하지 않는다. 이 같은 판단 기준과 관련해 도덕주의자들과 철학자들 가운데 십중팔구는 이를 종교와 철학의 명령으로 얄팍하게 포장해 제시한다. 그들은 자신들이 가르치는 것이 옳기 때문에 옳은 것이고, 옳다고 느끼기 때문에 옳은 것이라고 가르친다. 그들은 우리 자신과 다른 모든 사람을 구속할 수 있는 행동 규범을 찾으려면 우리의 마음과 정신을 살펴보라고 말한다. 가련한 공중들은 이런 가르침을 받아들이고, 선과 악에 대한 그들 자신의 개인적 감정들을, 만약 그 감정들이 공중들 사이에서 웬만큼 일치한다면, 전 세계의 모든 사람이 따라야 할 의무로 만드는 것 외에 달리 무엇을 할 수 있을까?

여기서 지적된 해악은 그저 이론상으로만 존재하는 것이 아니다. 아마도 누군가는 여기서 내가 오늘날 영국 공중이 자신들이 선호하는 것에 도덕적 규범이라는 특성을 부적절하게 부여하고 있는 사례를 제시할 것으로 기대하고 있을 수 있다. [하지만] 나는 현재 나타나고 있는 도덕적 감정의 일탈[문제]에 대한 글을 쓰고 있는 것이 아니다. 그것은 아주 중대한 주제라 [몇 가지] 예증을 통해 부차적으로 논의할 만한 그런 것이 아니다. 그럼에도 내가 주장하는 원리가 현실적인 측면에서 중대하다는 것과, 내가 그저 상상 속의 해악에 대항하기 위한 방벽을 세우려고 노력하는 것이 아니라는 것을 보여 주기 위해서는 본보기가 분명 필요하다. 게다가 도덕적 단속이라고 부를 만한 것의 범위가 확대되어, 의심할 여지 없이 정당한 개인의 자유를 침해하고 있다. 이는 모든 인간들에게서 나타나는 보편적 성향 가운데 하나로, 풍부한 사례를 통해 이를 쉽게 설명할 수 있다.

첫 번째 예로, 자신과 종교적 의견이 다른 사람이 자신의 종교적 의식, 특히 종교적으로 금하는 것을 따르지 않았다는 것으로 인해 생긴 강한 반감들에 대해 생각해 보자. 다소 사소할 수 있는 예를 살펴보자면, 그리스도교의 신조나 생활 습관 가운데 돼지고기를 먹는 사실만큼 그리스도교 교인들을 향한 이슬람 교도들의 증오를 불러일으키는 것도 없다. 주린 배를 채우는 이런 특정 방식과 관련해, 이슬람교도들이 그리스도교 교인들과 유럽인들을 이보다 더 혐오스럽게 바라보도록 만드는 것은 없다. 우선, 돼지고기를 먹는 것이 이슬람교에 대한 모욕이라고 해도, 이런 상황이 그들이 가진 강한 반감의 정도와 종류를 설명해 주지는 못한다. 왜냐하면 이슬람교는 포도주를 금지하고 있고 그래서 모든 이슬람교인은 그것을 그릇된 것으로 여기지만 포도주 마시는 것을 역겹게 여기지는 않기 때문이다. '불결한 짐승'의 살코기에 대한 그들의 혐오감은 특이한 성격의 것으로 본능적인 반감과 비슷한데, 일단 불결하다는 관념이 감정 속에 완전히 스며들면 꼼꼼하게 청결을 따지는 습관이 없는 사람들에게조차 혐오감이 생기는 것처럼 보이는데, 종교적으로 불결함에 대한 힌두교들의 아주 강렬한 감정은 주목할 만한 예가 된다. 이제 이슬람교도가 대다수를 차지하는 나라가 있고, 이 나라에서 다수파가 돼지고기 먹는 것을 금지해야 한다고 강력하게 주장한다고 가정해 보자. 이런 주장은 이슬람 국가들에서는 전혀 새롭지 않다.[5] 이것을 여론이 가진 도덕적 권위가 정당하게 행사된 것으로 볼 수 있을까? 만약 그렇지 않다면, 그 이유가 무엇인가? [돼지고기를 먹는] 관습은 그런 대중에게 역겨운 감정을 불러일으킨다. 그들은 또한 진심으로 신이 돼지고기 먹는 것을 금지하고 증오한다고 생각한다. 이런 금지를 종교적 박해라고 비난할 수는 없다. 이 금지의 기원은 종교적일 수 있다. 하지만 그 어떤 종교도 돼지고기 먹는 것을 의무로 삼고 있지 않았기 때문에 이 같은 금지가 종교적 박해는 아닐 것이다. 이런 금지를 비난할 수 있는 유일한 근거는 개인의 취향과 개인적 관심사에 대해 공중은 간섭해서는 안 된다는 것이다.

우리와 가까운 사례를 살펴보자. 대부분의 스페인 사람은 로마가톨릭교의 방식이 아닌 다른 방식으로 신을 숭배하는 것을 신에 대한 최고의 모욕으로 여기고 엄청나게 불경하다고 생각한다. 그러다 보니 스페인 내에서 이와 다른 방식으로 예배 드리는 것은 합법적이지 않다. 모든 남유럽 지역에 사는 사람들

*5) [저자의 주] 봄베이[오늘날 뭄바이]의 파시 교도 사례는 흥미로운 사례이다. 페르시아의 조로아스터 교도들의 후예로, 근면하고 진취적인 부족인 이들은 [이슬람교의 통치자인] 칼리프를 피해 페르시아를 떠나 서인도에 도착했고, 힌두교 통치자들은 소고기를 먹지 않는 조건으로 이들을 받아들였다. 이후 이 지역들이 이슬람의 지배하에 들어가자, 그들은 돼지고기를 먹지 않는 조건으로 계속해서 신앙의 자유를 허락받았다. 처음에는 권위에 복종하는 것이 제2의 천성이 되었고, 오늘날까지도 그들은 소고기와 돼지고기를 모두 먹지 않는다. 비록 종교가 요구한 것은 아니었지만, 이 두 가지에 대한 금욕은 그들 부족의 관습으로 자리를 잡았다. 그리고 동양에서 관습은 하나의 종교다.

은 결혼한 성직자를 반종교적일 뿐만 아니라 음탕하고, 외설스럽고, 상스럽고, 역겨운 사람으로 간주한다. 프로테스탄트들은 너무나 진심 어린 이런 감정들에 대해, 또한 가톨릭교도가 아닌 사람들에게 [이런 신념을] 강요하려는 시도에 대해 어떻게 생각할까? 그러나 만일 인류가 다른 사람의 이익과 상관없는 일에서 개인들이 서로의 자유를 간섭하는 것이 정당하다면, 위에서 살펴본 사례들[돼지고기를 금한다거나, 사제의 결혼을 허용하지 않는 것 같은 일]을 어떤 원칙에 따라 일관되게 막을 수 있을까? 또는 [다른 사람의 이익과는 무관하지만] 신과 인간의 눈으로 봤을 때 불쾌감을 불러일으키는 일들을 억누르려고 애쓰는 사람을 누가 비난할 수 있겠는가? 개인적인 부도덕으로 간주되는 것을 금지하기 위해 그것들을 신에 대한 불경으로 간주하는 것보다 그것을 더 강력하게 억압할 수 있는 것은 없다. 따라서 우리가 기꺼이 박해자의 논리를 채택해, 우리는 옳기 때문에 다른 사람을 박해할 수 있는 반면, 그들은 틀렸기 때문에 우리를 박해해서는 안 된다고 말할 것이 아니라면, 우리 자신에게 적용될 경우 엄청난 부당함으로 말미암아 우리 역시 분개할 수밖에 없는 원칙을 허용하는 것에 주의해야 한다.

이상의 예들은 우리[영국인들] 사이에서는 일어날 수 없는 우연적 상황에서 도출된 것으로, 불합리하다는 이의가 제기될 수 있다. 그 이유는 영국에서는 육식을 금지하거나, 사람들이 각자의 교리나 성향에 따라 예배드리거나, 결혼을 하거나 하지 않는 것 등을 간섭할 것 같지 않기 때문이다. 그러나 다음의 예는 우리가 누리는 자유에 대한 간섭으로 간주될 수 있으며, 우리가 모든 위험으로부터 결코 벗어나지 못했음을 보여 준다.

[미국의] 뉴잉글랜드와 [크롬웰의] 공화정 시대의 영국[6]처럼, 청교도들의 영향력이 강력했던 곳이라면 어디에서든, 그들은 모든 공적인 오락과 거의 모든 사적인 오락, 특히 음악, 춤, [축구처럼] 공개적인 스포츠 경기나, 기분 전환을 목적으로 한 다양한 회합과 연극을 억압하려 노력했고 상당한 성공을 거두기도 했다. 영국에는 아직도 도덕과 종교적 견해를 기반으로 이런 오락을 비난하는 사람들이 상당히 많이 살고 있다. 그들은 현재의 사회적·정치적 상황에서 대체로 우세한 권력을 갖고 있는 중산층에 주로 속해 있다. 그리고 이와 같은 의향을 가진 이들이 언젠가 의회에서 과반수 의석을 차지하는 것이 결코 불가능한 일은 아니다. 그 외의 다른 사회 구성원들은 엄격한 칼뱅주의자들과 감리교 신자들의 종교적·도덕적 감성에 의해 자신들에게 허용되어야 할 오락이 규제되는 걸 과연 좋아할 수 있을까? 그들은 경건한 사회 구성원들이 이처럼 주제넘게 참견하려 들지 말고 자신들의 일에만 신경 쓰기를 강력히 바라 마지않을까? 이것은 정확히 자신들이 잘못되었다고 생각하는 쾌락은 그 누구도 누려서는 안 된다고 오만하게 주장하는 모든 정부와 모든 공중에게 해야 할 말이다. 그러나 만약 이런 오만한 주장이 원칙으로 인정된다면, 그 누구도 그 나라에서 다수파가, 아니면 그

---

6) 뉴잉글랜드 지방은 미국 북동부의 대서양 연안으로, 청교도들이 아메리카 대륙에 처음 정착한 지역으로 유명하다. 이 지역에 이주한 초기 이주민들은 이곳에 자신들이 생각하는 이상향을 건설하려 했으며, 이를 위해 청교도 규율을 매우 엄격하게 지키며 살았다. 크롬웰의 공화정 시기는 앞서 본문에서도 제시되었듯, 광적인 도덕적 불관용이 만연하던 시기였다.

밖의 다른 점에서 우위를 차지하고 있는 세력이 그런 [오만한] 원칙에 따라 행동하는 것에 합리적으로 반대할 수 없을 것이다. 쇠퇴하고 있다고 간주되던 종교도 종종 자신의 잃어버린 지반을 되찾는 데 성공하는 경우가 있는데, 만약 뉴잉글랜드 초기 정착민들의 것과 같은 종교적 입장이 그런 성공을 거두었다면, 모든 사람은 뉴잉글랜드 정착민들이 이해했던 그리스도교 공화국의 이상에 동조할 준비가 되어 있어야만 한다.

방금 언급했던 것보다 실현 가능성이 더 큰 다른 경우를 상상해 보자. 현대 세계에는 민주적인 정치제도가 동반되든 그렇지 않든, 사회의 민주주의적 구성을 향한 강한 경향이 뚜렷이 존재한다. 이런 경향이 가장 완벽하게 실현되는 나라인 — 사회나 정부[통치 체제] 모두 가장 민주적인 — 미국에서 다수는 자신들이 기대하는 것보다 훨씬 화려하거나 사치스러운 삶의 방식이 나타나면 이에 대해 불쾌한 감정을 느끼는데, 이 같은 대중들의 감정은 사치 금지법의 역할을 매우 효과적으로 수행한다. 그러다 보니 미국의 많은 지역에서, 고소득자는 대중의 반감을 초래하지 않고 그 돈을 소비할 방법을 찾기가 정말 어렵다. 비록 이와 같은 의견이 실제 사실보다 훨씬 과장되었다고 해도, 개인이 자신의 소득을 소비하는 방식에 대해 공중이 거부할 권리가 있다는 민주주의적 정서와 결합할 경우, 그들이 묘사하는 상태는 상상할 수 있고, 또한 실제로 가능할 수도 있다. 더 나아가 우리는 사회주의적 견해가 상당히 확산되었다고 상정할 수 있다. 다수의 눈에는 아주 적은 액수 이상의 재산이 있거나 육체노동으로 벌 수 있는 소득보다 더 많은 재산을 소유하는 것은 부끄러워할 만한 일이 될 수 있다. 원칙적으로 이와 비슷한 의견이 이미 노동자계급 사이에서 폭넓게 유행했고, 그런 의견에 순종하는 사람들, 즉 그 계급의 구성원들을 강하게 압박하고 있다. 많은 산업 분야에서 다수를 차지하고 있는 미숙련된 노동자들은 자신들이 숙련된 노동자들과 동일한 임금을 받아야만 하며, 그리고 어느 누구도, 성과급을 통해서든 다른 방법을 통해서든, 다른 사람보다 더 뛰어난 숙련이나 근면을 통해, 그런 것이 없는 사람들보다 돈을 더 많이 벌 수 있도록 해서는 안 된다는 의견을 확실히 가지고 있는 것으로 알려졌다. 그리고 그들은 숙련된 노동자들이 더 열심히 근무하는 것에 대해 더 큰 보수를 받고, 고용주가 더 큰 보수를 제공하는 것을 저지하기 위해 도덕적 단속을 하고, 이따금 폭력적인 방식을 행사하기도 한다. 만약 공중이 사적인 관심사에 대한 지배권을 가지고 있다면, 내가 보기에 이 사람들[미숙련 노동자들]이 잘못했다고 할 수 없다. 또한 한 개인이 속한 특정 집단[예컨대, 노동자계급]이 그 개인의 사적인 행동에 행사하는 권력은 전체 공중이 일반인들에게 행사하는 권력과 동일하게 행사한 것이기에 비난할 수는 없다.

그러나 가상의 사례들을 더 논의할 필요도 없이, 오늘날 사생활의 자유에 대한 심각한 침해가 실제로 행해지고 있으며, 또한 더욱 심각한 침해가 성공할 수 있다는 가능성과 함께 큰 위협이 되고 있다. 그리고 공중이 잘못되었다고 생각하는 모든 것을 법으로 금지할 뿐만 아니라, 잘못되었다고 생각하는 것을 막기 위해서라면, 공중 스스로도 잘못되지 않다고 생각하는 많은 것들 역시 금지할 수 있는 무제한적인 권리를 공중이 행사할 수 있다는 의견마저 제기된다.

무절제한 음주를 방지하겠다는 명목으로, 영국의 한 식민
지와 미국에 사는 사람 가운데 거의 절반이 의학적인 목적을 제
외하고 [알코올이 들어간] 발효 음료를 일절 이용할 수 없도록 법
으로 금지하고 있다. 판매를 금지하는 것은 사실상, 그것이 의
도한 대로, 발효성 음료의 이용 자체를 금지하는 것이다. 그리
고 비록 이 법을 집행하는 것이 불가능했기 때문에 그 법의 이
름을 딴 주[7]를 비롯해 이 법을 채택한 몇 개 주에서 폐지했음에
도, 영국에서는 비슷한 법을 요구하는 시도가 있었는데, 이 같
은 시도는 다수의 자칭 박애주의자들이 상당한 열의를 가지고
주도했다. 이런 목적을 위해 결성된 자칭 '동맹'[8]이라는 단체
는 그 단체의 사무관과 한 공인이 주고받은 서신이 공개되면서
상당한 악명을 떨치게 되었다. 그 공인은 정치인의 의견은 원
칙에 입각해 세워져야만 한다고 주장하는 극소수의 영국 공인
가운데 한 사람인 스탠리 경이었다. 이 서신 교환에서 스탠리
경[9]이 쓴 서신은, 그가 공적으로 활동하는 모습을 통해 보여 주

---

7) 금주법은 1851년 메인주에서 처음 제정되어(처음 제정된 지역의 이름을 따
'메인법'으로도 불린다), 20세기 초반까지 18개 주에서 실시되었다. 금주법
을 시행하는 주나 이를 지지하는 세력을 금주dry 주 또는 금주파, 그렇지
않은 주를 음주wet 주 또는 음주파로 부르기도 했다.

8) '동맹'Alliance은 1853년 맨체스터에서 설립된 영국의 금주운동 단체인
영국 동맹United Kingdom Alliance을 가리킨다.

9) 에드워드 헨리 스탠리(1826~93년)를 가리킨다. 1850, 60년대에 걸쳐 세
차례나 수상을 역임한 에드워드 스미스-스탠리Edward Smith-Stanley의 아
들이다. '동맹'과 스탠리 사이에 주고받은 편지는 『더 타임스』(1856년 10
월 2일)에 공개되었다. 이에 대해서는, J. M. Robson ed., p. 287, 関口正司

었던 사실, 곧 자질을 갖춘 정치인은 매우 드물다는 사실을 아는 사람들이 그에게 걸고 있던 희망을 강화하기 위해 계산된 것이었다. 동맹의 사무관은 [스탠리 경에게 보낸 서신에서] "편협성과 박해를 정당화하기 위해 왜곡될 수 있는 원칙을 승인한 것에 깊이 개탄"하며 이런 원칙과 동맹의 원칙 사이에 "넘을 수 없는 거대한 장벽"이 있음을 지적하기 시작한다. 이 사무관은 "내게 사상, 의견, 양심과 관련된 문제는 모두 법의 영역 밖에 있는 것으로 보인다. [반면에] 사회적 행동, 관습, 관계와 관련된 문제들은 개인이 아닌 국가 자체에 부여된 재량권에 종속되며, 입법의 영역에 들어가게 된다"고 말한다. 그는 이들 가운데 어느 것에도 속하지 않는 제3의 종류, 즉 사회적인 것이 아닌 개인적인 행동과 관습에 대해서는 아무것도 언급하지 않는다. 발효된 음료를 마시는 행위가 바로 이런 종류에 해당함에도 말이다. 발효된 음료를 판매하는 것은 상거래이고, 상거래는 사회적 행위이다. 그러나 [금주법이] 침해하는 것은 판매자의 자유가 아니라 구매자와 소비자의 자유이다. 왜냐하면 국가가 의도적으로 술을 구매할 수 없게 만드는 것은 술을 마시지 못하게 하는 것과 같을 수 있기 때문이다. 그러나 사무관은 "나는 한 시민으로서 나의 사회적 권리가 다른 사람의 사회적 행위로 인해 침해당하면, 언제든 그것을 입법으로 금지해 줄 것을 요구할 수 있다"고 말한다. 그러면서 [자신이 침해당하고 있는] 이 '사회적 권리'를 다음과 같이 정의한다. 즉, "나의 사회적 권리를 침해하는 것이 있

訳, 271쪽 참조.

다면, 확실히 주류酒類의 거래는 나의 사회적 권리를 침해하는 것이다. 그것은 끊임없이 사회 무질서를 유발하고 부추김으로써 안전이라는 나의 기본적 권리를 훼손하고 있다. 그것은 나의 평등권을 침해하고 있는데, 내가 세금으로 지원해야 할 비참한 사람들을 만들어 내고 그로부터 이익을 얻음으로써 그러하다. 내 인생행로를 위험으로 둘러싸고, 내가 상호 간의 조력과 교류를 요구할 권리가 있는 사회를 약화하고 타락시켜, 도덕적이고 지적인 측면에서 자유로운 발전에 대한 나의 권리를 방해한다." 이것은 아마도 과거에는 이렇듯 명확한 언어로 표현된 적이 결코 없는 "사회적 권리" 이론으로서 모든 개인의 절대적인 사회적 권리라 할 수 있다. 다른 모든 개인은 모든 측면에서 자신이 해야 하는 바를 정확히 해야 하며, 아주 사소한 일이라도 이를 게을리하는 사람은 누구든 나의 사회적 권리를 침해하는 것이고, 따라서 나는 입법부에 내가 겪는 고충을 제거해 달라고 요구할 자격이 있다는 의미에서 말이다. 이렇듯 기괴한 원리는 자유에 대한 개별적인 간섭보다 훨씬 더 위험할 수 있다. 이 원리로 정당화할 수 없는 자유의 침해는 없다. 의견을 드러내지 않고 그것을 비밀로 간직할 자유를 제외하고는 자유에 대한 그 어떤 권리도 인정하지 않는다. 왜냐하면 내가 유해하다고 생각하는 의견을 누군가가 말하는 순간, 그것은 동맹[의 사무관]이 내게 부여한 모든 "사회적 권리"를 침해하는 것이기 때문이다. 이런 이론은 모든 사람에게 서로의 도덕적·지적, 심지어 육체적 완성에 대해서도 신경 쓸 특권이 있으며, 완성[의 기준]은 권리를 요구하는 사람 자신의 기준에 따라 규정된다고 주장한다.

개인의 정당한 자유에 대한 부당한 간섭의 또 다른 중요한 예는 안식일 준수법이다. 이는 단순히 [장차 있을 수 있는] 위협에 그치는 것이 아니라 오랫동안 성공적으로 실시되어 왔던 예이다. 의심할 여지 없이, 삶의 조건이 허용하는 한, 한 주의 하루는 하던 일을 멈추고 쉬는 것은, 비록 종교적 측면에서 유대인을 제외한 다른 사람들에게는 구속력이 없다 해도, 매우 유익한 관습이다. 그런데 이런 관습은 노동계급 사이에서 그 실효성에 대한 광범위한 동의 없이는 지켜질 수 없고, 따라서 어떤 사람들이 안식일에 일함으로써 다른 사람들도 똑같이 그래야 할 필요성을 부과할 수 있는 한, 법으로 특정 요일에 주요 사업을 일시 중단함으로써 다른 이들이 준수하고 있는 그 관습을 각 개인도 준수할 수 있도록 하는 것은 허용할 만하고 정당화될 수 있다. 그러나 이런 정당성은 각 개인이 이 관습을 준수하면 다른 사람들에게 직접적인 이익이 될 수 있다는 근거에 기초하고 있으며, 어떤 사람이 자신의 여가 시간을 갖기에 적합하다고 생각해 스스로 선택한 직업의 경우에는 적용되지 않는다. 또한 유흥에 최소한이라도 일정한 법적인 제한을 두는 것에도 적용되지 않는다. 어떤 사람이 유흥을 즐기는 요일이 다른 사람에게는 일하는 요일이라는 것도 사실이다. 그러나 유용한 휴식은 말할 것도 없고, 많은 사람이 즐거움을 느낄 수 있다면, 소수의 사람이 일할 만한 가치가 있는 것이다. 그가 만약 그 노동을 자유롭게 선택하고 자유롭게 그만둘 수 있다면 말이다. 모든 사람이 일요일에 일을 한다면, 6일의 임금으로 7일을 일해야 한다는 노동자들의 생각은 전적으로 옳을 것이다. 그러나 대다수의 회사가 쉬는 한, 다른 이들의 즐거움을 위해 일해야 하는 소수의 사람은 그것에 비례해 더 많은 수입을 얻게 될 것이고, 만약 그들이 돈보다 여가를 더 선호한다면 그들이 그 일을 계속하지 않아도 된다. 만약 추가적인 개선책이 필요하다면, 그것은 이런 특수한 계층의 사람들을 위해 한 주의 다른 요일을 휴일로 지정하는 관습을 만드는 것에서 찾을 수 있다. 따라서 [모든 사람이 휴식을 취하기 위해] 일요일에 유흥을 금하는 것을 옹호할 수 있는 유일한 근거는 그것이 종교적으로 잘못되었다는 것인데, 이 같은 입법 동기에는 얼마든지 진지하게 항의해도 지나치지 않다. 신들에 대한 모욕은 신들에게 맡길 일이다.[10] 우리의 동포에게는 잘못이 아니지만 전능한 신을 모욕하는 것으로 추정되는 것에 사회나 그 사회의 관리들이 복수하기 위해서는, 신으로부터의 복수를 명령받았다는 것이 증명되어야 한다. 다른 이들이 계율을 따르도록 하는 것이 자신의 임무라고 생각하는 것은 모든 종교 박해를 행하는 토대였고, 만약 이 같은 생각이 받아들여진다면, 그와 같은 박해 역시 충분히 정당화될 것이다. 일요일에 철도가 운행되는 것을 중단시키려는 반복적인 시도와 박물관이 개관하는 것을 막으려는 모습 등에서 드러나는 감정이

---

10) 라틴어 "Deorum injuriae Diis curae"는 '신들에 대한 모욕은 신들에게 맡길 일이다'Injuries to the gods are the concern of the gods, or let wrongs done to the gods be avenged by the gods를 의미한다. 이 말은 대체로 신에 대한 모욕은 국가가 나서서 처벌하기보다 신의 처벌에 맡겨야 한다는 의미이다. 이 표현은 타키투스Tacitus가 쓴 『연대기』Annals I.73에 처음 나온다. 해당 구절은 다음과 같다. "마지막으로 거짓 맹세 문제는 유피테르의 경우와 마찬가지로 생각되어야 한다. 신들에 대한 모독은 신들의 판단에 맡길 일이다." 『타키투스의 연대기』, 박광순 옮김, 범우, 2005, 117쪽.

옛날 [종교] 박해자들에게서 나타나는 잔인함과는 다르다 해도, 정신의 상태는 근본적으로 동일한 것으로 보인다. 이것은 다른 사람들의 종교가 허용하는 것이라도, 박해자의 종교에서는 허용되지 않기 때문에, 다른 사람들 역시 그것을 하지 못하도록 하겠다는 결심이다. 이것은 신이 불신자의 행동을 혐오할 뿐만 아니라, 신은 우리가 그런 사람들을 그냥 두는 것을 죄가 없다고 생각하지 않을 것이라는 신앙이다.

나는 일반적으로 인간 자유를 경시했던 사례들에 덧붙이고 싶은 사례가 있다. [그 사례는] 모르몬교라는 놀라운 현상에 관심이 집중될 때마다 영국의 언론에서 노골적인 박해의 말이 쏟아져 나온다는 것이다. 새로운 계시라고 주장된 것, 그리고 그것에 기초해 만들어진 종교, 곧 모두 명백한 사기의 산물을, 창시자의 어떤 특출난 자질이 가진 명성에 의해 뒷받침되지 않음에도 신문, 철도, 전신의 시대에 살고 있는 수십만 명의 사람들이 믿고 있으며, 이 종교가 어떤 사회[11]의 기초가 되었다는 뜻밖의 교훈적 사실 등에 대해서는 많은 것들이 논의되어야 한다. 여기서 우리의 관심을 끄는 것은 그 밖의 좀 더 선한 종교에서와 마찬가지로 이 종교에도 순교자가 있다는 것이다. 모르몬교의 예언자이자 창시자[12]는 자신의 가르침 때문에 폭도들에게 처형당했다. 또 다른 신도들도 동일한 무법적 폭력으로 목숨을 잃었다. 그들이 자신들이 처음 나고 자란 지역에서 강제로 추

---

11) 예를 들어, 모르몬교도들은 박해를 피해 미국의 유타주, 사막 한가운데 위치한 솔트레이크시티로 이주해 자급적 공동체를 세웠다.

방당해 사막 한가운데 외진 곳으로 쫓겨나자, 이 나라[영국]의 많은 사람이 그곳으로 원정대를 보내 자신들의 의견을 따르도록 무력으로 강요하는 것이 옳다고(그것은 손쉬운 일은 아니다) 공공연하게 주장했다. 모르몬교의 교리 가운데 종교적 관용의 일반적인 한계를 넘어 사람들에게 반감을 불러일으킨 것은 일부다처제에 대한 허용이다. 비록 일부다처제가 이슬람교와 힌두교, 중국인들 사이에서 허용되고는 있지만, 영어를 사용하는 일종의 그리스도교인이라고 자처하는 사람들 사이에서 일부다처제가 실행될 경우, 이는 억누를 수 없는 적대감을 불러일으키는 것 같다. 모르몬교의 이런 제도를 나보다 더 강력하게 반대하는 사람은 없을 것이다. 여러 이유가 있지만 일부다처제는 어떤 식으로든 자유라는 원리로 지지될 수 없다. 그것은 오히려 [자유라는 원리에 대한] 직접적인 위반이다. 즉, 공동체 절반[여성]을 그저 사슬로 단단히 묶어 두고, 나머지 절반[남성]에 대해서는 여성들에 대한 의무의 상호성으로부터 해방하는 것이다. 그럼에도, 이런 일부다처제의 관계에서 피해자로 간주될 수 있는 여성들이 다른 형태의 결혼 제도에서와 마찬가지로, 자신들의 편에서 자발적으로 그것에 참여했다는 점을 기억해야 한다. 이런 사실이 제아무리 놀라워 보이더라도, 여성들에게 결혼이 반드시 필요하다고 생각하도록 가르쳐, 아내가 되지 않는 것보다 여러

---

12) 모르몬교로 알려진 후기 성도들의 예수그리스도 교회를 세운 미국의 종교 지도자 조지프 스미스Joseph Smith(1805~44년)다. 이들이 믿는 새로운 계시는 스미스가 어느 날 기도 후에 천사의 방문을 받고 발견한 금판에 새겨진 내용으로 모르몬경의 근간이 된다.

명의 아내 가운데 한 명이라도 되는 것이 더 낫다고 많은 여성들이 생각하도록 만드는 세상의 일반적인 사상과 관습으로 설명할 수 있다. [그들은] 다른 나라에 이 같은 결혼 제도를 인정해 달라고 요구하거나, 그 나라의 주민 가운데 일부가 모르몬교 교인이라는 이유로 그들을 그 나라에서 적용하는 법으로부터 면제해 달라고 요구하지도 않는다. 그럼에도 다수와는 다른 의견을 가진 이들이 다른 사람들로부터 정당하게 받을 수 있는 것 이상으로 적대적 감정들을 받게 되자, 그들은 자신들의 교리가 용인되지 않는 나라를 떠나 지구 저편 구석에 자리를 잡았고, 그곳을 처음으로 인간이 거주할 수 있는 곳으로 만들었다. 그들이 다른 나라를 침략하지 않았고, 자신들의 삶의 방식에 만족하지 않는 사람들에게 떠날 수 있는 완전한 자유를 허용한다면, 그들이 원하는 법에 따라 그곳에서 사는 것을 막을 수 있는 방도는 폭정의 원리를 제외하고는 찾아보기 어렵다. 최근 상당한 공로를 쌓은 한 작가는 일부다처제 공동체에 반대하면서, 자신이 문명의 퇴보적 행보로 간주하는 것을 종식하기 위해 십자군이 아니라 (자신의 말을 인용하자면) 문명화 원정대를 파견하자고 제안하고 있다. 일부다처제는 나에게 문명의 퇴보적 행보로 보이지만, 나는 어떤 사회가 다른 사회에 문명화를 강제할 권리가 있는지는 모르겠다. 악법의 피해자들이 다른 사회의 도움을 요청하지 않는 한, 나는 그들과 전혀 관련이 없는 사람들이 개입해야 한다는 것을 인정할 수 없다. 즉, 직접적으로 관련된 모든 사람이 만족하는 것처럼 보이는 상황을, 그것에 관련도 없고 이해관계도 없는, 수천 마일이나 떨어져 있는 사람들이 보기에 불쾌해 보인다는 이유로, 폐지할 것을 요구한다는 것을 인정할 수 없다. [이들에게 일부다처제가 그토록 불쾌해 보인다면] 그들이 원할 경우, 선교사를 보내어 그것에 반대하도록 하면 된다. 그리고 공정한 방법으로 그 나라의 사람들 사이에서 [일부일처제와] 유사한 교리가 퍼지는 것에 반대하도록 하자([모르몬교의] 교리를 설파하는 사람을 침묵시키는 것은 정당한 방법이 아니다). 야만이 세상을 지배할 때에도 문명이 야만에 승리를 거둬 왔다면, 문명이 상당히 진행된 후에, 야만이 되살아나 문명을 정복할 우려가 있다고 공언하는 것은 지나친 일일 것이다. 정복한 적에게 압도될 수 있는 문명은 틀림없이 몰락한 것이고, 임명된 성직자나 교사, 또는 그 밖의 그 누구도 그것을 감당할 능력이 없거나, 그런 수고로움을 감수할 생각이 없는 것이 틀림없다. 만약 그렇다면, 그런 문명은 빨리 청산하라는 통보를 받는 것이 더 나을 것이다. 그렇지 않으면 활력이 넘치는 야만인들에 의해 (서로마제국과 마찬가지로) 파괴되어 재건될 때까지, 그 문명은 계속해서 점점 더 나빠질 수 있다.

5장
적용

이 책에서 주장해 온 원리들을 통치[정부]와 도덕의 다양한 부분들에 일관되게 적용할 수 있고, 이를 통해 우리가 어떤 이점을 기대할 수 있으려면, 그에 앞서 이 원리들을 구체적이고 세부적인 문제들을 논의하기 위한 토대로 좀 더 일반적으로 받아들여야 한다. 구체적으로 세부적인 문제를 이해하기 위해 내가 제안하는 몇 가지 의견들은 이 원리들을 설명하기 위해 생각해 낸 것뿐이지, [각각의 사례에서] 이 원리들을 끝까지 따랐을 때 도달하는 결론을 제시하려고 하는 것은 아니다. 나는 수많은 적용 사례들을 보여 주려는 것이 아니라, 이런 원리들을 적용할 수 있는 본보기를 제공하려고 한다. 이 본보기는 이 글의 전체 교리를 형성하는 두 가지 격률의 의미와 한계를 더욱 명확히 하는 데 도움이 되며, 두 가지 일반 격률 가운데 어느 것을 적용해야 할지 문제가 될 경우, 어느 것이 더 결정적인지를 판단하는 데 도움이 될 것이다.

두 가지 격률 가운데 첫 번째는, 개인의 행동이 자기 자신을 제외한 그 누구의 이익에도 영향을 미치지 않는 한, 자신의 행동에 대해 사회에 책임이 없다는 것이다. 다른 사람들은 자신의 이익을 위해 필요하다고 생각하는 경우 충고, 가르침, 설득, 회피 등과 같은 수단을 사용할 수 있는데, 이런 조치들은 사회가 누군가의 [그 자신과 관계된] 행동에 대한 반감이나 비난을 정당하게 표현할 수 있는 유일한 수단이다. 두 번째는 개인은 다른 사람들의 이익에 해를 끼치는 행위에 대해서는 책임을 져야 하며, 만약 사회가 사회를 보호하기 위해 어떤 것이든 필요하다고 판단한다면, 개인은 사회적 또는 법적 처벌을 받게 될 것이다.

우선, 다른 사람의 이익에 피해를 주거나, 피해를 줄 가능성이 있다는 것만으로도 사회의 간섭을 정당화할 수 있지만, 그것이 사회의 간섭을 언제나 정당화한다고 여겨서는 결코 안 된다. 한 개인이 정당한 목적을 추구하는 과정에서, 필연적으로 그러다 보니 합법적으로, 다른 사람들에게 고통을 주고 손실을 입히거나, 다른 사람들이 마땅히 기대할 수 있는 이익을 가로채는 경우가 많이 있다. 개인들 간의 이런 이익 갈등은 종종 형편없는 사회제도로부터 발생하기도 하는데, 그런 갈등은 그 제도가 유지되는 동안 피할 수 없다. 그리고 일부의 갈등은 어떤 제도 아래에서도 피할 수 없을 것이다. 경쟁이 심한 직업이나 실력을 겨루는 시험에서 성공하는 사람들, 즉 같은 목표를 향해 경쟁을 하고 그 경쟁에서 승리하는 사람들은 다른 이의 실패로부터, 즉 그들의 헛된 노력과 실망으로부터 혜택을 누리게 된다. 그러나 누구나 인정하듯, 전체 인류의 이익에 더 바람직한 것은 바로 사람들이 이 같은 결과에 구애받지 않고 자신의 목표를 추구해야만 한다는 것이다. 바꾸어 말하면, 사회는 경쟁에서 실패한 사람들에게 이런 종류의 고통에서 벗어날 권리를 그것이 법적이든 도덕적이든 인정하지 않는다. 사회는 성공을 위해 사기나 배신, 그리고 폭력과 같은 수단이 일반적인 이익에 반해 사용되었을 때에만 간섭해야 한다고 느낀다.

다시 말하자면, 거래는 사회적 행위이다. 어떤 종류의 상품이든 대중에게 팔려고 하는 사람은 다른 사람들과 사회 전반의 이익에 영향을 미친다. 따라서 원칙적으로 그의 행동은 사회의 관할권 안에 들어온다. 그러므로 중요하다고 여겨지는 모든 경우에, 가격을 정하고 제조 과정을 규제하는 것이 정부의 의무였던 때도 있었다. 그러나 오랜 투쟁 끝에 이제 비로소 생산자와 판매자에게 완전한 자유를 허용함으로써, 구매자에게도 어디에서나 상품을 자유롭게 구매할 수 있는 동등한 자유를 제공한다는 유일한 제약하에서, 저렴하면서도 품질 좋은 상품을 제공할 수 있다는 것이 인정된다. 이것이 이른바 자유 거래의 교리이다. 이는 이 글에서 강력하게 주장하는 개인의 자유 원리와는 다른 근거에 의존하지만, 이와 마찬가지로 견고하다. 거래에 대한 또는 거래 목적을 위해 이루어지는 생산에 대한 제한은 사실상 규제이고 모든 규제는, 규제로서, 악이다. 그러나 여기서 문제가 되는 규제는 사회가 제약할 권한이 있는 행동[다른 사람의 이익에 해를 끼치는 행동]의 부분에만 영향을 미치며, 이런 규제는 오직 그런 규제를 통해 기대하는 결과가 실제로 나타나지 않았기 때문인 한에서만 잘못된 것이다. 개인의 자유 원리는 자유 거래의 교리에 포함되지 않는 것처럼, 자유 거래 교리의 한계와 관련해 발생하는 대부분의 문제들, 예를 들어 상품의 품질을 떨어뜨리는 사기 행위를 방지하기 위해 공적인 통제가 얼마나 많이 허용될 수 있는지, 위험한 직업에 고용된 노동자들을 보호하기 위한 위생 조치나 설비를 고용주들에게 어느 정도 강요할 수 있는지 등과 같은 문제들 역시 개인의 자유 원리와 관련이 없다. 이런 문제들에서도 자유에 대한 고려를 필요로 하는데, 이는 다른 모든 조건이 동일하다면,[1] 사람들을 자유롭게 놔두는 것이 통제하는 것보다 언제나 더 나은 경우에 한에서만 그러하다. 그러나 이런 목적[사기 방지나 노동자 보호 등]을 위해서라면 그들을 합법적으로 통제할 수 있다는 것은 원칙적으로 부정할 수 없을 것이다. 다른 한편, 거래에 대한 간섭과 관련된 문제들이 있는데, 이는 본질적으로 자유에 대한 문제들이다. 이미 언급한 금주법과 중국으로의 아편 수입 금지, 독약 판매 제한의 경우가 그러한데, 이는 간단히 말해 특정 상품을 구하기 불가능하게 하거나 어렵게 하는 것이다. 이런 간섭은 생산자나 판매자의 자유에 대한 침해가 아니라, 구매자의 자유를 침해하는 것으로 반대할 만하다.

이런 사례 가운데 하나인 독약 판매는 새로운 문제를 제기하는데 그것은 경찰 업무의 적절한 한계가 무엇인지, 범죄나 사고 예방을 위해 자유를 어느 정도까지 정당하게 침해할 수 있는지의 문제다. 범죄가 발생한 후 이를 수사하고 처벌하는 것만큼 범죄가 자행되기 전에 범죄 예방 조치를 취하는 것도 논란의 여지가 없는 정부의 업무 가운데 하나다. 그러나 정부의 예방 업무는 처벌 업무보다 훨씬 더 남용되기 쉬워, 자유를 손상하기 쉽다. 왜냐하면 인간 행동의 합법적인 자유는 이런저런 형태의 범죄행위를 상당히 쉽게 할 수 있도록 하는 것처럼 보일 수 있기 때문이다. 그럼에도 불구하고, 만약 누군가 범죄를 저지르려고 준비하는 것이 명백해 보인다면, 공권력 심지어 민간인도 그 범죄가 이루어질 때까지 방관해야만 하는 것이 아니라, 범죄를

---

1) 라틴어 "Ceteris paribus"는 '다른 모든 조건이 동일하다면'other things being equal을 의미한다.

막기 위해 간섭할 수 있다. 만약 독약이 살인하는 데 사용되는 것을 제외하고 그 어떤 목적을 위해서도 구입되거나 사용되지 않는다면, 독약의 제조와 판매를 금지하는 것은 정당할 것이다. 그러나 독약은 악의가 없는 유익한 목적을 위해 필요할 수도 있으며, 게다가 이런 제한들을 어느 정도 '범죄가 되는 경우'에는 하고, 어느 경우[범죄가 아닌 경우]에는 안 하는 식으로 부과할 수 없다. 다시 말하지만, 사고를 예방하는 것 역시 공권력의 고유 업무다. 공무원이나 그 외 누구든 안전하지 않다고 확인된 다리를 건너려는 사람을 보았고, 그 사람에게 위험을 경고할 시간적 여유가 없었다면, 그를 붙잡아 돌려세우는 것도 그 사람의 자유를 침해하는 것이 전혀 아니다. 왜냐하면 자유는 그가 원하는 것을 하는 것인데 그는 분명 강물에 빠지기를 원하지 않기 때문이다. 그럼에도 불구하고, 해악의 확실성이 아니라 위험성이 있을 때, 그 사람 자신을 제외한 그 어떤 누구도 그 사람에게 그 위험을 감수할 만한 동기가 있었는지 여부를 판단할 수 없다. 따라서 이런 경우에 (그가 어린아이이거나, 정신착란이 있거나, 자신의 숙고 능력을 충분히 발휘하지 못할 정도로 흥분 상태에 있거나 무언가에 과하게 빠져 있는 것이 아니라면) 나는 그에게 위험에 대한 경고만을 해야 하고 그 위험에 스스로 노출하는 것을 강제로 금지해서는 안 된다고 생각한다. 이와 같은 고려 사항을, 독약 판매와 같은 문제에 적용해 보면, 다양한 규제 방법 가운데 어느 것이 자유 거래의 원리에 위배되는지 그렇지 않은지를 우리가 결정할 수 있다. 예를 들어, 약물의 위험성을 알리는 문구를 제품에 표기하는 것과 같은 예방 조치들은 자유를 침해하지 않고도 강제될 수 있다. 구매자가 자신이 구매한 물건에 독성이 있다는 사실을 알고 싶어 하지 않을 수는 없다. 그러나 모든 경우에 의사들의 증명서를 요구하는 것은 때로는 그 약품을 합법적 용도로 사용하는 것을 불가능하게 만들 수 있고, 대체로는 가격이 비싸질 것이다. 범죄가 아닌 다른 목적을 위해 독성 물질을 원하는 사람들의 자유를 침해하지 않고, 독성 물질을 통해 발생할 수 있는 범죄를 어렵게 만드는 유일한 방법은 내가 보기에 바로 [법적 효력을 지닐 수 있는 것으로] "사전에 지정된 증거"[2]라고 벤담이 적절하게 부르는 조항을 규정해 두는 것이다. 이런 조항은 계약을 하는 모든 사람에게 익숙한 것이다. 계약을 맺을 때, 법이 체결한 계약이 이행되는 조건으로, [계약 당사자들의] 서명이나, 입회인의 서명과 같이 신뢰할 수 있는 형식의 절차를 준수하도록 요구하는 것은 통상적이고 당연하다. 이는 차후에 분쟁이 생겼을 때, 그 계약이 실제로 체결되었음을 그리고 법적으로 무효가 될 만한 상황이 없었음을 증명할 증거가 되도록 하기 위해서다. 이것은 허위 계약이나 차후에 알려지면 계약의 효력이 파괴될 수 있는 상황에서 체결될 수 있는 계약을 미연에 방지하는 효과가 있다. 범죄 수단으로 악용될 만한 물품의 판매에서도 비슷한 종류의 예방책이 시행될 수 있다. 예를 들어, 판매자에게 정확한 매매 시간, 구매자의 이름과 주소, 판매한 물건의 특성과 수량, 그리고 물품의 사용 목적을 물어보고 판매자는 그

---

2) 이 표현은 존 스튜어트 밀 자신이 편집한 Jeremy Bentham, *Rationale of Judicial Evidence*, John Stuart Mill ed., London: Hunt and Clarke, 1827, p. 56(제1권 제4장)에 나오는 표현이다. 이 책은 구글 도서에서 전자책으로 이용할 수 있다.

대답을 명부에 기록하도록 요구할 수 있다. 의사의 처방전이 없는 경우, 제3자의 입회를 요구할 수 있다. 나중에 그 물품이 범죄 목적으로 사용되었다는 믿을 만한 이유가 있을 경우, 구매자에게 구입 사실을 환기하기 위해서다. 이런 규제는 일반적으로 그 물품을 획득하는 데 사실상 어떤 장애도 되지 않을 것이다. 그러나 발각되지 않고 그것을 부당하게 사용하려고 할 때는 무시할 수 없는 장애가 될 것이다.

　사회는 예방책을 통해 범죄를 막을 수 있는 고유한 권한을 가지고 있다. 이는 순수하게 자기 자신과 관련된 비행非行을 예방이나 처벌의 방식으로 간섭하는 것은 정당화될 수 없다는 격률에 명백히 한계가 있음을 시사한다. 예를 들어, 통상적으로 술에 취하는 것은 법률로 간섭할 수 있는 적합한 대상이 아니다. 그러나 나는 과거에 술에 취해 다른 사람들에게 폭력을 행사해 유죄판결을 받았던 사람의 경우, 그 사람에게 국한해 법률로 특별히 제한을 가하는 것은 충분히 정당하다고 생각한다. 만약 그가 이후에 또 술에 취한 것이 발견되면, 처벌을 면할 수 없고, 그 상태에서 그가 또 다른 범죄를 저질렀을 때, 해당 범죄에 대해 그가 받아야 할 처벌은 더 엄중해야 한다. 술에 취해 다른 사람에게 해를 끼치는 사람이 술에 취한다면 그것은 타인에 대한 범죄가 된다. 게으름도 마찬가지다. 공공 보조를 받는 사람이나 게으름으로 인해 계약이 파기되는 경우를 제외하고, 게으름을 법적 처벌의 대상으로 삼는 것은 폭정이다. 그러나 게으름이나 다른 피할 수 있는 원인 때문에 만약 어떤 사람이, 예를 들어 자녀를 부양해야 하는 것과 같이, 타인에 대한 자신의 법적 의무를 이행하지 않을 때, 다른 수단이 없다면 강제 노동으로 그 의무를 완수할 수 있도록 강제하는 것은 폭정이 아니다.

또한 직접적으로 오직 행위자 자신에게만 해를 끼치는 많은 행위가 있다. 그런 행위들을 법으로 금지할 수는 없다. 그러나 만약 그런 행위가 공개적으로 행해졌다면, 그것은 미풍양속을 어지럽히는 것이고 따라서 다른 사람에 대한 범죄의 영역에 속하게 될 수 있으며, 따라서 이를 금지하는 것이 정당할 수 있다. 이런 종류에는 풍기문란 행위가 있다. 이에 대해 길게 논의할 필요가 없다. 그것들은 우리의 주제[타인의 이익을 해치는 행위]와 간접적으로만 연결되어 있기 때문이다. 그 자체로는 비난받을 수도 없고, 비난해서도 안 되는 것으로 간주되는 행동들 가운데 그것이 공개적으로 행해질 경우에는 똑같이 강한 반대가 있는 것들이 상당수 있다.

지금까지 언급된 원리들과 일관되는 답을 찾아야 하는 또 다른 문제가 있다. 어떤 개인적 행위는 비난받아 마땅하지만 그 행위로 인해 직접적으로 초래되는 악이 전적으로 행위자에게만 국한되기 때문에 자유를 존중하기 위해 사회가 이를 금지하거나 처벌할 수 없는 경우가 있다. 그렇다면 누군가가 자신이 자유롭게 할 수 있는 일을 다른 사람들도 똑같이 하도록 자유롭게 조언하거나 부추기는 것은 어떨까? 이것은 쉬운 문제가 아니다. 다른 사람에게 어떤 행위를 하도록 간청하는 것은 엄밀히 말해 자기 자신에게만 관련된 행위가 아니다. 누군가에게 충고하거나 권유하는 것은 사회적 행위이며, 따라서 다른 사람들에게 영향을 미치는 행위 일반과 마찬가지로 사회적 통제를 받아야 할 것이다. 그러나 조금만 곰곰이 생각해 보면, 비록 이런 경우가 엄밀하게 개인적 자유로 규정되지 않는다고 해도, 여전히 개인적 자유의 원리가 근거하고 있는 이유를 이 경우에 적용해 보면, 처음의 잘못된 생각[즉, 조언과 충고는 사회적 통제를 받아야 한다는 생각]을 바로잡을 수 있다. 만약 사람들이, 오직 그들 자신에게만 관련된 것이 무엇이든 스스로 위험을 무릅쓰고 그들 자신에게 최선인 것처럼 보이는 행위를 하도록 허용해야 한다면, 무엇을 하는 것이 좋을지에 대해 서로 자유롭게 상의하고, 의견을 교환하며, 제안을 주고받을 수 있어야 한다. 어떤 일을 하는 것이 허용된다면, 그 일을 하도록 충고하는 것 역시 반드시 허용되어야 한다. 하지만 문제는 선동가가 자신의 조언으로부터 개인적인 이익을 취할 때, 또한 사회나 국가가 악으로 여기는 것을 장려하는 것을 생계나 금전상 이익을 위해 직업으로 삼을 때 발생한다. 말하자면, 공공의 복리로 간주되는 것과 상충되는 이익을 갖고 공공의 복리를 방해하는 것에 기초한 생활 방식을 가진 계층의 사람들로 말미암아 복잡한 문제가 새롭게 발생한다. 이것에 간섭해야 하는가 아니면 간섭하지 말아야 하는가? 예를 들어, 성매매는 용인되어야 하고 마찬가지로 도박 역시 용인되어야 한다. 그런데 어떤 사람이 성매매를 알선하거나 도박장을 경영할 자유도 있어야 하는가? 이런 사례는 앞에서 말한 두 가지 원리의 경계선 위에 정확히 놓여 있는 사례 가운데 하나로, 두 원리 가운데 어디에 속하는지가 명확하지 않은 사례이다. 양측 모두 나름의 논거가 있다. 관용해야 한다는 입장에서는 다음과 같이 주장할 수 있다. 즉, 어떤 행위가 직업이 아닐 경우 허용된다면, 그 직업에 종사함으로써 생계를 유지하거나 이득을 얻는다는 사실만으로 범죄가 될 수 없다. 그런 행위는 일관되게 허용되거나 일관되게 금지되어야 한다. 만약 우리가 지금까지 옹호해 왔던 원리가 참이라면, 사회는 오직 개인에게만 관계된 어떤 행위를 잘못된 것이라고 결정할 그 어떤 권한도 사회로서 가질 수 없다. 사회는 설득하고 만류하는 것 이상으로 할 수 없다. 그리고 개인에게 무엇을 하지 말라고 누군가를 설득할 자유가 있다면, 무엇을 하라고 설득할 자유 역시 있어야 한다. 이에 반대하는 입장은 다음과 같이 주장할 수 있다. 즉, 공중이나 국가에는 억제나 처벌을 목적으로 오직 개인의 이익에만 영향을 미치는 이런저런 행동에 대해 그것이 선한지 악한지를 권위 있게 결정할 수 있는 권한이 없다. 그러나 만약 사회나 국가가 그런 행동을 악한 것으로 간주한다면, 그들이 그것이 선한지 악한지를 적어도 논쟁의 여지가 있는 문제로 가정하는 것은 전적으로 정당하다. 그렇다면 공중이나 국가가 사리사욕을 채우려는 교사자 — 공정하지도 않고, 국가가 잘못된 것이라고 믿는 쪽을 지지하며 개인적 이해관계를 갖고 명백하게 개인적 목적을 위해서만 일을 진행시키는 사람들 — 의 알선 행위가 미치는 영향을 배제하려고 애쓰는 것이 잘못일 수는 없다. 자기 자신의 이익과 관련된 목적을 위해 사람들의 관심을 자극하는 이들의 술책으로부터 가능한 한 멀리 떨어져, 사람들이 현명하든 어리석든 자기 스스로 선택을 한다면, 그 어떤 이익의 희생도 없을 것이고, 잃을 것도 없을 것이 분명하며, 또 누군가 그렇게 권고할 수도 있다. 따라서 도박을 불법으로 규정하는 법률을 옹호할 수는 없더라도 — 모든 사람이 자신의 집이나 다른 사람의 집에서 또는 그들 스스로 자금을 마련해 만든 모임과 오직 회원과 회원의 손님에게만 공개되는 모임의 장소에서 도박을 할 자유가 있다 해도 — 여전히 공공 도박장을 허용해서는 안 된다(라고 말할 수 있다). 그것을 금지하는 것은 실효성이 없을 수 있고 경찰의 강압적인 단속이 어느 정도든 간에 도박장은 언제나 위장된 형태로 유지될 수 있다는 것 또한 사실이다. 그러나 도박장은 사람들이 알아보지 못할 정도로 은밀하게 운영될 수밖에 없다. 그러니까 도박장을 찾아다니는 사람을 제외하고 그 도박장에 대해 아무도 알지 못할 것이다. 사회는 이것 이상의 것을 목표로 삼지 말아야 할 것이다. 이런 주장에는 상당한 설득력이 있다. 그러나 주범은 벌금이나 감금으로부터 자유롭고(또 그래야만 한다), 범행의 종범을 처벌하는 도덕적 변칙, 즉 성매매를 하는 사람이 아니라 성매매 알선자, 또한 도박꾼이 아니라 도박장의 관리자들에게만 벌금을 물리거나 감금하는 것이 충분히 정당화되는지를 나는 함부로 단정하지 않을 것이다. 유사한 이유로 매매 행위 일반이 방해받는 것은 더더욱 안 된다. 매매되는 거의 모든 물품은 지나치게 많이 소비될 수 있다. 그리고 판매자는 이런 과잉 소비를 조장하면서 금전상 이익을 취할 수 있다. 그러나 이것을 근거로 어떤 주장, 예를 들면 금주법에 찬성할 수 없다. 왜냐하면 알코올이 들어간 음료[3]를 판매하는 부류의 사람들은, 비록 그들이 과음을 조장해 이익을 얻는다고 해도, 술을 합법적인 용도로 사용하기 위해 꼭 필요하기 때문이다. 그러나 과음을 조장함으로써 판매자가 얻는 이익은 진정한 악이며, 그렇기 때문에 국가가 제한을 가하고 보증을 요구하는 것은 정당하다. 그렇지만, 이 같은 경우를 제외하고 제한을 가하고 보증을 요구하는 것은 합법적인 자유에 대한 침해가 될 것이다.

또 다른 문제는, 국가가 행위자의 최상의 이익에 반한다고 간주되는 행동을 [자유의 원리에 따라 직접적으로 억제하지 못하고] 허용할 수밖에 없다 해도, 이를 간접적으로는 억제할 수 있는지 여부다. 예를 들어, 술에 취하는 데 들어가는 비용을 올리거나, 판매 장소의 수를 제한함으로써 술을 구하기 어렵게 하는 조치를 강구할 수 있는지 여부다. 대부분의 다른 실제적인 문제들과 마찬가지로, 이 문제에 대해서도 많은 구분이 있어야 할 것이다. 오로지 술을 구하기 어렵게 만들기 위한 목적으로 세금을 부과하는 것은 그것을 전면적으로 금지하는 것과 정도의 차이만 있을 뿐이며, 전면 금지가 정당화될 수 있는 경우에만 [세금을 부과하는 것 역시] 정당화될 수 있을 것이다. 모든 비용 증가는 인상된 가격을 감당할 수 없는 사람들에게는 금지와 매한가지이며, 감당할 수 있는 사람들에게는 특정한 취향을 즐기는 것에 대해 벌금을 부과하는 셈이다. 국가와 개인에 대한 법적·도덕적 의무를 이행한 사람에게, 자신이 좋아하는 것으로 무엇을 선택하고 자신의 소득을 어떻게 지출할지는 그들 자신만의 고

---

3) "strong drinks"는 간혹 '독주'로 옮겨야 할 경우도 있지만, 대체로 '알코올이 들어가지 않은 음료'를 가리키는 'soft drink'와 대비해 '알코올이 조금이라도 첨가된 음료', 즉 주류酒類를 가리키는 일반적인 표현이다. 통상적으로 이 글에서 다루고 있는 금주법은 1851년 메인주에서 처음 제정된 메인 법이지만, 20세기 초 미국에서는 1919년 볼스테드 법Volstead Act을 통해, "이 법에 의해 허용된 경우를 제외하고 어느 누구도 조금이라도 독주[알코올이 첨가된 음료]를 제조하거나, 팔거나, 물물교환하거나, 운송·수입·수출할 수 없으며, 제공하지 않는다"고 명시했다. 여기서 중요한 것은 독주의 기준인데, 볼스테드 법은 독주를 알코올 함유 0.5% 이상인 모든 음료로 정의해, 사실상 모든 종류의 술 제조와 판매를 금지했다.

유한 관심사로, 그들 자신의 판단에 맡겨야 한다. 이런 생각은 일견 세입 목적을 위한 특별 과세 대상으로 술을 선택하는 것을 비난하는 것처럼 보일 수 있다. 그러나 재정적인 목적을 위한 과세는 절대적으로 불가피하다는 점을 기억해야 한다. 대부분의 나라에서 이런 과세의 적지 않은 부분이 간접세로 부과되고 있다는 것을 기억해야만 한다. 따라서 국가는 일부 소비 품목의 사용에 대해, 어떤 사람들에게는 [소비] 금지를 의미할 수 있는 벌금을 부과하지 않을 수 없다. 세금의 부과에서 소비자들에게 없어서는 안 되는 것이 무엇인지 고찰하는 것이 국가의 직무다. 그리고 특히 적절한 수준 이상으로 더 많이 사용하면 아주 해롭다고 생각되는 것들을 우선적으로 선택하는 것도 국가의 직무다. 따라서 최대의 세입을 창출하는 정도까지 술에 대한 과세는 (국가가 과세로 산출되는 세입을 모두 필요로 한다는 가정 아래에서) 허용될 뿐만 아니라 승인될 수 있다.

이런 상품[주류]들의 판매를 어느 정도 배타적인 특권[독점권]으로 만들 것인지의 문제는, 그 제한이 어떤 목적에 공헌하는지에 따라 달리 대답해야 한다. 모든 공공 휴양지에서는 [예컨대, 주류 판매에 대한] 경찰의 제재가 필요한데, 이런 종류의 장소에서는 반사회적인 범죄가 발생하기 쉽기 때문이다. 따라서 (적어도 바로 그 현장에서 소비되는) 이런 상품을 판매할 권한을 존경할 만한 행위를 하는 사람으로 알려져 있거나 보증된 사람들에게 국한하는 것이 적합하다. 개점과 폐점 시간에 관한 공공 감시 규정을 만드는 것은 없어서는 안 될 것이다. 그리고 만약 가게 주인의 무능력과 간과로 말미암아 치안 유지가 반복적으로 어려워지거나 그 가게가 법을 위반하고 범죄를 모의하는 장소가 된다면, 그 면허를 철회하는 것도 적절하다. 나는 그 이상의 억제는 원칙적으로 정당하다고 생각하지 않는다. 예를 들어, 맥줏집이나 독주4)를 판매하는 곳에 접근하는 것을 어렵게 하기 위해, 술에 유혹될 기회를 줄이기 위한 목적으로 술집의 수를 제한하는 것은, 물론 일부 사람들에 의해 그 시설이 남용될 수 있다고 해도, 모든 사람에게 불편을 초래하는 것이다. 게다가 이런 제한은 노동자계급을 아동이나 야만인으로 취급하며, 그들이 미래에 자유의 특권을 누리기 적합하도록 만들기 위해 자제력을 가르치는 그런 사회에나 적합해 보인다. 그 어떤 자유국가에서도 이런 원리로 노동자계급을 공공연하게 통치하지 않는다. 자유에 합당한 가치를 두는 사람은 자유를 위해 그들을 교육하고 그들을 자유인으로 통치하기 위한 모든 노력을 경주한 후가 아니라면, 또한 그들을 어린이로 [간주해] 통치할 수밖에 없다는 것이 명백하게 증명되지 않는 한, 그들이 이런 통치를 받는 것에 지지를 보내지 않을 것이다. 이 같은 대안을 단순히 언급하는 것만으로도, 여기서 살펴볼 필요가 있는 모든 사례들에서 그런 노력이 [충분히] 이루어졌다는 가정은 불합리하다는 점이 드러난다. 그 이유는 이 나라의 제도가 모순 덩어리이기 때문이다. 즉, 영국에서는 많은 것이 전제적 정부 또는 부권적이라고 불리는 정부 체계에 속하는 관행으로 허용되는 반면, 영국의 제도들에 만연한 자유는 억제가 도덕교육으로서

---

4) 여기서 독주로 옮긴 "spirit"은 일반적으로 알코올 함유 20% 이상의 증류주를 가리킨다.

어떤 실질적인 효과를 내는 데 필요한 만큼의 통제력을 행사하지 못하도록 가로막는다.

이 글의 초반부에서 지적했듯, 오직 자기 자신과 관련된 일에서 개인의 자유는 이에 상응하는 자유, 즉 수많은 개인이 상호 간 합의에 의해 자신들 모두에게 관련되어 있고 자신들 이외에는 어떤 사람과도 관계없는 일들을 단속할 자유를 내포하고 있다. 관련된 모든 개인의 마음이 변하지 않는 한, 이 문제에서 그 어떤 어려움도 발생하지 않는다. 그러나 마음이 변한다면, 오직 그들 자신들만 관계된 그런 일이라도, 그들은 종종 서로 계약을 맺어야만 한다. 그리고 그들이 그런 계약을 맺으면, 그 계약이 지켜져야 한다는 것도 일반적 규칙으로서 적합하다. 하지만 아마 모든 나라의 법에서, 이 일반적인 규칙에는 몇 가지 예외가 있다. 사람들은 제3자의 권리를 침해하는 계약을 유지하지 않아도 된다. 이뿐만 아니라, 계약이 당사자 자신에게 해를 끼치는 경우, 이 역시 계약을 해지할 수 있는 충분한 이유로 종종 간주된다. 예를 들어, 영국을 비롯한 대부분의 문명화된 국가에서 어떤 사람이 자신을 노예로 판매하거나 자신이 판매되는 것을 허용하는 계약은 효력이 없고 무효다. 법에 의해서도 여론에 의해서도 강제될 수 없다. 따라서 자기 삶의 운명을 자신의 의지대로 처분할 수 있는 권한을 제한할 수 있는 근거는 명백하며, 이는 앞서와 같은 극단적인 경우에서 매우 분명히 나타난다. 다른 사람의 이익과 관련되지 않는 한, 어떤 사람의 자발적인 행위를 간섭하지 않는 이유는 그 사람의 자유를 존중하기 위해서다. 그의 자발적인 선택은 그렇게 선택하는 것이 그에게 바람직하거나 적어도 그에게는 감수할 만하다는 것을 입증한다. 그의 좋음[선]은 대체로 그가 그것을 추구하기 위한 자신만의 방법을 선택할 수 있도록 허용될 때 가장 잘 획득된다. 그러나 자신을 노예로 파는 것은 자신의 자유를 포기하는 것이다. 그는 또한 이 단 한 번의 행동 이후, 미래에 사용할 수 있는 자유 역시 포기하는 것이다. 따라서 그는 자신의 일을 스스로 처리하도록 허용하는 것에 정당성을 부여하는 목적을 스스로 부정하고 있는 것이다. 그는 이제 자유롭지 않다. 이때부터 그는 자신에게 유리한[바람직한] 방향을 추정할 수 없는 입장이 된다. 자발적으로 자유로운 상태에 머물러 있었더라면 주어졌을 수도 있을 추정 말이다. 자유의 원리는 그가 자유롭지 않을 자유를 요구할 수 없도록 하고 있다. 그가 자신의 자유를 포기하도록 허용하는 것은 자유가 아니다. 이런 특별한 경우에 설득력이 분명하게 드러나는 이런 이유들은 분명히 훨씬 더 광범위하게 적용될 수 있다. 그러나 삶의 불가피한 일로 말미암아 그 이유들에 제한이 생기는데, 이는 자유를 포기하라고 하는 것은 아니지만, 자유에 대한 이러저러한 제한에 동의하라고 우리에게 지속적으로 요구한다. 그럼에도 불구하고 이 원리, 즉 행위자 자신에게만 관련된 모든 일에서 행동의 규제를 받지 않는 자유를 요구하는 원리[자유의 원리]는 또한 쌍방의 계약 당사자들은, 제3자와는 관련이 없는 일에서, 서로의 계약을 해지할 수 있어야 한다고도 요구한다. 다시 말해, 이런 자발적 계약 해지[규정]가 없다 해도, 금전이나 금전의 가치를 지닌 것과 관련된 계약을 제외한다면, 계약을 철회할 수 있는 그 어떤 자유도 있어서는 안 된다고 감히 말할 수 있는 계약이나 약정은 아마도 없을 것이다. 내가 앞서 인용했던 뛰어난 논문에서, 훔볼트 남작은 개인적인 관계나 서비스의 제공과 관련된 계약은 제한된 기간을 넘어서는 법적 구속력을 절대 가져서는 안 된다고 확신을 갖고 진술한다.[5] 그리고 이런 계약 가운데 가장 중요한 계약인 결혼은 두 당사자의 감정이 결혼과 조화를 이루지 않을 경우 계약의 목적은 파기되는 특수성을 갖고 있으므로, 그 계약을 취소하고자 하는 어느 한쪽의 분명한 의지 그 이상의 것을 요구하지 않는다고 한다. 이 주제는 너무나 중요하고 복잡하기 때문에 간단히 논의할 수는 없다. 하지만 나는 내 주장의 예시를 보여 주기 위해 필요한 만큼만 이 문제를 다룰 것이다. [이 주제에 대한] 훔볼트 남작의 논문은 짧고 일반적인 것이어서, 전제들을 [상세히] 논의하지 않고 곧바로 자신의 결론을 제시하는 데 만족할 수밖에 없었지만, 그는 틀림없이 그 문제가, 그 스스로 국한했던 단순한 근거[두 당사자의 감정]만으로는 결론을 내릴 수 없다는 점을 인정했을 것이다. 어떤 사람이 명시적인 약속이나 행동으로 어떤 식으로든 그 행동이 지속될 것이라고 믿도록 다른 사람을 부추길 때 — 기대하게 만들고, 기대에 따른 예상을 하게 만들며, 그런 가정에 자신의 인생 계획의 어떤 부분을 걸도록 조장할 때 — 이 사람에게는 이제 다른 사람에 대한 일련의 새로운 도덕적 의무들이 생겨나는데, 이 도덕적 의무는 다른 의무에 의해 무효화될 가능성이 있기는 하지만 무시될 수는 없다. 또한, 두 계약 당사자 사이의 관계가 다른 사람들에게 지속적으로 영향을 미칠 수 있다면, 만약 그것이 제3자를

---

5) Humboldt, *The Sphere and Duties of Government*, p. 135 참조.

어떤 특수한 상황에 놓이게 하거나 결혼의 경우처럼 제3자[아이]를 탄생시킨다면, 이런 제3자에 대한 의무가 두 계약 당사자 모두에게 발생한다. 이런 의무가 이행되는지 여부, 또는 어쨌든 이행된다면 어떻게 이행되는지 등은 처음 계약을 맺은 당사자들 사이의 관계가 지속되는지 아닌지 여부에 따라 틀림없이 큰 영향을 받게 된다. 이런 의무가 계약의 이행[예컨대, 결혼의 유지]을 주저하는 사람의 행복을 희생시키면서까지 계약의 이행을 요구하는 정도로 확장되어야 한다는 결론으로 이어지는 것은 아니며, 나 역시 그런 결론을 인정할 수 없다. 그러나 [제3자에 대한] 이런 의무는 그 문제에서 [꼭 다뤄야 할] 필요가 있는 요소다. 훔볼트가 주장하는 것처럼, 이런 의무로 말미암아 계약 당사자들이 계약을 파기할 수 있는 법적 자유에 그 어떤 차이가 발생해서는 안 되지만(나 또한 그 의무가 많은 차이를 만들어 내서는 안 된다고 주장한다), 그것은 반드시 도덕적 자유의 측면에서 아주 큰 차이를 만든다. 우리는 다른 사람의 중요한 이익에 영향을 미칠 수 있는 어떤 행동에 나서기 전에 이런 상황들을 모두 반드시 고려해야만 한다. 그리고 만약 그가 이런 [제3자의] 이익을 그에 걸맞게 중시하지 않는다면, 그는 잘못된 일에 대해 도덕적으로 책임을 져야 한다. 나는 결혼과 같은 특정한 문제에서 보통 모두가 아이들의 이익을 가장 중요한 것으로 논의하지만 성인의 이익은 아무것도 아닌 양 논의하는 것에 대한 나의 입장을 밝히기 위해서가 아니라, 자유의 일반적 원리를 더 잘 설명하기 위해 이런 분명한 소견을 밝히는 것이다.

앞서 살펴보았듯, 승인된 일반 원리가 없기 때문에, 종종 자유가 인정되어야 하는 곳에서 억제되는 것과 마찬가지로, 자유가 억제되어야 할 곳에서 인정되고 있다. 자유의 감성이 가장 강렬하게 드러나는 현대 유럽의 세계에서 나타나는 사례들 가운데 하나는, 내가 보기에 자유가 완전히 잘못 배치된 것이다. 누구든 자기 자신과 관련된 일에서는 자신이 좋아하는 대로 행동할 수 있도록 자유로워야 한다. 그러나 그는 다른 사람의 일이 자신의 일이라는 핑계로 다른 사람을 위해[대신해] 행동할 때 자신이 하고 싶은 대로 행동할 만큼 자유로울 수는 없다. 국가는 사람들 각각의 자유를, 특히 그것이 각각 그 자신과만 관련된 일일 경우에는 존중하는 한편, 그가 다른 사람에게 행사하는 권력은, 그것이 국가가 허용한 것이라 해도 계속 경계해야 할 의무가 있다. 이 의무는 인간의 행복에 직접적인 영향을 끼친다는 점에서 다른 모든 것을 다 합친 것보다 더 중요한 가족 관계의 사례에서 완전히 무시되고 있다. 아내에 대한 남편의 거의 전제적인 권력은 여기서 상세하게 논의할 필요가 없다. 왜냐하면 이런 악[습]을 제거하기 위해서는 아내도 다른 모든 사람들과 같은 권리를 갖고 다른 사람들과 같은 방식으로 법의 보호를 받아야 한다는 것 이상의 어떤 것도 필요하지 않기 때문이다. 그리고 이 주제에 대해, 기존의 불의[남편의 절대 권력]를 옹호하는 사람들은 자유의 항변에 귀를 기울이기는커녕 노골적으로 [남편의] 권력을 옹호하고 나서기 때문이다. 잘못 적용된 자유에 대한 관념이 국가의 의무 이행에 실질적인 걸림돌이 되는 것이 바로 아동의 경우다. 거의 모든 사람은 자신의 자녀가, 비유적인 표현이 아니라, 문자 그대로 그 자신의 일부로 간주되어야 한다고 생각한다. 그래서 자녀에 대한 부모의 절대적이고 배타적인 통제에 대해 법이 아주 조금이라도 간섭한다면 강한 경계심[6]을 갖게 되는데, 이는 그 개인 자신의 행동의 자유에 대한 그 어떤 간섭에 대해 갖는 경계심보다 더욱 강한 경계심이다. 대부분은 권력보다 자유를 더 중요하게 생각하지 않는다. 예를 들어, 교육의 사례를 살펴보자. 국가는 그 나라의 시민으로 태어난 모든 사람에 대해 일정한 수준까지 교육을 받도록 요구하고 이를 강제해야 한다는 것은 거의 자명한 명제가 아닐까? 그러나 이런 진리를 주저하지 않고 인정하고 옹호할 사람이 있을까? 한 사람을 세상에 태어나게 한 후, 그 사람에게 다른 사람들과 자신의 삶에서 본인의 역할을 잘 수행할 수 있도록 그에게 적합한 교육을 제공하는 것이 그 부모(혹은 현재로서는 법과 관습에서 아버지)의 가장 신성한 의무 가운데 하나라는 것을 누구도 부인할 수 없을 것이다. 그러나 모든 사람이 한목소리로 이것을 아버지의 의무로 선언했지만, 영국에서는 아버지에게 그 의무를 수행하도록 의무화하는 것에 귀를 기울이는 사람은 거의 없다. 자녀의 교육을 책임지도록 아버지에게 어떤 노력이나 희생을 요구하기는커녕, 교육이 무상으로 제공될 때에도 그것을 받

6) 새뮤얼 존슨의 『영어 사전』이나 『옥스퍼드 영어 사전』에 따르면, 'jealousy'의 의미에는 '사랑 속에 피어나는 의심'Suspicion in love을 의미하는 '질투'도 있지만, '수상쩍은 마음에서 나온 경계'Suspiciously vigilance, '소유물의 상실이나 훼손을 막으려는 경계'vigilance in guarding a possession from loss or damage 등도 있다. 이 시기에는 특히 경계vigilance의 의미로 많이 활용되었는데, 대표적으로 알렉산더 해밀턴Alexander Hamilton, 제임스 매디슨 James Madison, 존 제이John Jay 등이 쓴 『페더럴리스트』*The Federalist*에서 "권력에 대한 경계"Jealousy of power라는 표현이 그렇다. 이에 대해서는, 『페더럴리스트』, 박찬표 옮김, 후마니타스, 2019, 47쪽 참조.

아들일지 말지는 그의 선택에 맡기자는 것이다! 육체를 위한 음식 제공뿐만 아니라, 정신을 위한 교육과 훈련을 제공하는 일에 대한 적절한 계획도 없이 아이를 낳는 것은 불운한 자녀 뿐만 아니라, 사회에 대한 도덕적 범죄가 된다는 것이 인정되지 않고 있다. 게다가 만약 부모가 이런 의무를 이행하지 않을 경우, 국가는 가능한 한 부모의 책임 아래에서 이 의무가 잘 이행되고 있는지 살펴봐야 한다는 것도 여전히 인정되지 않고 있다.

보편 교육을 시행해야 하는 의무가 일단 인정되면, 국가가 무엇을 그리고 어떻게 가르쳐야 하는지를 둘러싼 난맥은 종결될 것이다. 오늘날의 이 같은 난맥으로 말미암아 교육은 각종 종파들과 정당들의 전쟁터가 되어 버렸고, 정작 교육에 써야 할 시간과 노력이 교육을 둘러싼 다툼으로 낭비되고 있다. 만약 정부가 모든 아이에게 양질의 교육이 제공되도록 요구하기로 마음을 먹었다면, 정부가 직접 나서서 교육을 제공하는 것이 초래하는 불편함을 덜 수도 있다. 자녀를 어디에서 어떻게 교육할 것인지는 부모들에게 일임한 상태에서, 국가는 빈곤층 자녀들의 경우에는 학비를 지원해 주고, 학비를 마련할 사람이 없는 아이들에게는 학비를 전액 탕감해 주는 일만 하면 된다. 국가교육에 반대하는 이유와 더불어 제기된 비판은 국가가 교육을 의무화한 것에 대한 비판이 아니라 국가가 직접 나서서 교육을 지시하는 것에 대한 비판이다. 이것은 완전히 다른 문제다. 국민 교육의 전부 혹은 많은 부분이 국가의 수중에 있어야 한다[고 누가 주장한다]면, 나는 그 누구보다도 이에 반대할 것이다. 개별적인 성격의 중요성이나 다양한 의견과 행동 방식의 중요성 등에 대해 말해 왔던 모든 것은, 그 역시 너무나 중요한 교육의 다양성과도 관련이 있다. 광범위한 국가교육은 사람들을 서로 똑같이 만들기 위한 단순한 장치일 뿐이며, 사람들을 똑같이 찍어 내는 틀은 정부 내에 있는 지배적인 권력, 즉 군주, 성직자, 귀족 또는 오늘날의 경우에는 다수파 등이 흡족해할 만한 것으로, 이 같은 교육이 얼마나 효과적이고 성공적인지에 비례해 정신에 대한 폭정이 수립되며, 이는 자연스럽게 육체에 대한 폭정으로 이어진다. 국가가 수립하고 통제하는 교육은, 만일 그것이 존재한다면, 서로 경쟁하는 수많은 실험 가운데 하나로서, 다른 교육 방식을 우수한 수준으로 끌어올리기 위한, 하나의 본보기를 제시하고 자극하기 위한 목적으로만 존재해야만 한다. 실제로 사회가 전반적으로 너무 낙후되어 있어서 정부가 그 임무를 수행하지 않으면 적절한 교육제도를 스스로 제공할 수도 없거나 제공하지 못할 경우, 사실상 두 개의 큰 악[습][7] 가운데 덜한 것으로서 정부가 학교와 대학 운영의 업무를 스스로 떠맡게 될 것이다. 마치 그 나라에 큰 사업을 수행하기에 적합한 형태의 민간 기업이 존재하지 않을 경우, 정부가 주식회사의 업무를 떠맡을 수도 있는 것처럼 말이다. 그러나 일반적으로, 그 나라에 정부 지원하에 교육을 제공할 능력이 있는 충분한 인원이 있을 경우, 그런 사람들은 학비를 감당할 수 없는 사람들에게 국가가 지원을 하고, 의무교육을 규정한 법률에 의해 [그들에게 지급되는]

---

7) 여기서 두 가지 악습은 국민이 교육을 받지 못하는 것, 정부가 교육에 직접 개입하는 것을 말한다.

보수가 보장된다면, 자율적 원리에 의거해 양질의 교육을 동일한 수준으로 제공할 수 있고, 기꺼이 그렇게 하려 할 것이다.

이런 [의무교육] 법을 시행하기 위한 수단은 모든 아이가 어린 나이 때부터 공적인 시험을 치르게 하는 것밖에 없다. 모든 아이가 글을 읽을 수 있는지 여부를 확인하기 위해 시험을 몇 살 때부터 볼지 정할 수 있다. 만약 어떤 아이가 글을 읽을 수 없다는 것이 밝혀지면, 아버지가 이에 대해 충분한 변명을 제시하지 못하는 한, 그에게 적당한 벌금을 부과할 수 있고, 필요하다면 이를 노동으로 대신할 수 있다. 아이의 학비는 [원칙적으로] 아버지가 부담하는 것으로 한다. 최소한의 일반적 지식을 습득하고 유지하도록 강제하기 위해 그 시험은 매년 1회 시행되어야 하며, 과목도 점차 확대해야 한다. 이런 최소한의 수준을 넘어, 모든 과목에 대해 자발적[으로 지원해 치를 수 있는] 시험이 있어야만 하며, 이 시험에서 일정 수준의 숙련도에 도달한 모든 사람은 자격증을 요구할 수 있다. 이 같은 시험제도를 통해 국가가 여론에 부당한 영향력을 행사하지 못하도록 하기 위해, 시험을 통과하기 위해 요구되는 지식(다양한 언어들과 그것의 용법과 같이 지식의 도구적인 부분을 넘어선 그러한 지식)은, 상위 등급의 시험에서조차, 오로지 사실과 실증적인 과학에 국한되어야만 한다. 종교나 정치를 비롯해 논란의 여지가 있는 주제들에 대한 시험은 어떤 의견이 진실인지 거짓인지를 중심으로 하지 말아야 하고, 어떤 의견은 이런 근거를 바탕으로, 이런저런 저자나 학파, 교회 등에 의해 주장된다는 것과 같은 사실의 문제를 중심으로 해야만 한다. [그 결과] 이런 제도하에서 [미래를 담당할] 젊은 세대는 모든 논쟁적인 진리에 관해 현세대보다 더 나쁜 상황에 놓이지 않을 것이다. 그들은 지금과 마찬가지로 (영국국교회) 신도나 비신도 가운데 하나로 길러질 것이다. 국가는 그저 그들이 교육을 받는 신도가 되거나, 교육을 받은 비신도가 되는 것에만 신경을 쓰면 된다. 그들의 부모가 선택을 할 경우, 아무런 방해 없이 다른 과목들을 배우는 동일한 학교에서 종교교육을 받을 수 있다. 논란의 여지가 있는 주제에 대해 국가가 시민들의 최종적인 판정에 편견을 갖게 하는 모든 시도는 악이다. 그러나 국가가 어떤 사람이 어떤 주어진 특정 주제에 관해 결론을 내리는 데 필요한 지식을 소유하고 있음을 확인하고 보증하는 것은 매우 정당한 일이다. 철학을 공부한 학생이, 로크나 칸트의 이론 가운데 누구의 이론에 관심을 갖든 또는 누구의 이론에도 관심이 없든, 두 철학자 모두에 관한 시험에 통과할 수 있다면, [그렇지 못한 것보다] 더 나은 일일 것이다. 그리스도교의 신앙을 고백하도록 강요하지 않는다면, 어떤 무신론자에게 그리스도교의 증거에 대한 시험을 보게 하는 것에 대해 반대할 어떤 합당한 이유가 없다. 그러나 나는 좀 더 상위의 지식과 관련된 분야에 대한 테스트는 아무런 강요 없이 이루어져야 한다고 생각한다. 정부가 자격 미달을 내세워 누군가를 어떤 직업들, 심지어 교직에서 배제하는 것이 허용된다면, 그것은 정부에 너무 위험한 권력을 제공하는 것이다. 그리고 나는 훔볼트와 마찬가지로,[8] 과학적 혹은 전문적인 학식에 관한 학위나 다른 인증된 자격증은 시험에 참가하고, 그 시험을 통과한 사람 모두에게

8) Humboldt, *The Sphere and Duties of Government*, p. 123 참조.

제공되어야 한다고 생각한다. 그러나 이런 자격은 여론이 증명 서에 부여할 수 있는 가치 이외에 그들의 경쟁자들보다 더 많은 이점을 제공하는 것으로 작용하면 안 된다고 생각한다.

자유에 대한 잘못된 관념으로 말미암아 언제나 강력한 근거가 있는 부모의 도덕적 의무가 인정되지 않게 되고, 많은 경우 이 역시 강력한 근거가 있는 법적 의무가 부과되지 않게 된 것은 비단 자녀 교육에만 국한되지 않는다. 한 인간을 존재하게 하는 사실 자체는 인간 삶의 영역에서 가장 책임 있는 행동 가운데 하나다. 이런 책임을 떠맡는다는 것 — 저주가 될 수 있거나 축복이 될 수 있는 삶을 부여하는 것 — 은 생명을 부여받는 어떤 존재가 최소한의 바람직한 생활을 영위할 평범한 기회를 갖지 못하는 한 그 존재에 대한 범죄가 된다. 인구과잉 국가 혹은 인구과잉의 위협을 받는 나라에서, 극소수 이상의 아이를 낳는 것은, [치열한] 경쟁으로 인해 노동의 보상이 줄어드는 결과를 가져오며, 이는 노동의 대가로 삶을 영위하는 모든 사람에 대한 중죄가 된다. 유럽 대륙의 많은 나라에서 결혼하는 이들이 가족을 부양할 방법이 있다는 것을 보여 주지 않는 한 결혼을 법으로 금지하고 있는데, 이는 국가의 정당한 권한을 넘어서는 것이 아니다.[9] 그리고 이런 법이 쓸모가 있든 그렇지 않든 간에 (이는 주로 현지 상황과 감정에 좌우되는 문제다), 그것이 자유를 침해하는 것이라고 반대할 수 없다. 이런 법은 유해한 행위 — 법적인 처벌이 가해지지 않을 정도이지만, 비난의 대상과 사회적 낙인이 찍힐 정도로 다른 사람에게 해를 끼치는 행위 — 를 금지하려는 국가의 간섭이다.

그러나 자유에 대한 오늘날의 관념은, 오직 자기 자신과 관련된 일들에서 개인의 자유가 실질적으로 침해당하면 이에 쉽게 굴복하는 반면, 자신의 방종의 결과가 아이들의 삶을 불행하고 타락하게 만들며, 그들의 행동에 의해 영향받을 수 있을 만큼 충분히 가까이에 있는 사람들에게 다양한 해악을 끼칠 때에도, 그런 취향에 구속을 가하려는 일체의 시도를 거부한다. 자유에 대한 인류의 기이한 존경심과 자유에 대한 존경심의 기이한 결핍을 비교해 볼 때, 우리는 다음과 같이 생각할 수도 있다. 즉, 사람들에게는 다른 사람에게 해를 끼칠 수 있는 필수 불가결한 권리가 있지만, 다른 사람에게 고통을 주지 않고 스스로 만족할 권리는 전혀 없다고 말이다.

나는 정부 간섭의 한계에 관한 광범위한 문제를 마지막으로 미뤄 두었다. 비록 이런 문제들은 이 글의 주제와 밀접하게 연관되어 있지만, 엄밀하게 말하면 이 글의 주제에 속하지 않는다. 이런 문제들은 정부 간섭에 반대하는 이유가 자유의 원리에 의거하지 않는 경우들에 속하는 것들이다. 즉, 문제는 개인의 행동을 억제하는 것이 아니라 그런 행동을 돕는 것에 관한

9) 토머스 로버트 맬서스의 『인구론』*An Essay on the Principle of Population*(1798년) 출간 이후, 인구과잉에 따른 식량 부족과 빈곤화는 중요한 관심사가 되었다. 식량 생산이 인구 증가를 따라갈 수 없을 것이라는 맬서스의 암울한 견해에 맞서, 밀은 교육을 통해 노동자들의 가족 수를 줄이는 산아제한을 그 대안으로 일관되게 주장했다. 마찬가지로, 밀은 임금기금설의 입장에서, 노동인구 과잉이 저임금의 원인이라는 입장을 취하기도 했는데, 이 문제에서는 나중에 임금기금설을 폐기하고, 임금의 사회·정치적 결정을 지지했다. 이에 대해서는, 장상환, 「존 스튜어트 밀, 사회개혁을 옹호하다」, 『Click 경제교육』 통권 69호(2009년 5월), KDI 참조.

경우다. 즉, 정부가 개인의 이익을 위해 개인들이 각자 알아서 혹은 자발적으로 협력해 어떤 일을 하도록 그냥 두는 대신에, 그들의 이익을 위해 어떤 일을 해야만 하는가, 혹은 어떤 일을 하도록 유도해야만 하는가의 여부를 묻는 것이다.

정부의 간섭에 대한 반대는, 자유에 대한 침해와 관련되지 않을 때, 세 가지 종류일 수 있다.

첫 번째 반대는, 정부보다 개인들이 일을 더 잘 처리할 가능성이 있을 때다. 일반적으로 말해, 어떤 업무를 어떻게 또는 누가 수행할지 결정하는 데 있어 개인적으로 그 업무에 이해관계가 있는 사람보다 더 적합한 사람은 없다. 이 원리는 한때 너무나 흔하게 발생했던 입법부나 정부 관리들의 통상적인 기업 활동에 대한 간섭을 비난한다. 그러나 문제의 이 부분은 [정치]경제학자들이 충분히 논의해 왔고, 이 글에서 다루는 원리와 특별히 관련이 없다.

두 번째 반대는 우리의 주제와 좀 더 긴밀하게 연결되어 있다. 많은 경우에서, 평균적으로 개인들은 정부의 관리들이 하는 것보다 특정한 일을 아주 잘하지는 못한다. 그럼에도 불구하고, 그 일을 정부가 아니라 개인이 하는 것이 개인의 정신적 교육을 위한 수단으로 바람직할 수 있다. 즉, 그들의 적극적인 능력들을 강화하고, 판단력을 발휘하게 하며, 그들이 처리해야 할 문제에 대한 상세한 지식을 제공하는 방법이 될 수 있다. 이것은 (정치적이지 않은 사건의 경우) 배심재판, 자유롭고 대중적인 지방 및 도시 자치 활동, 자발적인 결사에 의한 기업 활동 및 자선 사업 등을 권장하는 유일한 이유는 아니지만 주요한 이유는 될 수 있다. 이런 것들은 자유의 문제가 아니며, 자유의 문제와 막연하게 연결되어 있을 뿐이다. 그것은 시민 발전의 문제다. 이를 국민 교육의 한 부분으로 자세히 설명하는 것은 지금보다 다른 기회가 더 적합하다. 사실, 이것은 시민을 대상으로 한 특별한 훈련, 자유인들에 대한 정치 교육의 실질적인 부분이기 때문이다. 사람들은 이런 훈련을 통해, 개인적이고 가족적인 이기주의라는 편협한 영역에서 벗어나 공동 이익을 다루는 것에 익숙해지고, 공적이거나 준공공적인 동기로 행동하도록 유도되며, 서로 고립되는 대신 결속을 목적으로 행동하는 습관을 갖게 된다. 이런 습관과 능력이 없으면 자유로운 헌정 제도는 작동하지도 않고 유지될 수도 없다. 그것은 지역적 차원의 자유들에 충분한 토대를 두지 않은 국가들에서 정치적 자유가 지나치게 덧없는 일시적인 특징으로 끝나 버리는 것을 통해 잘 알 수 있다. 순수하게 지역적인 사업의 경영이 지역민들에 의해 이루어지고 자발적으로 재정 수단을 공급하는 사람들이 연합해 대규모 기업을 경영하는 것은 개성 있는 발전과 행동 방식의 다양성과 같이 이 글에서 제시한 모든 이익을 가져온다는 점에서 더욱 권장할 만한 것들이다. 정부의 사업은 어디서나 비슷한 경향을 보인다. 반대로, 개인이나 자발적인 연합체들에게는 다채로운 실험과 경험의 다양성이 무궁무진하다. 국가가 유익하게 할 수 있는 일은 자신을 수많은 시도의 결과로 쌓인 경험의 중앙 저장소이자, 적극적인 전달자 겸 보급자가 되도록 하는 것이다. 국가의 업무는 국가가 주도하는 실험 외에 다른 어떤 실험도 허용하지 않는 것이 아니라, 각각의 실험가들이 다른 사람들의 실험으로부터 이익을 얻을 수 있게 하는 것이다.

정부 간섭을 제한하는 가장 설득력 있는 세 번째 이유는 정부의 권력을 불필요하게 증대하는 것은 거대한 악이라는 것이다. 정부가 이미 수행하고 있는 기능에 또 다른 기능이 추가되면 될수록 [국민이 품고 있는] 기대와 우려에 미치는 정부의 영향력이 더욱 널리 확산될 것이며, 이는 적극적이고 야심적인 일부 공중들을 집권을 목적으로 하는 정당의 추종자로 점점 더 변화시킬 것이다. 만약 도로, 철도, 은행, 보험회사, 대규모 공동 주식회사, 대학, 그리고 공공 자선단체 등이 모두 정부에 속한 기관들이라면, 만약 지방자치단체 및 지방 이사회가 현재 행사하고 있는 모든 권한을 이양하고, 중앙행정 부서로 들어가게 된다면, 또 이런 다양한 조직의 모든 피고용인들을 정부가 임명하고, 임금을 지급하며, 모든 승진 기회를 결정한다면, 언론의 자유가 존재하고 입법부가 민주적으로 구성된다고 하더라도 영국을 비롯한 여타 국가들을 명목상의[허울뿐인] 자유로운 국가 이상으로 만들지는 못할 것이다. 행정 기구가 더욱 효율적이고 과학적으로 구성되면 될수록, 즉 그것을 운영하기에 최고의 자격을 갖춘 사람들과 지략가를 얻기 위한 제도가 더욱 잘 만들어지면 만들어질수록, 그 해악은 더욱 커질 것이다. 최근 영국에서는, 최고의 지성과 학식을 갖춘 사람을 고용하기 위해 정부의 모든 공무원을 경쟁시험을 통해 선발해야 한다는 의견[10]이 제안되었다. 그리고 이런 제안을 둘러싸고 찬반 여론이 들끓었다. 이런 제안에 반대하는 사람들이 주장한 대부분의 논변 가운데 하나는 국가의 종신 공무원직은 최고 인재를 끌어들이는 데 충분한 보수와 지위를 지속적으로 보장하지 못해서, 그들은 언제든 전문직이나 사무직 또는 기타 공공 기관의 업무에서 더 매력적인 일을 찾을 수 있으리라는 점이다. 이런 논변은 경쟁시험

제도의 도입을 지지하는 사람들이 그 제도의 주된 난점을 설명하기 위해 이렇게 이야기했어도 그리 놀랍지 않았을 것이다. 그러나 이것이 반대자들로부터 나왔다는 것은 아주 예상 밖의 일이다. 왜냐하면 반대론자들이 주장한 것이 바로 그 제도의 [폐해, 곧 우수 인력의 정부 독점을 막는] 안전장치이기 때문이다. 만약 영국의 모든 최고 인재를 정부 안으로 끌어들일 수 있다면, 이 같은 결과를 초래하는 제안은 우려를 낳을 것이다. 만약 조직적인 협력이나 광범위하고 포괄적인 시각을 요구하는 사회 업무의 모든 부분이 정부의 수중에 있다면, 그리고 만약 정부의 직책들이 모두 최고의 인재들로 채워졌다면, 순전히 사색적인 일들을 하는 사람들을 제외하고 그 나라의 모든 폭넓은 문화와 실천적 지성을 가진 수많은 사람이 관료 조직에 집중될 것이며, 공동체의 나머지 사람들은 이들에게서 모든 것을 구하려 할 것이다. 즉, 대중은 그들이 해야 할 모든 일의 명령과 지시를 관료들로부터 기대할 것이고, 유능하고 큰 열망을 품은 사람은 관료제 내에서 자신의 출세를 도모할 것이다. 이 같은 관료제 서

---

10) 영국의 행정 개혁을 위해 1848년 설치된 노스코트-트리벨리언 위원회는 1853년 발표한 「노스코트-트리벨리언 보고서」Northcote and Trevelyan Reports에서 공개경쟁 시험을 통해 공무원을 채용하는 방안을 제시했다. 이는 기존의 정실주의적 인사 채용 방식을 실적주의로 대체해야 한다는 주장이었다. 보고서의 주요 골자는 공개경쟁 시험 외에도, 실적에 따른 승진, 단일의 통합적 운영 체계, 일반직과 기술직의 구별 등이었다. 밀의 공무원 채용 제도에 대해서는 존 스튜어트 밀, 「대의정부의 행정부」(제14장), 『대의정부론』Considerations on Representative Government, 서병훈 옮김, 아카넷, 2012 참조.

열에 들어가게 되는 것, 또한 거기에 들어가게 되면, 그 자리에서 승진하는 것만이 야망의 유일한 목표가 될 것이다. 이런 체제하에서, 관료 체제 외부에 있어 실질적인 경험이 부족한 사람들은 관료주의의 운영 방식을 비판하거나 견제할 능력이 없을 뿐만 아니라, 심지어 전제적인 체제에서 우연적으로 또는 민주적인 제도에서 자연스러운 작용으로 개혁 성향을 가진 통치자나 통치자들이 [관료제의] 가장 꼭대기에 오른다고 해도, 관료제의 이익에 반하는 그 어떤 개혁도 실행할 수 없게 된다. 러시아 제국을 관찰할 기회가 충분히 많았던 사람들의 설명에서 알 수 있듯이, 러시아제국이 처해 있는 우울한 상태가 이와 같다. 러시아 황제 차르조차 관료 집단에 대해 무력하다. 그는 관료 중 누구라도 시베리아로 보낼 수 있었지만 그 집단 없이는 통치할 수도 없고 그 집단의 의사에 반해 통치할 수도 없다. 차르의 모든 칙령에 대해 관료들은 그저 그 명령을 실행에 옮기지 않음으로써, 암묵적인 거부권을 행사했다. 더 발전된 문명과 더 반항적인 정신을 가진 나라에서, 공중은 자신들을 위한 모든 일을 국가가 해주기를 기대한다. 또는 적어도 무엇을 해도 되는지뿐만 아니라, 심지어 어떻게 해야 하는지를 국가에 묻지 않고는 그들 스스로 아무것도 하지 못하는 데 익숙한 공중은 자연스럽게 그들에게 닥친 모든 악에 대해 국가의 책임을 주장할 것이다. 그리고 그 악이 자신들의 인내심을 넘어설 때, 정부에 맞서 봉기를 하며, 이른바 혁명을 일으킨다. 국가로부터 정당한 권한을 위임받든 그렇지 않든 간에 누군가가 권좌에 올라 관료에게 명령을 내리면 모든 일이 이전과 같이 진행된다. 관료제는 변하지 않고, 그 누구도 그 자리를 대신할 수 없다.

자신의 업무를 스스로 처리하는 데 익숙한 사람들 사이에서는 이와는 완연히 다른 광경이 펼쳐진다. 프랑스에서 대다수의 사람이 군에서 복무를 했고, 그들 중 많은 사람이 하사관 이상의 지위를 지니고 있으므로, 대중 반란을 주도할 수 있는 여러 사람이 있으며, 그들은 꽤 괜찮은 작전을 즉각적으로 만들어 낼 수 있었다. 군사적인 일에서 프랑스인들 사이에서 나타나는 것이 미국인들 사이에서는 모든 종류의 민간사업에서 나타난다. 미국인들을 정부가 없는 상태로 두면 그들은 즉시 정부를 만들 수 있다. 충분한 양의 정보, 질서 그리고 결정을 통해 정부의 일이든, 여타 공공사업들이든 수행할 수 있다. 이것이 모든 자유로운 사람들이 가져야 할 모습이다. 그리고 이런 일을 할 수 있는 사람들은 분명히 자유로울 것이다. [이처럼 자유로운 사람들은] 개인이든 집단이든 중앙행정부의 고삐를 잡고 당길 수 있기 때문에, 그들 자신을 [중앙행정부의] 노예가 되도록 두지 않을 것이다. 그 어떤 관료제도 이들로 하여금 그들이 좋아하지 않는 일을 하도록 요구할 수 없다. 그러나 관료제를 통해 모든 것이 이루어지는 곳에서는 관료제가 정말로 반대하는 일은 아무 것도 할 수 없다. 이런 국가들의 헌정 체제는 나머지 사람을 통치하기 위해 국민의 경험과 실질적 능력을 규율된 집단 안으로 조직화한 것이다. 그리고 이런 조직이 그 자체로 완벽해질수록, 사회의 모든 계급에서 가장 큰 역량을 가진 사람들을 끌어 모아 교육하는 데 성공하면 할수록, 관료제의 구성원들을 비롯해 모든 사람에 대한 속박은 더 완전해질 것이다. 피지배자가 통치자의 노예인 것처럼, 통치자들도 자신의 조직과 규율의 노예다. 중국 청나라의 상급 관리는 비천한 경작자만큼이나 전제정치의 도구이자 산물이었다. 예수회 자체가 수도사들의 집단적인 힘과 가치[지위]를 위해 존재하지만, 예수회 수도사 각각은 그 교단의 서열 맨 아래에 있는 노예로 전락했다.

　그 나라의 모든 주요 역량을 통치 기관이 흡수하는 것은 곧 그 기관 자체의 정신적 활동과 발전에 치명적이라는 것을 잊지 말아야 한다. 관료 집단은 일사불란하게 결합해 — 모든 체계가 그렇듯이, 대부분 일정한 규칙에 따라 운영된다 — 계속 나태한 일상에 매몰되거나, 아니면 때때로 방앗간을 돌리는 말처럼 동일한 일을 하는 업무에서 이탈해, 집단을 이끄는 어떤 구성원이 생각해 낸 설익은 공상 속으로 달려들고 싶은 유혹에 계속 빠질 수도 있다. 겉으로 보기에는 정반대로 보이지만 밀접하게 서로 연관되어 있는 이 같은 경향들에 대한 유일한 견제 방법, 곧 관료 집단 자체의 능력을 높은 수준으로 유지할 수 있는 유일한 자극은 그 집단 외부에 존재하는 동일한 능력을 가진 이들의 주의 깊은 비판을 받는 것이다. 그러므로 정부와는 독립적으로 그런 능력을 키우고, 중요한 실무를 올바로 판단하는 데 필요한 기회와 경험을 제공하는 수단이 존재해야 한다는 것은 필수 불가결하다. 만약 우리가 능숙하고 효율적인 공무원 집단 — 무엇보다도 진보를 이끌어 낼 수 있고 진보를 수용할 수 있는 집단 — 을 영구적으로 소유하고 싶다면, 즉 우리가 우리의 관료제를 현학자들의 지배[11]로 퇴보시키지 않도록 하려면, 인류를 지배하는 데 필요한 다양한 능력을 형성하고 육성하는 모든 업무를 이런 집단이 독점하게 해서는 안 된다.

　인간의 자유와 진보에 이처럼 무서운 해악이 시작되는 지점은 어디인가? 좀 더 정확히 말하면, 사회의 행복에 방해가 되는 장애물들을 제거하기 위해 공인된 지도자들 아래에서 사회의 힘을 집단적으로 행사하는 데 따르는 해악이 그 이익보다 우세해지기 시작하는 지점은 어디인가? [사회에서 이루어지는] 일반적인 활동들 가운데 상당수가 정부와 관련된 경로를 따라 이루어지지 않게 하면서, 중앙집권적인 권력과 지성을 통해 얻는 이점을 가능한 한 많이 확보하는 것은 통치의 기술에서 가장 어렵고 복잡한 문제 가운데 하나다. 이 문제는 세부적으로 수많은 사항을 고려해야 하며, 절대적인 규칙으로 규정할 수 있는 문제도 아니다. 그러나 나는 안전이 보장될 수 있는 실용적인 원칙, 계속 유념해야 할 이상, 어려움을 극복하기 위한 모든 제도들을 평가하기 위한 기준은 다음과 같은 말을 통해 전달될 수 있다고 믿는다. 즉, 효율성에 맞춰 권력을 최대한 분산하라, 그

11) "현학자들의 지배"pedantocracy('현학자'pedant+'지배'cracy)라는 표현은 존 스튜어트 밀이 콩트에게 보낸 편지(1842년 2월 25일)에서 만들어 낸 표현으로, 해당 구절의 내용은 다음과 같다. 즉, "중국의 통치[정부] 구조는 아마도 생시몽의 이론(철학자들의 통치)에 가장 가까이 있으며, 그 결과도 마찬가지다. …… 교육받은 …… 이 다수는 위대한 사상가가 아니라 단순히 학자 또는 진정한 독창성을 상실한 과학자들로 구성될 것이 분명하기 때문이다. 그 결과 중국에서 볼 수 있는 것은 오직 현학자들의 지배 pedantocracy뿐이다." Francis E. Mineka ed., *Collected Works of John Stuart Mill*, vol. XIII, Toronto: University of Toronto Press, 1963, pp. 501~504. 이 표현은 『대의정부론』에서도 사용되고 있는데, 해당 구절은 다음과 같다. "일상적으로 반복을 거듭하는 것이야말로 관료제적 정부를 병들게 하는 것이고, 실제로 이것 때문에 무너지는 경우가 흔하다. 변화를 거부하는 규칙 때문에 이런 정부는 쇠퇴하기 쉽다. …… 결국 관료제는 언제나 현학자들의 지배가 된다"(『대의정부론』, 서병훈 옮김, 아카넷, 2012, 118쪽). 참고로 국역본에서는 "현학자들의 놀이터"로 옮기고 있다.

러나 정보는 가능한 한 최대한 중앙으로 집중하고, 중앙에서부
터 유포하라. 따라서 [이런 취지에서 보면] 도시 행정의 경우 뉴잉
글랜드 주들[12]에서처럼 직접적으로 이해관계가 있는 사람들에
게 맡기지 않는 것이 좋은 모든 업무는 지역민들이 선출한 각각
의 공무원들이 이를 세분화해 담당하도록 하는 것이 좋다. 그러
나 여기에 더해, 각 지방에 중앙 감독관을 파견해 그들에게 [그
곳에서] 정부의 대체적인 업무를 담당하게 하는 것이다. 이런 감
독 기관은 모든 지역의 공공사업과 관련된 부서의 업무부터, 외
국에서 이루어지는 모든 유사한 업무와 정치학의 일반적인 원
리로부터 나온 다양한 정보와 경험을 중심에 모을 것이다. 이런
중앙 기관에는 곳곳에서 일어난 모든 것을 알아야 할 권리가
있어야 하는데, 이 기관의 특별한 의무는 한 곳에서 습득한 지
식을 다른 곳에서도 이용할 수 있게 하는 것이다. 중앙 기관이
높은 위치에서 폭넓게 관찰함에 따라 지역의 사소한 편견과 편
협한 견해로부터 해방될 것이고, 이에 따라 중앙 기관의 조언은
자연스럽게 많은 권위를 갖게 될 것이다. 그러나 상설 제도로서
이 기관의 실제적 권력은 지방 공무원들이 제정된 법을 준수하
도록 강제하는 것에 국한되어야만 한다고 나는 생각한다. 일반
규칙으로 규정되지 않은 모든 사항에서는, 공무원들이 주민들에
대한 책임을 갖고, 그들 자신의 판단에 따라 행동해야 한다. 규

12) 미국 북동부 대서양 연안에 있는 매사추세츠주, 코네티컷주, 로드아일
랜드주, 버몬트주, 메인주, 뉴햄프셔주 등 여섯 개 주로 이루어진 지역을
가리킨다.

칙 위반의 경우, 그들은 법적인 책임을 져야만 하고, 규칙 그 자체는 입법부에 의해 제정되어야만 한다. 중앙행정 당국은 오직 지방 공무원들의 업무만을 감시해야 하고, 그것이 제대로 시행되지 않으면, 그 사안의 성격에 따라, 법의 집행을 법원에 호소하거나, 법의 정신에 따라 규칙을 집행하지 않은 공무원을 해임해 달라고 [선거] 유권자들에게 호소하면 된다. 구빈법위원회[13]가 전국의 구빈세 관리자들에게 행사하고자 하는 중앙 감독의 권한이 이런 경우에 속한다. 구빈법위원회가 이런 한계를 넘어 행사하는 권한이 무엇이든, 그저 지역이 아니라 전체 공동체에 깊은 영향을 미치는 문제에서 잘못된 행정이 뿌리 깊게 지속되는 관행을 교정하기 위한 특수한 상황에서 행사될 경우, 그런 권한은 필요하고 정당하다. 왜냐하면 그 어떤 지역 당국에도 잘못된 행정을 통해 [자기 지역을] 빈곤 상태로 만들고, 그것이 필연적으로 다른 지역으로까지 이어지게 하며, 노동계 전체의 정신적·육체적 조건을 손상할 도덕적 권리는 없기 때문이다. 구빈법위원회가 가지고 있던 행정상의 강제력과 그것에 부수적인 입법권(하지만 그 문제에 대한 여론 때문에 거의 실행되지 못했다)은 비록 국가의 최고 이익이라는 입장에서 완벽하게 정당화된다고 해도, 순전히 지역적인 이해관계를 감독하는 경우에는 적절하지 않을 것이다. 그러나 모든 지역에 적합한 정보와 지침을 제공하는

13) 구빈법은 생활할 능력이 없거나 가난한 사람을 구제하기 위해 영국에서 1601년 제정한 법률로, 구빈세를 징수해 빈민 구제에 필요한 재원을 마련했다. (중앙)구빈법위원회는 이 같은 빈민 구호 행정을 담당했던 중앙행정 기구였다.

중앙 기관은 모든 행정부에서도 똑같이 가치 있는 존재일 것이다. 정부가 개인의 노력과 발전에 지장을 주지 않고 도움을 주며 자극하는 그런 종류의 활동을 하는 것을 과하다고 할 수 없다. 정부가 개인과 집단의 활동과 힘을 요구하는 대신에 그들의 활동을 정부의 활동으로 대체할 때, 그들을 지도하고 조언하고, 때로는 비판하기보다는 그들을 억압해 일하게 하거나 그들을 배제하고 대신 일을 할 때 해악은 시작된다. 장기적으로 볼 때, 국가의 가치는 국가를 구성하는 개인들의 가치이다. 각 개인들의 정신적인 발전과 향상이라는 이익보다 세부적인 업무를 처리하는 데 필요한 행정 기술이나 관행이 제공하는 행정 기술의 그럴듯한 외양을 앞세우는 국가, 비록 유익한 목적을 위해서라 하더라도, 국민을 좀 더 고분고분한 도구로 만들기 위해 그들을 위축시켜 미숙한 인간으로 만드는 국가는 다음과 같은 사실을 발견할 것이다. 즉, 왜소한 사람들로는 그 어떤 위업도 이룰 수 없다. 국가가 기계[조직]의 완벽성을 위해 모든 것을 희생시키지만, 정작 그 기계는 그것이 좀 더 원활하게 작동하기 위해 스스로 제거한 활력의 부족으로 말미암아 무용지물이 되어 버린다.

옮긴이 해제
왜 『자유에 관하여』인가

1. 존 스튜어트 밀의 소개

1) 밀의 생애

밀은 서양 사상의 마지막 위대한 '르네상스 정신'으로, 모든 지식을 자신의 관심 분야로 삼았다. 또한, 그는 근대 세계 최초의 위대한 학제 간 정신이었으며, 다양한 학문 분야들 사이의 연결 고리를 구축하는 데 빼어난 공헌을 했다. 다양한 지식과 편협한 전문성으로 가득 찬 세계에서 밀은 지적 통합의 위대하면서도 교훈적인 본보기로 남았다.[1]

존 스튜어트 밀의 삶은 여러 가지 면에서 흥미로운 점들로 가득 차있다. 그는 교육, 연애, 동인도회사 생활, 국회의원 등과 같은 다양한 활동들을 했다. 그는 어려서부터 학교에 다니

---

[1] Ruth Borchard, *John Stuart Mill, the Man*, London: Watts Publishing Company, 1957, pp. 4, 5, Susan Leigh Anderson, *On Mill*, Wadsworth, 2000, p. 3에서 재인용.

지 않고 집에서 아버지인 제임스 밀James Mill(1773~1836년)로부터 직접 교육을 받았다. 아버지를 통해 당시 유명한 학자들인 데이비드 리카도David Ricardo, 애덤 스미스Adam Smith, 제러미 벤담Jeremy Bentham 등을 만날 수도 있었다. 가정에서 이루어지는 교육으로 말미암아 그는 또래 친구들을 사귈 기회를 갖지 못했다. 그는 아이들을 위한 흔한 장난감조차도 갖지 못했다. 오직 동생들을 돌보고 아버지가 내준 과제를 하며 하루를 보냈다. 그는 세 살에 그리스어를 배우고 여덟 살에는 다양한 철학자들의 고전을 읽기 시작했다. 또한 그는 해리엇 테일러 Harriet Taylor라는 여성과 사랑에 빠지기도 했다. 하지만 그녀는 당시 남편이 있었다. 밀과 테일러는 그녀의 남편이 사망하기 전까지 지적 교류를 나누다 그녀의 남편이 사망한 이후 결혼하게 된다. 또한 밀은 동인도회사에서 정규직으로 고용되어 일하기도 했다. 그동안에도 그의 활발한 저술 활동은 계속되었다. 더 나아가 그는 시민들의 요청으로 국회의원으로 지내기도 했다. 짧은 기간이었지만 그는 의회 활동도 열심히 하며 여성에게 투표권을 부여하는 법안을 발의하기도 했다(물론 성공하지는 못했다). 밀의 지적 탐구는 논리, 경제, 정치, 그리고 윤리 등 다방면에 걸쳐 있다. 『논리학 체계』A System of Logic(1843년), 『정치경제학의 원리』The Principles of Political Economy(1848년) 등은 영국의 대학(옥스퍼드 대학교 등)에서 교재로 채택되기도 했다.

2) 세 인물, 아버지와 부인 그리고 벤담

밀의 성격과 사상에 깊이 관련된 영향력 있는 인물을 선택한다면 세 명을 떠올릴 수 있다. 아버지와 부인 그리고 벤담이다. 그의 인격 형성과 지적 탐구 방식에 대한 영향력이 있던 사람은 그의 아버지, 제임스 밀이다. "만약 내가 이 어린 소년이 어른이 되기 전에 어느 순간 죽게 되면, 나를 가장 가슴 아프게 괴롭히는 것은 [바로] 그의 정신을 내가 바라는 수준까지 만들지 못하고 어쩔 수 없이 두는 일이다."[2] 이것은 제임스 밀이 아들의 교육에 대해 걱정하며 벤담에게 보낸 편지 내용의 일부다. 죽음을 생각하는 순간까지 그의 고민은 아들에 대한 교육뿐이었다. 그만큼 아들을 향한 열정은 그의 일생에서 아주 큰 부분을 차지했다. 물론 이런 아버지의 교육은 밀이 지성적으로 성장하는 큰 동력이 되었지만, 그의 감정적 성장 부분에는 부정적인 영향을 끼쳤다. 이런 감정의 부재로 말미암아 그는 스무 살에 '정신적 위기'를 겪었지만, 밀은 이에 대해 아버지를 원망하지 않았다. 오히려 밀은 아버지의 교육 덕분에 "나는 동시대 사람들보다도 사반세기나 빨리 출발"했다고 말하고 있다. 밀의 아버지는 아들이 자만에 빠지는 것을 몹시 경계했다. 그래서 제임스 밀은 아들이 받는 교육은 "평균적 능력이 있고 신체가 건강한 소년 소녀들이라면 누구라도 받을 수 있"는 것이라고 여기게 했다. 밀은 아버지로부터 단순한 사실과 다른 사람

---

2) Alexander Bain, *James Mill*, London, 1882, p. 119.

들의 의견을 주입하는 식의 교육이 아니라, 이것들을 활용해 자신만의 의견을 형성할 수 있는 최고의 교육을 받았다.

아버지는 내가 배운 어떤 것도 단순한 기억의 연습으로 타락하는 것을 결코 허용하지 않았다. 아버지는 이해력을 교육의 모든 단계와 함께 가게 했을 뿐만 아니라, 가능하면 이해력을 선행시키려고 노력했다.[3]

밀의 아버지는 밀에게 새로운 사람을 만나게 되면 그들은 자신들보다 밀이 더 많은 것들을 배웠다는 것을 알게 될 것이라고 말했다. 이에 대해 밀은 다음과 같이 평한다.

내가 다른 사람보다 아무리 많은 것을 안다고 해도 그건 내가 뛰어나서가 아니라 나의 운명에 주어진 특별한 조건, 즉 나를 가르칠 수 있고 거기에 필요한 노고와 시간을 가진 아버지가 있었기 때문이므로, 같은 조건을 얻지 못한 사람들 이상의 지식을 지녔다 해도 그다지 명예롭지 못하다. 그런데도, 만일 보통 사람들 이상의 지식을 지니지 못했다면 이는 최대의 불명예다.[4]

밀의 삶에서 두 번째 영향을 끼친 사람은 그의 부인 해리엇

3) 존 스튜어트 밀, 『존 스튜어트 밀 자서전』, 박홍규 옮김, 문예출판사, 2019, 46쪽.
4) 같은 책, 49쪽. 번역은 인용 맥락에 맞춰 일부 수정했다. 이하, 별도로 표시하지 않는다.

테일러다. 그녀는 밀의 탐구 영역을 발전시키고 많은 아이디어를 제공하며 조력하는 역할을 했다. 그녀는 밀의 생애에 걸쳐 유일한 사랑이면서 밀의 다양한 저술 활동에 적극적으로 참여하기도 했다. 자유에 관한 사상, 여성의 권리에 대한 부분은 부인이 영향을 끼친 부분이기도 하다. 해리엇에 대한 후대의 평가는 일치되지 않은 부분이 있지만 밀은 분명히 그녀의 능력을 높이 사고 존경했다. 밀 스스로 해리엇을 "인간 본성의 모든 탁월한 부분이 구현"[5]된 사람으로 평가했다. 1830년에 그는 해리엇을 만난 뒤 다음과 같이 말했다. "[그녀는] 내 인생의 영예이자 주된 축복이었던 것 그리고 내가 인류의 진보를 위해 시도해 온 것, 그 뒤에도 실현하고자 바라는 모든 것의 원천이다."[6] 하지만 둘의 관계는 평범하지는 않았다. 밀이 그녀를 만날 당시 그녀는 이미 존 테일러John Taylor라는 도매 약제사[7]의 부인이었기 때문이다. 둘은 학문적 동반자로 긴 시간 동안 교류를 이어가다(이들의 관계는 이미 남편도 알고 있었고 크게 반대하지 않은 것으로 알려졌다), 앞서 말했듯이 존 테일러가 죽은 뒤 결혼했다. 해리엇은 밀에 대해 "만약 당신이 완벽한 공정성과 정의에 대한 확고한 사랑 외에 다른 주장을 하지 않는다면 당신은 당신 또래에서 [가장] 뛰어난 사람이 될 것"[8]이라고 평한다. 그녀는

---

5) Leslie Stephen, *The English Utilitarians*, Vol. III, New York: Peter Smith Publish Company, pp. 69~74, Susan Leigh Anderson, *On Mill*, p. 21에서 재인용.

6) 존 스튜어트 밀, 『존 스튜어트 밀 자서전』, 203쪽.

7) Susan Leigh Anderson, *On Mill*, p. 20.

1858년 프랑스에서 갑작스레 결핵에 걸려 죽음을 맞이하고 아비뇽 묘지에 묻혔다. 그녀가 죽고 15년 뒤에 밀도 그녀의 옆에 묻히게 된다.

세 번째는 공리주의의 대부인 제러미 벤담(1748~1832년)이다. 밀의 공리주의적 사상은 벤담의 공리주의에 뿌리를 두고 있다. 밀과 벤담의 관계는 단순한 스승과 제자의 관계만은 아니다. 아버지의 친구이기도 한 벤담은 제임스 밀과 함께 밀이 위대한 '공리주의의 계승자'로 길러지길 바랐다. 벤담과의 교류는 아버지를 통해 자연스럽게 이뤄졌다. 벤담은 제임스 밀의 경제적 상황이 좋지 않을 때 자신이 집을 임대해[9] 밀의 가족이 사용할 수 있게 할 만큼 가까운 사이였다. 이에 대해 밀은 다음과 같이 말한다. "아버지야말로 뛰어난 영국인으로서 벤담의 윤리, 통치 및 법에 관한 일반적 견해를 충분히 이해하고 대체로 채택하기도 한 최초의 인물이었다. 그로 인해 두 사람은 벤담 씨가 그 뒤 더욱 소수의 방문자만 허용했을 때에도 계속 친밀한 동지로 있었다."[10]

어려서부터 아버지에 의해 벤담과 가까운 관계를 형성할 수 있었던 밀은 그의 사상에도 쉽게 접근하고 영향을 받았다. 밀은 벤담의 분석적 방법이 모든 철학의 근간이 되어야 한다고 생각했다.

8) F. A. Hayek, *John Stuart Mill and Harriet Taylor*, London: Routledge and Kean Paul, 1951, p. 114.

9) Susan Leigh Anderson, *On Mill*, p. 5 참조.

10) 존 스튜어트 밀, 『존 스튜어트 밀 자서전』, 70쪽.

그는 어떤 것에 대한 찬성이나 반대의 논증으로 사용되는 문구를 발견할 때마다 그것이 어떤 의미인지, 그것이 어떤 기준에 호소하는지, 또는 질문과 관련된 어떤 사실을 암시하는지 알아야 한다고 주장했다. 그리고 이 가운데 어느 것도 알 수 없다면, 그는 그것을 논쟁 당사자가 자신의 개인적인 감정을 다른 사람에게 강요하려는 시도로 간주했다. …… 따라서 그는 처음으로 도덕철학과 정치철학에 사고의 정확성을 도입했다(고 해도 과언이 아니다). 철학자들은 직관으로 자신의 의견을 받아들이는 대신 …… 이제 서로를 이해하고, 자신이 개진하는 명제의 일반성을 허물며, 모든 논쟁에서 정확성을 두고 씨름해야 했다. 이것은 철학의 혁명과 다름없는 것이었다.[11]

또한 밀은 벤담의 원리에 대해 전적으로 동의했다. "그 전에는 벤담의 원리가 이처럼 모든 사고방식에 마침표를 찍었다고는 전혀 생각하지 않았다. 그러나 이제는 과거의 도덕가들이 초월되고 모든 사상의 새로운 시대가 열렸다는 감정이 나를 덮쳤다. 벤담이 여러 가지 행위 결과들의 다양한 종류와 연쇄를 분석함으로써 행위의 도덕성에 행복 원리를 적용하는 일에 과학적 형태를 부여한 수법 덕분에 이런 감명은 더 강화되었다."[12] 이는 곧 밀이 벤담의 '유용성의 원리'를 삶의 궁극적인 목적으

---

11) John Stuart Mill, *Essays on Bentham and Coleridge*, Jonathan Bennett ed., 2017, pp. 6-8.
12) 존 스튜어트 밀, 『존 스튜어트 밀 자서전』, 83쪽.

로 수용했다는 것이다. 즉, 밀 역시 벤담을 따라 인간 행동의 옳고 그름을 결정하는 기준은 인간 행동의 결과에 기반한다는 윤리적 이론을 옹호했다.

행복이 도덕성과 관련되어야 하는 목표인지 여부, 행복이 모호한 감정이나 불가해한 내적 확신의 영역에 방치되지 않고 어떤 종류의 목표와 관련되어야 한다는 것 — 즉, 단순히 정서에 머무는 것이 아니라, 이성과 계산의 문제가 되어야 한다는 것 — 은 도덕철학이라는 생각에 본질적인 것이다. 실제로 도덕적 문제에 대한 논변이나 토론을 가능하게 하는 것은 바로 이것이다. 행동의 도덕성은 행동이 만들어 낸 결과에 달려 있다는 것은 모든 학파의 이성적인 사람들의 교리다.[13]

이런 결과 중심의 목적론적 윤리설을 주장하는 벤담의 이론을 이어받아 밀은 벤담의 공리주의를 근간으로 자신의 (질적) 공리주의를 확립한다. 벤담의 이론이 발표된 이후 공리주의는 많은 이들로부터 '돼지에게나 어울릴 만한 이론'이라는 식의 조롱과 부정적인 평가를 받았지만, 밀은 이에 맞서 공리주의를 올바로 이해시키기 위해 노력했다.

13) John Stuart Mill, *Essays on Bentham and Coleridge*, p. 24.

2. 『자유에 관하여』에 대한 간략한 소개

존 스튜어트 밀은 19세기 영국 최고의 철학자 가운데 한 명이다. 그의 주저 가운데 사람들이 가장 많이 읽은 책은 『공리주의』*Utilitarianism*(1863년)와 『자유에 관하여』*On Liberty*(1859년)일 것이다. 그는 자유주의의 전형적인 옹호자이며 교사이기도 하다. 『자유에 관하여』는 바로 밀의 자유주의 사상을 집약해 놓은 고전 중의 고전이다. 이 책이 세상에 나오는 과정을 간략하게 언급하자면, 밀 스스로 공언하듯 이 책은 그의 부인과의 합작품에 가깝다. 1851년 4월에 해리엇 테일러와 결혼한 뒤 밀은 1854년 짧은 에세이를 쓰기 시작했고, 『자유에 관하여』라는 이름으로 이 에세이를 출판하기로 결정했다.[14] 이 책은 그 어떤 저술보다 심혈을 기울여 완성되었다. 밀과 부인은 시간을 들여 모든 문장을 꼼꼼하게 검토했다. 밀이 동인도회사에서 퇴직한 뒤, 이 에세이를 부인과 함께 최종적으로 수정하려 했지만 해리엇의 갑작스러운 죽음으로 그 일은 이루어지지 못했다. 해리엇을 잃은 슬픔을 겪은 후, 그는 홀로 짧은 에세이를 마무리하고 『자유에 관하여』라는 제목으로 1859년 출판한다. 출판 직후 그 책에 대해 다음과 같은 평가가 이루어졌다.

나는 지적·사회적 동요의 시대에 이 책[『자유에 관하여』]만큼 당대의 사상에 광범위하고 중대한 영향을 즉각적으로 만들어 낸 간

14) Susan Leigh Anderson, *On Mill*, p. 19.

결한 책이, 그 어느 때 있었는지 잘 모르겠다.[15)]

이 책의 목적은 아주 간단하다. '자유의 원리'로 불리는 하나의 원리를 제시하려는 것이다.

이 글의 목적은, 그것이 법적인 처벌의 형태로 물리력을 사용하든 여론의 도덕적 강압을 사용하든, 사회가 강제와 통제의 방식으로 개인을 다루는 방식을 절대적으로 규제할 수 있는 아주 단순한 하나의 원칙을 강력히 주장하는 것이다. 그 원칙이란, 즉 인류가 개인적으로든 집단적으로든 그들 구성원의 행동의 자유에 대해 간섭하는 것을 정당화할 수 있는 유일한 목적은 자기 보호라는 것이다. 문명사회의 어떤 구성원에 대해 그 구성원의 의지에 반해 권력이 정당하게 행사될 수 있는 유일한 목적은 다른 사람에게 가하는 해악을 방지하는 것이다. 자기 자신의 물리적 이익이나 정신적 이익조차도 타인의 자유를 침해할 근거가 되지 못한다. 그의 일에 간섭하는 것이 그에게 더 좋고, 그를 더 행복하게 만들거나, 다른 사람의 의견에 따르는 것이 현명하거나, 심지어 옳다고 해도 당연히 어떤 행동을 하도록 하거나 자제하도록 강제할 수는 없다. 이런 것들이 그 사람에게 고언하거나, 설득하거나, 납득시키거나, 간청하기 위한 이유는 될 수 있어도 그를 강

---

15) Ruth Borchard, *John Stuart Mill, the Man*, London: Watts Publishing Company, 1957, p. 128. 위의 말을 남긴 존 몰리John Morley(1838~1923년)는 영국의 자유주의 정치가, 작가, 신문 편집자였다.

제하고, 또 그가 다른 행동을 할 경우에 그에게 해악을 입힐 이유가 되지는 않는다. 누군가에 대한 간섭을 정당화하기 위해서는 제지하고자 하는 행동이 반드시 다른 누군가에게 해악을 일으킨다는 판단이 있어야 한다. 타인과 관련된 행위의 부분만이 사회적 제재의 대상이 될 수 있다. 오직 자기 자신하고만 관련된 부분에서, 그가 누릴 수 있는 독립성은 당연한 권리로서 절대적이다. 자신에 대해, 즉 자신의 신체와 정신에 대해, 개인은 주권자다.[16]

이 원리는 사회가 개인에 대해 행사할 수 있는 권위의 한계를 지적한다. 사회는 개인의 자유를 어느 정도까지 어떤 기준을 가지고 제한할 수 있을까? 개인과 사회 둘 사이의 적당한 균형의 지점은 어디일까? 개인의 자유는 어떤 종류의 자유를 말하는 것일까? 밀은 이런 문제의식 아래에서 개인 자유를 유지하기 위한 방식과 우리 사회의 무엇이 개인 자유를 제약하는지를 아주 분명하게 밝힌다. 또한 이와 관련해 밀은 자유로운 사회가 어떤 모습인지를 보여 주려는 것이 아니라 자유를 위해 사회는 무엇을 어떻게 해야 하는지를 보여 주려 했다.

이 책은 총 5장으로 구성되었다. 서론과 2장에서는 이 책이 탐구하고자 하는 '자유'가 '의지의 자유'를 둘러싼 형이상학적 문제가 아니라 시민적 또는 사회적 자유임을 분명히 한다. 초기 사회에서 우리가 투쟁해야 할 대상은 왕이나 군주의 전제였

---

16) 『자유에 관하여』 27, 28쪽. 강조는 인용자.

다. 그들의 권위로부터 자유로울 수 있는 방법을 모색하는 것이 그 당시의 문제였다면, 현재 우리는 이 같은 전제로부터 어느 정도 자유로울 수 있다. 그들의 권위를 제한할 수 있는 다양한 안전장치들이 마련되었기 때문이다. 하지만 진보가 진행됨에 따라 우리가 싸워야 할 대상은 바뀌게 된다. 오늘날 그것은 바로 '다수'다. 다수의 폭정은 물리적 폭력의 형태가 아니지만 '여론'이라는 아주 강력한 무기를 사용해 좀 더 교묘하게 인간의 내적 영역까지 침투해 인간을 옥죄고 있다. 밀은 '다수의 폭정'이 우리의 영혼까지 파괴할 수 있다고 경고하며, 이 같은 위험으로부터 벗어나 인간의 지적·도덕적 진보를 이루기 위한 근거로 사상과 토론의 자유의 필요성을 강조한다. 이어 3장에서는 행복의 한 요소로서 개별성의 중요성과 관습의 전제와 사회의 동일화 압력으로부터 개별성을 보호해야 할 필요성에 대해 언급한다.

4장에서 밀은 자기 자신과만 관련된 행위와 타자와 관련된 행위의 구분을 통해 사회가 개인에게 간섭할 수 있는 한계와 범위를 제한한다. 사람들은 사고의 자유만큼 행동이 자유로워야 한다고 생각하지 않는다. 이런 생각에 밀은 위해의 원리로 불리는 것을 통해 인간 행동의 자유와 더불어 사회 간섭의 지점을 보여 준다. 이 원리는 개인 자유의 한계, 즉 어떤 개인의 행위가 타인에게 위해를 가하는 것, 즉 타인의 권리를 침해하는 것이 된다면, 그런 경우 사회가 개인의 행위에 정당하게 간섭할 수 있다는 것이다. 마지막 5장의 적용 편에서는 개인의 행동이 자신 이외의 누구에게도 영향을 미치지 않는다면 자신의 행동에 책임이 없다는 것과 개인이 다른 사람의 이익에 해를 끼치는 행위에 대해서는 책임져야 하며 그 책임은 사회적·법적 처벌이 될 것이라는 두 가지 격률(자유의 원리와 위해의 원리)의 실제 적용 사례를 보여 준다. 밀은 다양한 사례들의 적용을 보여 주기보다는 원리 적용의 본보기(예컨대, 독약 판매, 음주, 주류 판매와 과세, 결혼이라는 특별한 계약 행위 등)가 될 만한 것을 탐구한다.

3. 오늘날 우리가 『자유에 관하여』를 읽어야 하는 이유

인간은 누구나 자기 삶이 가치 있기를 바라고 그것을 실현하려고 노력한다. 과연 가치 있는 인간의 삶이란 무엇인가? 인간 삶의 가치를 결정하고 그것의 방향을 제시해 주는 것 가운데 하나가 바로 자유다. 만약 우리에게 자유가 없다면 우리는 삶의 목적을 설정할 기회조차 갖지 못한다. 그뿐만 아니라 우리는 자신의 삶을 조절하거나 통제할 수 있는 능력도 제한받는다. 그러므로 자유는 개인이 자신의 삶의 목적을 설정하고 그것을 실현할 수 있도록 하는 토대다.

밀에게 인간의 진정한 가치는 지금보다 더 나은 존재가 되는 것이다. 누군가는 그것을 '인류의 발전' 또는 '진보'라 표현한다. 무엇이 인간을 더 나은 존재로 만드는가? 이런 존재가 되는 것이 가능하기 위해 사회는 어떤 역할을 해야 하는가?

이런 질문들의 모든 대답은 자유를 토대로 해서 자유로 귀결된다. 지금보다 더 나은 존재가 되는 것은 의견 그리고 행동으로 자신을 표현하는 데서 시작한다. 자신이 어떤 생각을 하고 있는지 그리고 그 생각이 옳은지를 검증하려면 그것을 우선적으로 표현해야 한다. 이런 표현들은 자신이 어떤 존재인지를 드러내는 한 가지 방식이다. 자신을 드러냈을 때 스스로를 변화시킬 기회를 얻는다. 이것은 자기 객관화의 과정이다. 이런 객관화를 통해 자신의 의견을 교정할 수 있고, 자신의 의견과 행동을 방어할 수 있으며, 타인의 의견과 행동을 온전하게 이해할 수 있다. 이를 위해 우리에게 필요한 것이 바로 토론이다. 토론 역시 자유를 전제로 한다. 서로 간의 의견을 표현하고 교환하는 토론의 과정을 거쳐 우리는 자신과는 다른 생각들이 존재하고 그것이 나름의 의미와 가치가 있음을 깨닫게 된다. 인간은 완전한 존재가 아니다. 그렇기 때문에 우리는 언제나 오류를 수정해야 하는 존재다. 그리고 오류 수정의 유일한 방식이 토론이다.

만약 우리에게 의견을 표현할 자유와 더불어 토론할 자유가 존재하지 않는다면 오직 명령과 복종만 있을 뿐이다. 명령과 복종은 우리가 오류를 수정할 가능성과 그로부터 더 나은 존재가 될 가능성마저 차단한다. 그러므로 인간에게 자유는 필요하다. 개별성 역시 자유의 발현이다. 개별성은 다양성이 보장될 때 가능하다. 개별성 발휘를 위한 다양성이 보장되지 않을 때 우리는 획일성 또는 동일성이라는 비인간화를 지향하게 된다. 이러한 비인간화에 매몰되지 않기 위해서는 개별성을 표현하기 위한 자유가 필요하다.

밀의 『자유에 관하여』는 우리 자신은 물론, 타인의 자유와 권리에 대해 더 많이 이해하고 그것을 존중하는 방법을 서술한다. 또한 우리 자신의 행동과 타인의 행동에 대한 이해를 넓

히며 더 나아가 사회적 상호 작용을 도모할 당위성을 제공한다. 그리고 이 같은 상호 작용이 사회에 어떻게 긍정적 영향을 끼치는지, 나아가 이를 위해 왜 우리가 소수의 의견을 특히 보호해야 하는지에 대해 역설한다. 이것이 바로 오늘날 우리가 밀을 읽어야 하는 이유다.

어떤 의견이 그 의견을 지닌 당사자를 제외하고는 아무런 가치도 없는 개인적인 것에 속한다면, 즉 그 의견의 향유를 방해받는 것이 그저 당사자 개인의 피해라면, 그 피해를 입은 사람이 소수인지 아니면 다수인지의 차이가 있을 것이다. 그러나 의견 표현을 침묵시키는 것이 가진 특별한 해악이 있다. 그것은 현세대뿐만 아니라 후세대에 이르기까지, 또한 그 의견에 반대하는 사람과 그 의견을 지지하는 사람을 비롯한 모든 인류로부터 [다음과 같은 두 가지를] 도둑질하는 것이다. 즉, 만약 그 의견이 옳다면, 인류는 오류를 진리로 바꿀 기회를 뺏기는 것이다. 만약 그 의견이 틀렸다면, 인류는 그에 못지않은 혜택, 곧 오류와의 충돌을 통해 발생하는 진리에 대한 좀 더 분명한 인식과 생생한 인상을 상실하게 된다.[17)]

17) 『자유에 관하여』 39, 40쪽.

찾아보기